松江丛书
姜维公 主编

小事件中的大历史
——金元明清史杂谈

宋继刚 著

长春出版社
全国百佳图书出版单位

图书在版编目(CIP)数据

小事件中的大历史：金元明清史杂谈/宋继刚著.
长春：长春出版社，2024.7. --（松江丛书/姜维公主编）. -- ISBN 978-7-5445-7523-2

Ⅰ. K240.7

中国国家版本馆 CIP 数据核字第 2024YE9321 号

小事件中的大历史：金元明清史杂谈

著　　者	宋继刚
责任编辑	孙振波
封面设计	宁荣刚

出版发行	长春出版社
总 编 室	0431-88563443
市场营销	0431-88561180
网络营销	0431-88587345
地　　址	吉林省长春市长春大街309号
邮　　编	130041
网　　址	www.cccbs.net

制　　版	荣辉图文
印　　刷	三河市华东印刷有限公司

开　　本	710毫米×1000毫米　1/16
字　　数	291千字
印　　张	17.5
版　　次	2024年7月第1版
印　　次	2024年7月第1次印刷
定　　价	88.00元

版权所有　盗版必究

如有图书质量问题，请联系印厂调换　联系电话:13933936006

目 录

史 论

金太祖神迹成因的地理学与物理学解释路径 …………………… 003

试论《蒙古秘史》中的臣服仪式与君臣关系的确立 …………… 010

神圣空间理论下的蒙元汗权建构 ………………………………… 030

明代文官丧葬公文与丧礼制度建设 ……………………………… 050

明代赐赙初探 ……………………………………………………… 067

明代文官恤典中的祠祀 …………………………………………… 084

明代文官丧礼辍朝制度刍议 ……………………………………… 103

从堂子祭祀的演变看清代的多文化交融 ………………………… 113

清末长白山地区赈灾活动的启示 ………………………………… 129

综 述

近十年明代宫廷史研究评述 ……………………………………… 133

中外宫廷史研究的国际视野 ……………………………………… 143

第四届利玛窦与中西文化交流国际学术研讨会会议综述 ……… 146

"世界大变迁视角下的明代中国"国际学术研讨会会议综述 … 150

"地方史研究的新视野：中国古代边疆的开发与治理"学术研讨会综述 … 155

中国宫廷史研讨会暨《中国宫廷史研究概要（草纲）》座谈会纪要 …… 159

《中国宫廷史研究概要》研讨会会议综述 …………………… 174
"形象史学与明清宫廷史"学术研讨会综述 …………………… 186
首届中国宫廷史学术研讨会会议综述 …………………………… 202
史学新增量：十年明代宫廷史研究综述 ………………………… 228
堂子祭祀研究综述 ………………………………………………… 263

史 论

金太祖神迹成因的地理学
与物理学解释路径

金太祖完颜阿骨打是中国古代的著名皇帝，在女真人的记述中，有众多神迹发生在他的身上。基于文史学科的特色，学界以往对于金太祖的研究注重于文史角度，对神迹的理解也是将皇帝神迹与君权神授紧密联系在一起，论证政治神话与统治合法性的关系，如张绪山《"神圣君权"与"帝王神迹"》一文。[①] 另外，西方史学研究中对于"国王神迹"的社会史、大众史视角也可以作为研究借鉴，其代表学者为马克·布洛赫[②]和彼得·伯克[③]，指出民众对于神迹的信仰源自他们对于奇迹的期盼。金代女真人对于太祖神迹的记录也是源自他们对于英雄奇迹的期盼，希望出现英雄领导民众创造新时代。

目前，关于金太祖以及辽金女真的论著非常多，如日本学者外山军治《金朝史研究》[④]、三上次男《金代女真の研究》[⑤]、中国学者陶晋生《女真史论》[⑥]、李锡厚与白滨合著《辽金西夏史》[⑦]、王曾瑜《金朝军制》[⑧]，展现了阿骨打的政治、军事方面的功绩，但并未从自然科学的角度来重新解读有关金太祖神迹发生的合理性。其实，利用地理学、物理学等自然科学知识，结

---

① 张绪山：《"神圣君权"与"帝王神迹"》，《炎黄春秋》2015年第3期。
② 马克·布洛赫：《国王神迹》，伦敦：牛津大学出版社，1924年。
③ 彼得·伯克：《制造路易十四》，纽黑文：耶鲁大学出版社，1992年。
④ 外山军治：《金朝史研究》，东京：同朋舍，1964年。
⑤ 三上次男：《金代女真の研究》，长春：满日文化协会，1937年。
⑥ 陶晋生：《女真史论》，台北：稻乡出版社，1992年。
⑦ 李锡厚、白滨：《辽金西夏史》，上海：上海人民出版社，2003年。
⑧ 王曾瑜：《金朝军制》，石家庄：河北大学出版社，1996年。

合文献、碑刻资料,可以为神迹发生的研究提供一个新的视角,国内外学界已积累了较多的研究经验。

一、国内外研究成果概述

国内外学界很早就开始利用现代科学技术重新解读古代神迹,并取得了一定的成果。对于神龙喷火以及地表喷火传说,1665年德国学者阿塔纳斯·珂雪在科学专著《地上世界教本》(Mundus Subterraneus)中明确提出"热能喷发概念系统",对地球火山系统进行了大胆想象并绘制成图。[①] 1993年,美国太空总署(NASA)科研人员利用天文学、地理学知识解释了1453年君士坦丁堡沦陷前天空出现的异象,实际上是太平洋上库瓦火山岛上火山爆发引起的巨量沙尘散布全世界所致,并非古人所认为的上帝惩罚。[②] 2016年,英国学者爱德华·布鲁克希钦在《诡图:地图历史上最伟大的神话、谎言和谬误》一书中指出,古代航海图中出现的神迹之一,即岛屿的出现或者消失,是海市蜃楼、缺乏现代测量系统、绘图师大胆想象等原因所致。[③]

自1926年开始,国内"古史辨"学派已经通过怀疑神话传说记载,并利用语音学、地理学、文献学、考古学等方法,破除迷信成分,建构一个经得起西方人质疑的中国古代史,让祖先的形象摆脱神化色彩,还原成筚路蓝缕、以启山林的真实的人,为中国历史增添了厚度。如王国维利用甲骨片,结合传世文献,对商代王系进行了严谨的梳理和还原,1917年发表《殷卜辞中所见先公先王考》一文,而后又再出《续考》[④]。张光直于1978年提出新说,认为夏商周并非先后延续的朝代,而是同时并存的三股势力。[⑤] 新中国

---

① 爱德华·布鲁克希钦著,周翰廷译:《诡图:地图历史上最伟大的神话、谎言和谬误》,台北:奇幻基地出版社,2018年,第26—27页。

② 理查德·费德勒著,陈锦慧译:《幽灵帝国拜占庭》,台北:商周出版社,2018年,第317页。

③ 爱德华·布鲁克希钦著,周翰廷译:《诡图:地图历史上最伟大的神话、谎言和谬误》,台北:奇幻基地出版社,2018年,第8—11页。

④ 王国维:《观堂集林》,石家庄:河北教育出版社,2001年。

⑤ 张光直:《中国青铜时代》,北京:三联书店,1983年,第29页。

成立以后，神话学学者袁珂①和朱大可②等人对于《山海经》等古代文献进行了科学解读，从人种学、文化流布上建构上古历史。

21世纪以来，英国BBC、美国国家地理频道及历史频道等制作了一系列试图用科学方法解释古代历史神迹的纪录片，指出：《圣经》"出埃及记"中的红色海水是藻类植物泛滥产生的赤潮；③ 英雄奥德修斯遇到的海怪是地中海中的大漩涡。④ 国内考古发掘已经大量使用现代技术，如1996年启动的夏商周断代工程利用彗星运行周期、青铜器铭文、文献所载神迹，基本确定了武王伐纣的具体时间为公元前1046年。⑤

长白山天池火山是大型的复式活火山，学界认为在公元1000年前后发生了大规模的喷发，对全球气候造成了巨大影响，被称为"千年大喷发"。相较万年之前的喷发，"千年大喷发"以其年代较新、野外喷发物保存较为完整等原因，受到学界广泛关注，对其具体喷发年代、分布范围以及灾害评估等积累了一定的学术成果，多集中在理工领域。

崔钟燮、张三焕、田景在《长白山全新世以来的火山喷发活动与森林火灾研究》一文采用同位素年代测定等方法，探讨了长白山一万年以来火山活动的期次、规模及森林火灾。在奶头山一带大量发掘出距今1000年左右的炭化木，在神炭窑炭化木 ^{14}C 测得年龄为 1000±90 年，在双目峰与赤峰之间发现的炭化木 ^{14}C 测得年龄为 1153±90 年。⑥

金东淳、崔钟燮在《长白山天池喷发历史文献记载的考究》一文通过梳理历史文献，指出长白山天池火山距今大约1000年前曾有过特大火山喷发，其影响范围最远达1000km，一般在500km范围为影响区，如朝鲜半岛的开

---

① 袁珂：《山海经校译》，上海：上海古籍出版社，1985年。
② 朱大可：《华夏上古神系》，北京：东方出版社，2014年。
③ Anna Fitch 等：《圣经之谜》，华盛顿：国家地理频道，2006年。
④ Christopher Cassel：《诸神之战》，华盛顿：历史频道，2009年。
⑤ 夏商周断代工程专家组编著：《夏商周断代工程1996—2000年阶段成果报告（简本）》，北京：世界图书出版公司北京公司，2000年，第38—49页。
⑥ 崔钟燮等：《长白山全新世以来的火山喷发活动与森林火灾研究》，《地理研究》1997年第1期。

城和汉城都在该范围内。①崔钟燮、刘嘉麒、韩成龙在《长白山火山公元1199—1201年喷发的历史记录》一文通过再次收集和查阅了一亿七千万字的文史古籍资料，经过整理、筛选、考证、对比和分析处理，证实了长白山天池火山于公元1199—1201年一次大喷发的历史记录。②

综上，地理学、考古学、天文学、绘图学等自然科学范畴的知识为文史方面的研究提供了新路径，为以下解读金太祖的种种神迹提供了有益的帮助。

二、从地理学与物理学解读神迹成因

金太祖是金朝的开国英雄，元代人编写《金史》时评论如下：

> 赞曰：太祖英谟睿略，豁达大度，知人善任，人乐为用。世祖阴有取辽之志，是以兄弟相授，传及康宗，遂及太祖。临终以太祖属穆宗，其素志盖如是也。初定东京，即除去辽法，减省租税，用本国制度。辽主播越，宋纳岁币，以幽、蓟、武、朔等州与宋，而置南京于平州。宋人终不能守燕、代，卒之辽主见获，宋主被执。虽功成于天会间，而规摹运为实自此始。金有天下百十有九年，太祖数年之间算无遗策，兵无留行，底定大业，传之子孙。呜呼，雄哉。③

《金史》的"赞"突出了金太祖作为政治家、军事家的优秀特质，限于篇幅，对其身上发生的种种神迹只字未提，但是在其他材料中，英雄与神迹是密不可分的，并且这种神迹被后世不断传颂和夸大。

根据《金史》记载，金太祖完颜阿骨打的生卒年大致在1068—1123年，1114年起兵反辽，1115年建国，年号"收国"。收国元年八月戊戌，阿骨打率军亲征辽朝黄龙府。

---

① 金东淳等：《长白山天池喷发历史文献记载的考究》，《地质论评》1999年第增刊第1期。

② 崔钟燮等：《长白山火山公元1199—1201年喷发的历史记录》，《地质论评》2008年第4期。

③ 脱脱等：《金史》，北京：中华书局，1975年，第42页。

次混同江，无舟，上使一人道前，乘赭白马径涉，曰："视吾鞭所指而行。"诸军随之，水及马腹。后使舟人测其渡处，深不得其底。熙宗天眷二年，以黄龙府为济州，军曰利涉，盖以太祖涉济故也。①

大军渡混同江，无舟楫可用，仅凭金太祖的勇敢与豪言，众人皆随之冲入滚滚波涛之中，深水变浅，只淹到马的腹部。而后再命人测量水的深浅，竟然深不见底。金熙宗时期特意将黄龙府改成济州，所在地的军队改为利涉军，为的是纪念太祖的神功伟业。

抛开后世为神化金太祖而编造神迹的因素不谈，这次征伐所处的时间刚好在长白山"千年大喷发"的时间段内，由于长白山天池火山的喷发，使得上游的石块随着水流冲到中游，正好成了金太祖骑马渡江时的垫脚石，而后江水继续流淌，位于中游的石块又被带到下游，于是造成了后来派人再次勘测之时水深仍不见底的情况。

现保存于吉林省扶余市德胜镇石碑崴子屯的《大金得胜陀颂碑》记载了金太祖的另一个神迹：

得胜陀，太祖武元皇帝誓师之地也。臣谨按《实录》及《睿德神功碑》云：太祖率军渡涞流水，命诸路军毕会，太祖先据高阜，国相撒改与众仰望，圣质如乔松之高，所乘赭白马亦如岗阜之大。太祖顾视撒改等人马，高大亦悉异常。太祖曰："此殆吉祥，天地协应吾军胜敌之验也！诸君观此，正当勤力同心。若大事克成，复会与此，当酹而名之！"后以是名赐其地云。时又以襓禬之法行于军中，诸军介而序立，战士光浮万里之程，胜敌刻日，其兆复见焉。②

"陀"字表示倾斜不平之义，指山冈。金太祖站在高冈之上，按照常理推

---

① 脱脱等：《金史》，北京：中华书局，1975年，第27—28页。
② 王仁富：《大金得胜陀颂碑文整理三得——兼对田村实造等有关文著的订正》，《黑龙江文物丛刊》1984年第1期。

小事件中的大历史——金元明清史杂谈

断,冈下之人望其身影应该比真人要小,而现实却是人和马皆如山冈一般巨大,金太祖从冈上向下望也是看到了部众同样显得异常高大。抛开后人的刻意斧凿与人为神化,从物理学可以尝试解读一下神迹的成因。根据物理学原理,光在不均匀介质中传播会发生折射,观察者看到的物体的成像发生失真现象,或放大或缩小,如果物体是具备观察能力的人,根据光路可逆原则,反向审视观看者的影像,在相同介质传播中也会发生同样的变化。碑文所载金太祖本人及冈下人马都看到了影像变大,联系前后文,军队要渡过涞流水,水汽氤氲,加上山冈之上雾气缭绕,使得金太祖与部众之间相隔着与空气不同的介质,佐证了此时应该发生了折射现象。后文又提到当时在军中行"禳襘之法",按照《说文解字》的解释,"禳"和"襘"都有祭祀之意。金太祖率军出征之前要进行专门的祭祀活动,以祈求上天保佑,祈福禳灾,也希望在军事上能够克敌制胜。虽然在祭祀过程中需要焚香以达上苍,这在《金史》《大金集礼》和《大金国志》中都有所记录,但是,祭祀用香的量很小,所产生的新介质不足以遮挡原来的空气介质,可以推论仍然是水汽产生的介质引发了这种所谓神迹即光的折射。在祭祀活动中产生了类似海市蜃楼的光折射现象,整齐列队的战士们,其身影竟然出现在所谓万里之外,待到克敌制胜之时,再次发生了海市蜃楼,战士们的身影又一次出现在遥远的地方。种种神迹让当时和后世的人都折服于金太祖的个人魅力和自带神力加持,根据碑文介绍,金朝的《实录》和文士所作《睿德神功碑》都记载了这个神迹,金世宗大定二十五年(1185),皇帝命文臣赵可撰写了《得胜陀颂碑》碑文,再由孙俣和党怀英分别刻红字及篆刻碑额。赵可在碑文最后的"献文"中再次描绘了这番神迹,并指出"厌胜之法,自古有之。我军如云,戈甲相属。神火焰焰,光浮万烛"[①],明确指出神迹的产生与"厌胜之法"有一定关联,只是在女真人身上展现出了英武气概,这与秦汉以来厌胜咒人致死的伎俩全然不同,突出了女真人通过祭祀活动与上天沟通的能力和效果。另外,尽管特别强调了"神火焰焰",但考之史料,并未发现女真人有焚烧大量木材举行祭祀的活动,这里的"神火"应该不是真正的火,而要与后文"光浮万烛"联系,推想应该是太阳光。太阳光照射在氤氲

---

① 王仁富:《大金得胜陀颂碑文整理三得——兼对田村实造等有关文著的订正》,《黑龙江文物丛刊》1984年第1期。

水汽之上,产生一种神秘之感,而阳光在水汽上发生了漫反射,使得光焰如火。

小　结

自然方法的引入并非要推翻上述文史研究角度得出的结论,虽然尚处于假说阶段,但是从地理学、物理学研究视角的切入为理解金太祖相关神迹成因提供了新的角度,为看似不可能的神秘现象提供了一种科学解释方式。这些神迹曾经是真实存在的自然现象,增加了记录的可信度。然而当时人们对自然的认知水平与今人有差别,因此呈现更多的虚幻甚至神魔色彩。重新解释古史并不是要完全否定古人的所有记录,一味地斥为糟粕。台湾学者王明珂在论述民国时期"古史辨"学派时说:"他们并非要否定古史,而是相反,殷切盼望为中华民族建立一个可靠的、科学的古史。"[①] 本文的宗旨也是意在以自然方法重新解读古代神迹,为神迹提供一个相对合理的解释,剥去众多神迹魔幻的外衣,尽可能还原先民对于自然现象的直观感知和第一手记录。

【基金项目】吉林省科技厅项目"长白山边境地区族群变迁与自然环境响应关系研究"(编号:20170101012JC)、"长白山历史地理和族群变迁吉林省重点实验室"、吉林省教育厅项目"长白山边境地区自然灾害与人类活动研究"(编号:JJKH20181216SK)

(本文发表于《长春师范大学学报》2019年第9期)

---

① 王明珂:《华夏边缘:历史记忆与族群认同》,杭州:浙江人民出版社,2013年,第169页。

试论《蒙古秘史》中的臣服仪式与君臣关系的确立

《蒙古秘史》,又称《元朝秘史》,版本众多,内容亦有所差别,中外学者结合不同时期的材料,收集多种版本进行校勘,从史学、文学等多角度对书中描绘的早期蒙古社会进行深入研究,注释内容直接体现了研究成果。[①] 书中大致描述了两种臣服仪式,一种是臣向可汗或大汗的臣服,另一种是弱者向强者的臣服。两种臣服仪式中都有誓言、礼物(贡物)等要素,相对于第一种臣服仪式的庄严、神圣,第二种臣服仪式常常建立起拟血缘关系,如义父子、义兄弟,使君臣关系与亲情交织在一起。本文意图通过爬梳史料,对比不同族群、不同文化视域下的臣服仪式,展现蒙古人确立君臣关系方面的特性,同时分析其与兄弟民族在政治传统、文化习俗方面的共性。

一、早期蒙古社会的典型臣服仪式

(一)乞颜部首领即位典礼上的臣服仪式

根据《蒙古秘史》(以下皆简称《秘史》)的描述,铁木真成为乞颜部首领时,该部的贵族们向其表忠,主动说出自己的义务和首领的权力。

[①] 小林高四郎:《蒙古の秘史》,东京:生活社,1941年。那珂通世:《成吉思汗实录》,东京:筑摩山房,1943年。村上正二:《〈蒙古秘史〉解说》,见村上正二译注:《蒙古秘史》第一册,东京:平凡社,1970年。F. W. 柯立甫著,于默颖译:《〈蒙古秘史〉英译本前言》,见《蒙古学信息》,1997年第2期。策·达木丁萨隆编译,谢再善译:《蒙古秘史》,北京:中华书局,1956年5月。札奇斯钦:《蒙古秘史新译并注释》,台北:联经出版公司,1979年。余大钧译:《蒙古秘史》,石家庄:河北人民出版社,2001年。阿尔达扎布译注:《新译集注蒙古秘史》,呼和浩特:内蒙古大学出版社,2005年12月。乌兰:《元朝秘史(校勘本)》,北京:中华书局,2012年。

试论《蒙古秘史》中的臣服仪式与君臣关系的确立

众敌在前,我们愿做先锋冲上去,把美貌的姑娘、贵妇,把宫帐、帐房,拿来给你!我们要把异邦百姓的美丽贵妇和美女,把臀节好的骟马,掳掠来给你!围猎狡兽时,我们愿为先驱前去围赶,把旷野的野兽,围赶得肚皮挨着肚皮,把山崖上的野兽,围赶得大腿挨着大腿!作战时,如果违背你的号令,可离散我们的妻妾,没收我们的家产,把我们的头颅抛在地上而去!太平时日,如果破坏了你的决议,可没收我们的奴仆,夺去我们的妻妾、子女,把我们抛弃在无人烟的地方![1]

由于版本不同,有的《秘史》并没有记载违背可汗命令的相应惩罚,法国学者雷纳·格鲁塞指出,也许后面的誓词是《秘史》的作者为了呼应后来铁木真惩罚这些背叛他的人而故意添加的。[2]

《圣经·撒母耳记上》也展示了以色列民众要给王提供的各项服务:

管辖你们的王必这样行:他必派你们的儿子为他赶车、跟马,奔走在车前;又派他们作千夫长、五十夫长,为他耕种田地,收割庄稼,打造军器和车上的器械;必取你们的女儿为他制造香膏,作饭烤饼;也必取你们最好的田地、葡萄园、橄榄园赐给他的臣仆。你们的粮食和葡萄园所出的,他必取十分之一给他的太监和臣仆;又必取你们的仆人婢女,健壮的少年人和你们的驴,供他的差役。你们的羊群,他必取十分之一,你们也必作他的仆人。[3]

通过对比同样是表达臣服的文本,可以看出臣属一方要将自己连同家属全部归于君主,而君主有义务和责任保护他们、分给相应的利益,同时也有权力惩罚不遵从规则的人。

臣服仪式与蒙古人的生活息息相关,在表达臣服的誓词之中,提到了可汗狩猎的权力以及对猎物的分配。美国学者托马斯·爱尔森认为,"实际上,

---

[1] 余大钧译:《蒙古秘史》,石家庄:河北人民出版社,2001年,第149—150页。

[2] 雷纳·格鲁塞著,龚钺译,翁独健校:《蒙古帝国史》,北京:商务印书馆,2016年,第73页。

[3] 中国基督教协会译:《圣经》,南京:中国基督教协会,1998年,第265页。

小事件中的大历史——金元明清史杂谈

狩猎区象征了统治者所强力推行与警惕维护的政治权威。12世纪,在成吉思汗统一蒙古之前,有野心的部落首领便划定了自己的狩猎区,不允许其他任何人进入,这也是在无政府环境下权力角逐的方式之一。此外,在许多早期政权中,关于狩猎权与狩猎区的斗争也影射了关于王权的潜在竞争"①。

臣服誓词中也提到了家族女性对于主君的各种服务。即使没有留下来的誓词,也可从实际情况来推断。王罕的弟弟札合敢不,向铁木真称臣,献出了自己的两个女儿,所以在克烈部灭亡之后,仍可以保全私属百姓不被掳掠,并被称为"(成吉思汗的)第二条车辕"②。

在众人推举铁木真当乞颜部首领时,他曾礼让一番。"忽察儿,因你是捏坤太师的儿子,我们让你做汗,你不肯做。阿勒坛,因你父忽图勒汗掌管过国家,我们劝你继承父业为汗,你也不肯。薛扯、泰出两人,是上辈把儿坛·把阿秃儿的子孙,我劝说他们俩做汗,他们也不肯。我劝说你们做汗,你们都不肯做。你们都让我做汗,我这才做了。"③

这种礼让仪式有着悠久的历史,可以上溯到拓跋鲜卑的可汗即位仪式。在北魏建国初期,拓跋氏皇族仍保留着即位者询问诸公谁人可担当大任的传统。④ 契丹人的柴册仪也有即位者先发表自己德不配位、应该选贤者为君的言论。皇帝遣使敕曰:"先帝升遐,有伯叔父兄在,当选贤者。冲人不德,何以为谋?"接着,群臣表示我等受恩于上,必定尽心辅佐新君,不敢有别样想法,最后,即位者顺利登临大位,群臣服从。⑤ 罗新指出,这是内亚地区的可汗即位仪式传统,并指出,"对内亚传统的敏感与自觉,有助于我们对熟知史料的再阅读,有助于唤醒某些沉睡中的历史信息,而赋予孤立史料以新的意义、新的历史纵深感"⑥。

---

① 托马斯·爱尔森著,马特译:《欧亚皇家狩猎史》,北京:社会科学文献出版社,2017年,第26页。
② 余大钧译:《蒙古秘史》,石家庄:河北人民出版社,2001年,第138页。
③ 余大钧译:《蒙古秘史》,石家庄:河北人民出版社,2001年,第265页。
④ 魏收:《魏书》卷16《道武七王·清河王绍》,北京:中华书局,1974年,第390页。
⑤ 脱脱等:《辽史》卷49《礼一·吉仪》,北京:中华书局,1974年,第836页。
⑥ 罗新:《黑毡上的北魏皇帝》,北京:海豚出版社,2014年,第52—56页。

不独北方少数民族有此传统，中原地区的即皇帝位也有类似仪式。西汉初年，群臣在诛杀诸吕之后，欲拥立代王刘恒为天子，刘恒来到长安之后，仍表示才德有限，请叔父即位为妥，而群臣皆伏地请求，刘恒又礼让多次，最后即位。①

通过一番礼节性的谦让，将威胁即位者的潜在竞争对手一一排除，不管未来他们是否可以通过其他手段夺得汗位或者皇位，至少在当下的礼仪进程中，面前的即位者是唯一的人选，同时获得了众人的拥戴。但是这种拥戴是否真心实意，值得深究。美国学者梅天穆推测，乞颜部诸位贵族选择年轻的铁木真作为首领，并不是因为他能力出众、身份尊贵，而是他便于控制，可以成为贵族们的傀儡，但是铁木真并未如众人所愿。②

（二）蒙古大汗即位典礼上的臣服仪式

虎儿年（1206），成吉思汗建立大蒙古国，《秘史》用大量的篇幅记述了成吉思汗对于功臣们的封赏，在后来追溯和回忆中，没有铁木真再三推让的情节，但这并不意味着成吉思汗的后人在即汗位时不进行一番谦让。传教士柏朗嘉宾记载了成吉思汗曾颁布一条敕令："无论任何人，如他骄傲自大，以至于未经宗王们推选而主动提出想成为皇帝，就应该毫不留情地处决之。"③ 乍看条文，这项规定似乎是在限制即位人，而结合历次蒙古大汗（元朝皇帝）即位仪式可知，在某种程度上，宗王们推举和即位者谦让共同构成了大汗即位仪式的一部分。罗新检索蒙元史材料，指出窝阔台、贵由和元英宗硕德八剌也进行了一番谦让。窝阔台提到"有长兄和叔父们，特别是大弟拖雷汗，比我更配授予大权和担当这件事……"④，贵由也是"照例逊谢"⑤，硕德八剌的即位诏书表示，"大位次不宜久虚，惟我是薛禅皇帝嫡派，裕宗皇帝长孙，

---

① 司马迁：《史记》卷10《孝文本纪》，北京：中华书局，1959年，第416页。

② 梅天穆著，马晓林、求芝蓉译：《世界历史上的蒙古征服》，北京：民主与建设出版社，2017年，第34页。

③ 贝凯、韩百诗译注，耿昇译：《柏朗嘉宾蒙古行纪·鲁布鲁克东行纪》，北京：中华书局，2013年，第47页。

④ 拉施特主编，余大钧、周建奇译：《史集》第二卷，北京：商务印书馆，2014年，第29页。

⑤ 拉施特主编，余大钧、周建奇译：《史集》第二卷，北京：商务印书馆，2014年，第217页。

小事件中的大历史——金元明清史杂谈

大位次里合坐地的体例有,其余争立的哥哥兄弟也无有"①。汗位继承人对于宗王们的一番礼节性谦让,罗新认为,"这种资格虽然仅仅是理论上的,但承认他们的资格是新君的政治责任,也是构建政治联盟的前提"②。《史集》一方面记述了窝阔台的谦让,另一方面又着重刻画了拖雷作为守灶之人,察合台作为二哥,斡赤斤作为叔父,尽管实力、身份都高于窝阔台,但还是向窝阔台表示臣服。

> 察合台汗拉着窝阔台合罕的右手,拖雷汗拉着左手,他的叔叔斡惕赤斤抱住[他的]腰,把他扶上了合罕的大位。拖雷汗举起杯子,御帐内及御帐四周的人们全体九次跪拜,为国家祝贺他[登]上大位,称他为合罕。③

《元史》记载耶律楚材劝察合台要向新汗行礼表达臣服:

> 乃告亲王察合台曰:"王虽兄,位则臣也,礼当拜。王拜,则莫敢不拜。"王深然之。及即位,王率皇族及臣僚拜帐下,既退,王抚楚材曰:"真社稷臣也。"国朝尊属有拜礼自此始。④

《秘史》表明,不仅有礼仪上的臣服,还有财产和部众的交接:

> 兄长察阿歹拥立其弟斡歌歹·合罕为大汗。察阿歹兄长、拖雷二人将守卫其父成吉思汗金性命的[一千名]宿卫、[一千名]箭筒士、八千名侍卫,将其父汗的贴身私属万名轮番护卫士,交给了斡歌歹·合罕。本部百姓也照道理交给了他。⑤

---

① 宋濂等:《元史》卷29《泰定帝本纪》,北京:中华书局,1976年,第638页。
② 罗新:《黑毡上的北魏皇帝》,北京:海豚出版社,2014年,第53页。
③ 拉施特主编,余大钧、周建奇译:《史集》第二卷,北京:商务印书馆,2014年,第30页。
④ 宋濂等:《元史》卷146《耶律楚材传》,北京:中华书局,1976年,第3457页。
⑤ 余大钧译:《蒙古秘史》,石家庄:河北人民出版社,2001年,第467页。

试论《蒙古秘史》中的臣服仪式与君臣关系的确立

传教士柏朗嘉宾曾亲眼看见贵由被选为大汗的过程,他的记载可供参考。大汗即位之前需要走一个选举的程序,全体首领都被召集在一处,待遇优渥,仅衣服就做到四天更换四套:

> 第一天,大家都穿着紫红色缎子服装;第二天,换成了红色绸缎,贵由就在这个时候来到了帐篷;第三天,他们都穿绣紫缎的蓝衣服;第四天,大家都穿着特别漂亮的华盖布衣服。[①]

同时在蒙古人的宫帐群之外,还有大量来自世界各地的使节等待确切信息。"实际上,一共有四千多名使节,其中包括朝贡使,前来送礼的人,前来归附他们的算端和其他首领,奉鞑靼人之诏令而来的人,或者是替他们治理各地区的人。"过了四个星期,最终贵由当选为新的蒙古大汗,"当贵由从帐篷里出来时,只要他在外面,别人都用在顶端装饰有红色毛织品的漂亮小棍尽情地向他表示欢呼和致敬,他们对任何一位首领都不曾这样做过"[②]。

成吉思汗曾规定蒙古人"应该去征服一切土地,不与任何没有归附自己的民族缔结和约,只要他们自己未被彻底消灭,无论时间多长也要坚持下去"[③]。世界各地的与蒙古汗国有关的国王或者宗教首领(算端)均派遣使者或者亲自前来,对新任大汗的即位表示祝贺,并携带礼物表达臣服,这是对于新崛起的蒙古汗国强大军事实力的一种惧怕,同时也想要寻求一种合作甚至庇护。

《秘史》并未详细记述铁木真成为成吉思汗的全部仪式,但参考其后人的即位仪式,大致可以了解其中有重要的臣服仪式。其一,新君的兄弟或者叔父要向新君表示臣服,尽管仪式中新君有一番对汗位的谦让;其二,被征服或者

[①] 贝凯、韩百诗译注,耿昇译:《柏朗嘉宾蒙古行纪;鲁布鲁克东行纪》,北京:中华书局,2013年,第85页。

[②] 贝凯、韩百诗译注,耿昇译:《柏朗嘉宾蒙古行纪;鲁布鲁克东行纪》,北京:中华书局,2013年,第86页。

[③] 贝凯、韩百诗译注,耿昇译:《柏朗嘉宾蒙古行纪;鲁布鲁克东行纪》,北京:中华书局,2013年,第47页。

结盟的对象派遣使者甚至亲自前往宫帐祝贺新君即位，同时表达臣服；其三，在贵族的带领下，参会人员对新君进行九次跪拜大礼，再次确认君臣身份。

二、从臣服到君臣翻转——铁木真与王罕义父子关系分析

克烈部首领王罕（脱斡邻勒）与乞颜部首领铁木真结成义父子关系的时间、盟誓内容和政治含义等，史籍中有不同的记载，学者们亦有不同的看法。日本学者吉田顺一结合多份材料，认为《秘史》的表述是将后发事件前置，二人结成义父子的时间要更靠后。① 如果时间顺序有误，那么问题随之产生，父亲的安答是否天然就是自己的义父？根据《秘史》的表述，确认这种义父子关系需要一个仪式，而在脱斡邻勒与铁木真之间，这种确认仪式更像是一种臣服仪式。对二人义父子关系的定位，郑天挺认为这是金元时期北方少数民族常见的方式，② 倾向于非君臣关系，而姚大力③、钟焓④、宝音德力根都认为这实际上构成了一种君臣关系⑤，本文也倾向于君臣关系。

（一）铁木真臣服于王罕

根据《秘史》的描述，铁木真的崛起与势力壮大与克烈部首领王罕（脱斡邻勒）有密切关系，青年铁木真得以崛起，王罕的助力是重要的因素。

[帖木真全家]从桑沽儿小河迁移到克鲁涟河源头的不儿吉·额儿

---

① 吉田顺一：《汪罕与铁木真的后期关系——结成父子关系的传说的分析》，中国蒙古史学会编《蒙古史研究》第四辑，呼和浩特：内蒙古大学出版社，1993年，第11—24页。

② 郑天挺：《多尔衮称皇父之臆测》，郑天挺《清史探微》，北京：北京大学出版社，1999年，第82页。

③ 姚大力：《论蒙元王朝的皇权》，姚大力《蒙元制度与政治文化》，北京：北京大学出版社，2011年，第142页。

④ 钟焓：《重释内亚史：以研究方法论的检视为中心》，北京：社会科学文献出版社，2017年，第193—195页。

⑤ 宝音德力根：《关于王罕与札木合》，中国蒙古史学会编《蒙古史研究》第三辑，呼和浩特：内蒙古大学出版社，1989年，第1—11页。

试论《蒙古秘史》中的臣服仪式与君臣关系的确立

吉[额儿吉为河岸、河湾之意]安营住下。

[孛儿帖夫人的]母亲搠坛曾送来一件黑貂皮袄，做[她的女儿]初见公婆的礼物。[帖木真说：]

"客列亦惕部的王汗以前曾和父亲也速该互相结为安答（义兄弟），因为和我的父亲互称安答，那么也就如同父亲了。"

知道王汗住在土兀剌河的合剌屯（黑林）中，帖木真、合撒儿、别勒古台三个人就拿着那件黑貂皮袄前去。

到了王汗那里，帖木真说：

"您以前与我父亲结为安答，也就如同我的父亲。因此我把妻子呈献给公婆的礼物带来呈献给您。"

说着，就把黑貂皮袄献给了他。

王汗很高兴地说：

"我要为你把散失的百姓聚合起来，

答谢你送给我黑貂皮袄。

我要为你把散去的百姓聚集到一起，

答谢你献给我貂皮袄。

我要将此事牢记在心里。"[1]

需特别说明，由于版本不同，对蒙文的翻译也各有差别，最后一句话有多种解释，但大体上都表示脱斡邻勒愿意支持铁木真，并付诸行动。另外，《史集》《圣武亲征录》和《元史·太祖纪》也有类似记载，只是时间有所不同。

如果将这个过程看作一个臣服仪式，那么自铁木真三兄弟从家出发，仪式便已经开始进行了。法国学者雅克·勒高夫认为臣服仪式之中，旅行也算是重要的一个环节。"从象征意义的角度看，有寓意的旅行是臣属总是来到领主身边。旅行有着双重功能：将仪式定位于一个象征场所、开始确定领主与附庸之间将要建立的联系，是附庸即下级通过前往领主身边开始表达他对

---

[1] 余大钧译：《蒙古秘史》，石家庄：河北人民出版社，2001年，第101页。

小事件中的大历史——金元明清史杂谈

领主的尊敬"①,到达举行仪式的地点后,以奉献贡物,说出誓言的方式完成臣服仪式,确立君臣关系或者说强调自己的臣仆身份,以获得君主支持和帮助。《秘史》对铁木真多番美化,我们看不到他在此刻对于脱斡邻勒表达的臣服之意,整个故事的叙述变成了脱斡邻勒主动帮助铁木真树立权威,收拢部众。法国学者雷纳·格鲁塞指出,铁木真实际上是拿出了完全谦恭的态度来做这件事,尽管自己也是身份尊贵,也不能失去这份自尊之心,但鉴于严峻的形势,"他如同对一个宗主一样地向脱斡邻勒致敬"②。美国学者梅天穆也认为铁木真与脱斡邻勒建立了臣属关系,利用母亲的财产进行政治结盟投资,展现出一种政治天赋。③

黑貂皮袄是珍贵的礼物,鉴于貂皮在蒙古社会中的重要性,它常被作为重礼献给尊贵的人,因此,黑貂皮袄在臣服仪式中是贡物而非礼物。至元十七年(1280),元朝画家刘贯道绘制《元世祖出猎图》,图中只有元世祖忽必烈一人身披白色貂皮大衣,尽显贵气。

从结果上看,脱斡邻勒的权势直接发挥了效用,从前离散的部众纷纷回到铁木真旗下,使青年铁木真拥有了一支成规模的武装力量。但是其地位仍是部将、臣属而非汗位继承人。当铁木真拥有一定实力之后,想要与王罕亲上加亲,遭到了王罕之子桑昆的轻视。

> 桑昆妄自尊大地说:
> "我们家的女儿如果嫁到他家,只能站在门后[做妾婢],仰看坐在正位的[主人的脸色]。他的女儿如果嫁到我家,是坐在正位上[做主人],俯视站在门后的[妾婢们]!"
> 他如此妄自尊大地说卑视我们的话,不肯把察兀儿·别吉给我们,

---

① 雅克·勒高夫著,周莽译:《试谈另一个中世纪——西方的时间、劳动和文化》,北京:商务印书馆,2014年,第486页。

② 雷纳·格鲁塞著,龚钺译,翁独健校:《蒙古帝国史》,北京:商务印书馆,2016年,第62页。

③ 梅天穆著,马晓林、求芝蓉译:《世界历史上的蒙古征服》,北京:民主与建设出版社,2017年,第32页。

不同意这门亲事。①

拉施特的《史集》记载，铁木真即使受到王罕的青睐，但也只是一名出色的臣仆，远达不到继承人的标准，从座次上也可以看出来。

> 王汗有一个大异密，名为奎-帖木儿 [kūī-t(i)mūr]。当成吉思汗与王汗友好，有着父子 [之谊]，[成吉思汗] 以儿子身份坐在王汗身旁时，这个异密的座位就已高于 [成吉思汗] ……②

（二）王罕臣服于铁木真

《秘史》描述，当铁木真力量足够强大，击败王罕之后，这种尊卑关系出现翻转。

> 王汗听了这些话后，说：
> "唉，我老糊涂了！我没有与我儿 [帖木真] 分裂的道理，我不该做与我儿 [帖木真] 分裂的事！唉，我心里难受已极！"
> 他发誓说：
> "今后我如果见到我儿再生恶念，就像这样出血 [而死]！"
> 说着，就用剜箭扣的刀子，刺破他的小指，把流出的血，盛在一个小桦木桶里，[对阿儿孩、速客该两使者] 说：
> "去交给我儿 [帖木真]！"
> 说罢，就让 [两使者] 回去了。③

年迈的王罕刺破手指，以血与铁木真盟誓，以示真诚。血盟在蒙古人的

---

① 余大钧译：《蒙古秘史》，石家庄：河北人民出版社，2001年，第230页。
② 拉施特主编，余大钧、周建奇译：《史集》第一卷第一分册，北京：商务印书馆，2014年，第223页。
③ 余大钧译：《蒙古秘史》，石家庄：河北人民出版社，2001年，第263页。

文化中具有重要的地位。① 铁木真曾派弟弟哈撒儿诈降王罕，相约共击铁木真，"汪罕信之，因遣人随二使来，以皮囊盛血与之盟"②。《秘史》描述，王罕实际上已经自降身份，视自己为罪人了。在拉施特《史集》③ 和志费尼《世界征服者史》④ 的记述中，王罕没有上述举动，战败后出逃至乃蛮部落寻求庇护。关于王罕宁可出逃也不愿意投降的原因，美国学者梅天穆推测，铁木真要消灭敌人的贵族阶层，从而使自己的家族成为唯一留存的贵族。⑤ 铁木真此时与王罕的地位彻底反转了，曾经高高在上的汗成为罪人和臣仆，《秘史》中的刺血举动成为王罕屈服的标志。

三、从平等到臣服——"安答""那可儿""答剌罕"含义的演变

（一）"安答"政治含义的演变

"安答"，《元朝秘史》旁译释为"契交"，总译释为"契合"⑥，王国维曾论其源自契丹习俗⑦，现代汉译本多释为"义兄弟"⑧。在《秘史》中出现了多次结安答仪式。也速该与脱斡邻勒结安答的仪式在土兀剌河的黑林中举

---

① 张承志：《关于早期蒙古汗国的盟誓》，《民族研究》1986年第2期。扎格尔：《古代蒙古盟誓礼仪》，《内蒙古师大学报》2000年第3期。高嘉敏：《古代蒙古人盟誓研究》，西北师范大学硕士论文，2014年5月。

② 宋濂等：《元史》卷1《太祖本纪》，北京：中华书局，1976年，第11页。

③ 拉施特主编，余大钧、周建奇译：《史集》第一卷第一分册，北京：商务印书馆，2014年，第221页。

④ 志费尼著，J. A. 波伊勒英译，何高济译：《世界征服者史》，北京：商务印书馆，2016年，第37页。

⑤ 梅天穆著，马晓林、求芝蓉译：《世界历史上的蒙古征服》，北京：民主与建设出版社，2017年，第40页。

⑥ 顾广圻校：《元朝秘史》第二册，张元济等辑《四部丛刊三编》史部，上海：上海书店，1986年，第78、81页。

⑦ 王国维：《蒙古札记·安答》，王国维《观堂集林》，石家庄：河北教育出版社，2001年，第404页。

⑧ 余大钧译：《蒙古秘史》，石家庄：河北人民出版社，2001年，第101页。

行,脱斡邻勒发誓:"上天、大地佑护、垂鉴!我要为你的恩德,报答你的子子孙孙!"① 结合历史背景,脱斡邻勒受到也速该的鼎力相助,重新夺回了首领之位,二人因此结成安答,脱斡邻勒的誓言已经有了些许臣服的意味。

铁木真与札木合三次结为安答,孩提时代的两次以玩具为信物,②成年后以腰带、良马为信物。③《秘史》将二人置于平等的地位,宝音德力根考察各种记述,认为札木合的势力要远远大于铁木真,④因此,很难说第三次结安答没有铁木真臣服札木合的意味在其中。后来二人分道扬镳,铁木真屡次败于札木合,但在《秘史》的描述中,胜利者变成铁木真,还增添了札木合虽身在王罕营中却为铁木真出谋划策的情节。⑤札木合逃至乃蛮部,大肆宣扬铁木真及其部将的英勇甚至凶残,⑥使得乃蛮军队望风而逃,这不像是仇敌应有的态度。对比西欧查理大帝时期叛臣恐吓德西德里乌斯事件,可以对《秘史》的情节设置有更明晰的理解。

贵族奥特克尔触怒查理大帝,投奔德西德里乌斯避难,查理大军随之而来。当辎重马车出现之时,德西德里乌斯问查理是否在其中,得到否定的答案;当各族人的大军来临时,德西德里乌斯再次询问,仍被告知查理不在其中;最后,奥特克尔以夸张的词汇描述了查理大军的气势与英勇,然后自己跌倒在地,如同半死,城主和居民在目睹震撼的场景之后,选择迎查理入城,表示臣服。⑦ 回顾札木合在《秘史》中的表现,仿佛已是一位臣仆,接受使命前往别国进行恐吓,使铁木真大军在出征时先声夺人。

在《秘史》中,铁木真还与其他人结成了安答,如忽亦勒答儿安答,⑧

---

① 余大钧译:《蒙古秘史》,石家庄:河北人民出版社,2001年,第258页。
② 余大钧译:《蒙古秘史》,石家庄:河北人民出版社,2001年,第132页。
③ 余大钧译:《蒙古秘史》,石家庄:河北人民出版社,2001年,第134页。
④ 宝音德力根:《关于王罕与札木合》,中国蒙古史学会编《蒙古史研究》第三辑,呼和浩特:内蒙古大学出版社,1989年,第9—11页。
⑤ 余大钧译:《蒙古秘史》,石家庄:河北人民出版社,2001年,第244—245页。
⑥ 余大钧译:《蒙古秘史》,石家庄:河北人民出版社,2001年,第303—307页。
⑦ 艾因哈德、圣高尔修道院僧侣著,A. J. 格兰特英译,戚国淦译:《查理大帝传》,北京:商务印书馆,1979年,第96—98页。
⑧ 余大钧译:《蒙古秘史》,石家庄:河北人民出版社,2001年,第353页。

小事件中的大历史——金元明清史杂谈

余大钧指出他是忙忽惕部首领，最初依附札木合，在十三翼之战后投靠铁木真，在后来的哈阑真沙陀之战中，担任先锋力战受重伤，不久，伤口发作而死。① 从《秘史》《元史》等材料看，这位忙忽惕部首领并未取得与铁木真同等的政治地位或经济地位，一直充当着臣属的角色，通过自己的勇猛和谋略，为自己和子孙后代赢得了荣誉和尊贵的地位。② 正是这种君臣关系使得《元史》将他的称谓改成"近臣"，不再使用蒙古语"安答"。③

（二）"那可儿"政治含义的演变

"那可儿"，蒙古语"nökör"，《华夷译语》释为"伴当"，"伴当，努库儿"。④ 余大钧释为"朋友、友伴"，并指出在当时的蒙古社会中，部落、氏族贵族、首领身边的大批"那可儿"，实际上是贵族、首领的亲信部属、亲兵。⑤ 札奇斯钦指出，在现代语中"nökör"是"朋友、伙伴、同志和配偶"之意。⑥ 苏联学者弗拉基米尔佐夫认为，"那可儿"是主要以战士资格为氏族和部落首领服役的自由人。⑦ 赛青白力格总结各类材料，认为12—13世纪时，"那可儿"特指平时为那颜贵族放牧牛羊、随从狩猎和从事其他杂物劳动，战时为那颜贵族出谋献策、冲锋陷阵，有一定智谋的人，随着社会分工的扩大以及人际关系的日趋复杂化，近代以后，该词在其核心意义（贴身的人）的基础上又有了引申和扩大。⑧

古代蒙古语对"那可儿"的定义中是否有伙伴的意思？如果有，那么众多"那可儿"与首领的关系是否可归于严格的君臣关系？弗拉基米尔佐夫认为，"那可儿"自由履行他们对主人的义务是其一大特点，"在古代蒙古社会

---

① 余大钧译：《蒙古秘史》，石家庄：河北人民出版社，2001年，第165页。
② 余大钧译：《蒙古秘史》，石家庄：河北人民出版社，2001年，第277—278页。
③ 宋濂等：《元史》卷120《术赤台传》，北京：中华书局，1976年，第2962页。
④ 火原洁等编：《华夷译语》，北京图书馆古籍出版编辑组《北京图书馆古籍珍本丛刊》，北京：书目文献出版社，2000年，第79页。
⑤ 余大钧译：《蒙古秘史》，石家庄：河北人民出版社，2001年，第94页。
⑥ 札奇斯钦：《蒙古秘史新译并注释》，台北：联经出版公司，1979年，第98页。
⑦ 弗拉基米尔佐夫著，刘荣焌译：《蒙古社会制度史》，北京：中国社会科学出版社，1980年，第140页。
⑧ 赛青白力格：《蒙古语"那可儿"词义的演变》，《青海民族大学学报》2010年第1期，第48页。

试论《蒙古秘史》中的臣服仪式与君臣关系的确立

里，伴当不是主人即那颜的属下人或佣仆，而是有责任为他的首领尽义务——即为他的'正'主服务的自由战士……"① 从部落争雄到进入早期国家阶段，"那可儿"的身份和地位发生了变化。《秘史》描述，成吉思汗曾颁布一系列命令，其中涉及挑选轮番护卫，各级贵族和他们的"那可儿"都应当前来。"有愿到朕身边效力，愿来朕处学习者，不可阻挡他前来！"② 诏令中的"那可儿"，释义为伴从者，其伙伴的意味更多，在成吉思汗面前，各级贵族都失去了对自己"那可儿"的控制权，所有的"那可儿"都成为成吉思汗的臣属。

"那可儿"的汉译"伴当"，既有"伴"，又有"当"。"伴"可以理解为志同道合，相伴共同进退，而"当"可以理解为一种担当、职责、义务，是维系关系的具体行动，颇有春秋战国时期"君臣义合，不合则去"③ 的意味。随着蒙古草原的日渐统一，"那可儿"（伴当）之"伴"的意味逐渐减退，日趋成为君主或者领主的臣仆，铁木真处死札木合五个"那可儿"时的表态非常具有代表性。

> 札木合被其同伴们擒来时，让人对其安答（义兄弟）[成吉思汗]说：
> "乌鸦捕捉了紫鸳鸯，
> 下民（合剌出）、奴婢擒拿了他们的汗，
> 我的安答（义兄弟）大汗啊，
> 你说该怎么办？
> 低能的贱鸟捕捉了蒲鸭，
> 奴婢、家丁围捕了本主，
> 我圣明的安答啊，
> 你说该怎么办？"

---

① 弗拉基米尔佐夫著，刘荣焌译：《蒙古社会制度史》，北京：中国社会科学出版社，1980年，第141页。
② 余大钧译：《蒙古秘史》，石家庄：河北人民出版社，2001年，第371—372页。
③ 朱熹：《四书章句集注·孟子集注》卷10《万章章句下》，北京：中华书局，1983年，第324页。

小事件中的大历史——金元明清史杂谈

成吉思汗听到札木合说的这些话后,降旨道:

"怎么能容忍这种侵犯本主的人呢?这种人还能与谁为友伴?可传旨:族斩侵犯本主之人!"

于是,当着札木合的面,把下手擒拿札木合的那些人全部斩杀①。

五个"那可儿"并不认为这是一种背叛,只是因为无法再与札木合一道同行了,将其擒来献给铁木真也是一种利益最大化的合理选择。但是《秘史》的作者认为这就是背叛,因为此时的"那可儿"已经不再是合作者和跟从者,而是完全的臣仆,臣仆背叛君主是对于君权的挑衅,铁木真需要用这个事件来宣告君主权力的神圣不可侵犯。同样的,铁木真处死桑昆的"那可儿"阔阔出,因为他抛下了首领桑昆转而投靠自己,②又褒扬一直维护桑昆的那可儿,因为他"不忍舍弃正主、可汗,为了让他远离而去保全性命而厮杀的,岂不是大丈夫吗?这是可以做友伴的人"③。一惩一褒,再次强调了君主对于臣属的绝对掌控,也反映了"那可儿"身份从自由人向臣仆发展的大趋势。

进入国家阶段,这种君臣关系或者说君臣畛域更为明显。"那可儿"可以充当领主或君主的玩伴、侍卫,不乏从玩伴而发展为近身侍卫,再由侍卫而飞黄腾达者。不独蒙古人有此设置,明朝宫廷亦有相应规定,只不过更偏重读书而非侍卫扈从。宣德朝礼部尚书兼华盖殿大学士张瑛自小官而至内阁重臣,有很重要的原因在于他曾经是皇太孙明宣宗朱瞻基年幼时候的伴读。④

(三)"答剌罕"政治含义的演变

"答剌罕",蒙古语"darqan",《元朝秘史》写为"苔儿罕敦",译为"自在"⑤,韩儒林专门撰写两篇文章《蒙古答剌罕考》和《蒙古答剌罕考增

---

① 余大钧译:《蒙古秘史》,石家庄:河北人民出版社,2001年,第321—322页。
② 余大钧译:《蒙古秘史》,石家庄:河北人民出版社,2001年,第284—285页。
③ 余大钧译:《蒙古秘史》,石家庄:河北人民出版社,2001年,第277页。
④ 孙继宗等:《明英宗实录》卷23"正统元年十月丙寅"条,台北:"中央研究院"历史语言研究所,1962年,第457—458页。
⑤ 顾广圻校:《元朝秘史》第一册,张元济等辑《四部丛刊三编》史部,上海:上海书店,1986年,第68页。

补》详细阐述了该词的蒙语含义及在蒙元、明清时期的演变，同时对比中亚和西亚蒙古汗国的情况，指出该词历史悠久，成吉思汗以答剌罕之号专用以报私恩，有种种特权，但年代越后，该号之特权越少，至清代变成赏有功者之空衔，不复昔日之尊贵。①

答剌罕的"自在"从何而来？明人王士琦解释该词为高级工匠，"亦有各色匠役，手艺精能，造作奇异器具，升为此名"②。韩儒林认为，这只是一说，答剌罕是古老的称号，不仅仅用于工匠称谓。尼古拉·M.孜尼雅科夫认为在6—10世纪阿尔泰突厥群体中，由于铁匠对白炽的铁和火具有自由操控的能力，所以受到了尊崇和神化，获得了一种准萨满式的威望，甚至诞生了一位神灵来保护铁匠，名叫"阿塔干"（Atagan）或"塔塔干"（Tatagan）。③ 蒙古人对突厥、回鹘文化有较为广泛的借鉴和吸收，因此，答剌罕、打儿汗等称谓进入蒙古文化之中。在后来的发展过程中，工匠的神秘色彩逐渐消失，日益成为附属于贵族的专业服务人员。而真正的萨满在成吉思汗处死阔阔出之后也势力衰微，屈从于大汗的权威，丧失了独立性，成为替大汗祈福祝祷占卜之人，④ 具备准萨满身份的工匠再也无法获得曾经的尊贵地位。

与"安答""那可儿"的独立性相比，"答剌罕"从一开始就是大汗（可汗）赏赐臣下的称号，展现了明显的君臣关系，接受答剌罕的称号即意味着向君主臣服，享受九次免死的特殊待遇也意味着直接受到君主的庇护。

四、拟血缘关系臣服仪式解读

臣服仪式经常被包裹在一层亲情的面纱之下，这是草原上较为常见的情

---

① 韩儒林：《穹庐集》，上海：上海人民出版社，1982年，第18—50页。
② 王士琦：《三云筹俎考》卷2《封贡考》，王有立主编《中华文史丛书》第28—29册合订本，台北：华文书局股份有限公司，1968—1969年，第272页。
③ 尼古拉·M.孜尼雅科夫著，刘文锁译：《公元6至10世纪阿尔泰突厥的冶铁与铁器制作》，余太山、李锦绣主编《欧亚译丛》（第一辑），北京：商务印书馆，2015年，第77—79页。
④ 贝凯、韩百诗译注，耿昇译：《柏朗嘉宾蒙古行纪；鲁布鲁克东行纪》，北京：中华书局，2013年，第256页。

况，而问题在于，这种拟血缘关系包裹着的臣服仪式为何在双方敌对之时屡屡被提及？为什么蒙古人在义父子或义兄弟处于敌对状态时不率先解除这种拟血缘关系，从而令之后的战斗无牵无挂？

概言之，结成义父子或者义兄弟（安答）的双方都知道这只是一种权宜之计，为的是使自己在当时获得最大的收益。根据《秘史》的描述，脱斡邻勒需要铁木真的聪明才智和英勇善战来为自己征战四方，扩大势力范围，甚至救自己于危难之中，而铁木真也急需借助脱斡邻勒在整个蒙古高原东部的影响力来收服部众，壮大自身。铁木真在势单力孤之时，需要借助安答札木合的力量打败篾儿乞人，而札木合及其先祖并非蒙古部落显贵，[①] 通过对蔑儿乞人的战争，一方面可以获得战利品，另一方面也可以提高自己部落在蒙古社会中的地位。

尽管义子可以获得崇高的地位和荣誉，但是在义父及其亲子看来，始终是内外有别，义子也知道其中的分寸。铁木真的一番说辞具有代表性：

> 去对桑昆安答（义兄弟）说："我是［汗父的］生而有衣服的儿子，你是［汗父的］赤裸着身子生下的儿子。咱们的汗父把咱们俩同样看［作儿子］。……"[②]

桑昆曾经指责铁木真在背地里不尊敬脱斡邻勒和自己，"他几时称呼过汗父，不是称做老屠夫吗？他几时叫过我安答，不是把我说成是跟在脱黑脱阿巫师［屁股］后面走的回回羊的尾巴吗"[③]？在《秘史》和其他材料中并没有描述铁木真与桑昆曾经结为安答，《秘史》的逻辑如下：既然铁木真拜脱斡邻勒为义父，自然与脱斡邻勒亲生儿子桑昆成为义兄弟。显然，桑昆并不认可这种强加的安答称谓，并表示要对抗到底。"我懂得他说的这些话的用

[①] 真实的历史并非如此，宝音德力根考证札木合有着高贵的血统和显赫的地位，从札木合一生的活动来看，他一直是蒙古高原上强有力的贵族之一。宝音德力根：《关于王罕与札木合》，中国蒙古史学会编《蒙古史研究》第三辑，呼和浩特：内蒙古大学出版社，1989年，第9—11页。

[②] 余大钧译：《蒙古秘史》，石家庄：河北人民出版社，2001年，第267页。

[③] 余大钧译：《蒙古秘史》，石家庄：河北人民出版社，2001年，第267—268页。

意。这是厮杀之前要说的话！必勒格·别乞、脱朵延两人，把战旗树起来，喂肥战马！不必犹豫不决了！"①《秘史》所述桑昆的态度展现了即便两军大战一触即发，铁木真也要用安答的名义来劝说桑昆，借以取得道义上的优势，最终目的都是服务接下来的残酷战争。无独有偶，楚汉争雄之时，面对项羽欲烹杀刘太公的举动，刘邦以刘项曾结为兄弟之事进行反击，变被动为主动，尽管言行颇为无赖，却保得父命，继续楚汉争霸。② 以上几个例子都证明了义兄弟关系在特定的历史环境和现实利益面前，显得十分脆弱。在《项羽本纪》的描写中，项羽更像是君，而刘邦则位列臣属，从鸿门宴座次和项羽封刘邦为汉王的行为中可略知一二，③ 在没有举起为义帝发丧报仇的旗号之前，汉王刘邦的攻城略地在道义上是以臣叛君，不服从霸王管束。当刘邦彻底击败项羽，又以胜利者的姿态，发丧厚葬项羽，④ 为的是顺利接管他的一切。

由于《秘史》是一部英雄史诗色彩浓重的作品，对于脱斡邻勒的描述十分不客观，突出了他老迈昏庸和无能的一面，对其中青年时代的英勇以及老年时期受到各方势力尊重的描述不够。美国学者杰克·威泽弗德对王罕及其所在克烈部评价颇高，亦可参考一二；⑤ 陈得芝亦认为，王罕是一位英雄且实力雄厚、占地广阔。⑥ 这才是青年铁木真首选其为臣服对象、愿受指挥的原因。

将从前的主人变成自己的奴仆，让实力雄厚的安答匍匐在自己脚下，令曾经平等的友伴降为可随意差遣的卫士，这些都是铁木真在迈向成吉思汗之路的阶段性胜利，值得《秘史》大书特书。

---

① 余大钧译：《蒙古秘史》，石家庄：河北人民出版社，2001年，第268页。
② 司马迁：《史记》卷7《项羽本纪》，北京：中华书局，1959年，第328页。
③ 司马迁：《史记》卷7《项羽本纪》，北京：中华书局，1959年，第312页。
④ 司马迁：《史记》卷7《项羽本纪》，北京：中华书局，1959年，第338页。
⑤ 杰克·威泽弗德著，温海清、姚建根译：《成吉思汗与今日世界之形成》，重庆，重庆出版社，2017年，第96—97页。
⑥ 陈得芝：《十三世纪以前的克烈王国》，元史研究会编《元史论丛》第三辑，北京：中华书局，1986年，第1—22页。

小事件中的大历史——金元明清史杂谈

余 论

蒙古草原上的两类臣服仪式一方面展现了典章制度的约束性,另一方面凸显了拟血缘关系的脆弱性,这种脆弱性在一定程度上又呈现出变通性。

(一) 典章制度的约束性

《秘史》涉及了蒙古汗国早期典章制度,以诏令的形式宣告了成吉思汗权威的不可侵犯。相对于部落争雄和前国家时期因制度简单、粗疏、约束力差而造成的部众离散和联盟瓦解,大蒙古国建立之后,庄严的臣服礼仪、明确的君臣关系、详细的典章制度使整个蒙古群体开始整齐划一,在不断地对内对外征战中完成族群、文化等多方面的整合,蒙古军队迸发出巨大的战斗力。日本学者杉山正明将蒙古征伐称为"集团移动",认为成吉思汗以举国一同的形态,通过征战培养其蒙古民族共同体。[①]《秘史》将后世成熟国家时期的名号、制度强加于祖先时代和早期国家时期,意在追求一种以英雄为核心的权力架构,也是现实社会中蒙古大汗(元朝皇帝)彰显自我的手段。

(二) 拟血缘关系的脆弱性和变通性

以拟血缘关系维系君臣关系是古今中外常见的一种现象,目的是最大程度地开发人力资源,具有一定的合理性,但这种关系又具有脆弱性。义父子、义兄弟关系的形成更多是一种权势和利益上的考量,是一种心照不宣的权益分配,双方都有明确的自我认知,孰君孰臣以强弱而见。

义父子关系不可挑战真实的血缘父子关系,权力和财富的传承永远在真正的血缘父子、兄弟之间进行,义子、义弟不容置喙。当双方进入敌对状态时,并不解除这种拟血缘关系,而是以此为出发点,宣扬自己的尽心尽力,指责对方背信弃义。战后,失败者试图凭借此种关系使己方损失最小化,而胜利者则站在道德高地,以强大的军事力量对失败者予取予求,重新界定君臣关系,划定新的责权,完成了君臣位置的翻转。

综上,两种臣服仪式共同存在于《秘史》之中,展现了早期蒙古社会在

[①] 杉山正明著,黄美蓉译:《游牧民族的世界史》,北京:中华工商联合出版社,2014年,第201—202页。

确立君臣关系方面的复杂性，也反映了部落争雄时代和早期国家建设过程中蒙古人对于权力分配和政权建设的一种探索。后世书写中尽管有时间错置、强弱易位以及情节虚构等情况出现，但对比其他时代、兄弟民族的类似事件，仍可分析、推测出作者的意图，一切皆以凸显以成吉思汗为代表的黄金家族之权威为最终目的。

【基金项目】吉林省社科基金项目"满族萨满祭祖仪式的历史脉络与现代传承研究"（2017BS52）

（原文刊发于《北京师范大学学报》2019年第9期）

小事件中的大历史——金元明清史杂谈

神圣空间理论下的蒙元汗权建构

神圣空间理论源于西方宗教学研究领域，建构起"神圣—世俗"二者对立且共存的辩证关系，凸显一种宗教意涵的纯粹性。① 国内外学者从该理论出发分析各类建筑所展现的神圣空间及文化外延，且对象并不局限于宗教建筑领域，亦可拓展至名山等自然环境。② 神圣空间在发展过程中具备了暂时性和可移动性等特点，例如道教宗教仪式在实践活动中即呈现出这种变通③。本文拟借助神圣空间理论分析蒙元时期的萨满祭祀、都城修建及宫帐移动，提炼其背后的汗权建构逻辑，展现不同历史时期蒙古统治者对于多种文化资源的取舍。

一、萨满祭祀与汗权建构

在宗教学视野下，神圣空间的营建需要由神职人员在特定的场景中举行仪式，划出一个特殊的场域，从而形成有神圣属性的空间，之后神灵降临其

---

① 王子涵：《"神圣空间"的理论建构与文化表征》，《文化遗产》2018 年第 6 期。
② 白佩君：《论塔尔寺的神圣空间及圣迹文化圈构建》，《青海社会科学》2016 年第 3 期；陈捷、张昕：《汉藏交融化净土——智化寺神圣空间的意义塑造》，《美术研究》2017 年第 1 期。罗晓翔：《神圣空间与世俗权力：孝陵与明代南京的城市政治》，《江苏社会科学》2018 年第 6 期。高莉芬：《神圣空间的想象与建构："昆仑"多重空间形态及其象征意涵》，《民俗研究》2019 年第 4 期。国外研究可参看 Irvine. "Unlocking the Church: The Lost Secrets of Sacred Space", *International Journal for the Study of the Christian Church*, 2019 (4), pp. 347—348; Giselle Bader. "Sacred Space in Egeria's Fourth-Century Pilgrimage Account", *Journal of Religious History*, 2020 (1). pp. 91—102.
③ 黄士珊：《从〈道藏〉的"图"谈宋代道教仪式的空间性与物质性》，复旦大学文史研究院编《图像与仪式：中国古代宗教史与艺术史的融合》，北京：中华书局，2017 年，第 232 页。

中，赐予世人福祉，众人则顶礼膜拜。联系蒙古汗国的发展历程，与汗权建构直接相关的便是萨满阔阔出通过代天传言授予铁木真成吉思汗这一尊号，使铁木真成为神一般的存在。萨满[①]为奉祀神灵搭起祭台、献上牺牲、唱起神歌，建造一个神圣空间来迎接从天而降的神灵，并向神灵祈求赐福。在部落时期，神圣空间奉祀的是神，进入国家形态后，蒙古汗国的最高统治者成吉思汗作为受享者进入了神圣空间。随着成吉思汗直接被萨满封神并开展一系列隆重而盛大的祭祀活动，黄金家族的掌权者享受到了萨满文化的红利，大汗的权威在一次次的祭祀活动和禁忌重申中被不断强化。

（一）神化成吉思汗以巩固汗权

萨满阔阔出宣扬"成吉思汗"的名号来自天神旨意，"神降旨说：你的名字必须如此！"[②]《蒙古秘史》记载了萨满阔阔出因神化成吉思汗而获得丰厚的政治和经济回报。[③] 后人总结"北陲之俗，敬天而畏鬼"，萨满因表现出能够通上天、见死者、主祭祀而受到格外尊敬。[④] 在萨满文化的加持下，成吉思汗的神性不断增强，上至黄金家族下至普通牧民都对其推崇备至，尽心祭祀。13世纪的传教士柏朗嘉宾描述："成吉思汗被称作蒙古帝国的创始人和王朝命运的主宰者而受到了崇拜。"[⑤]

> 他们为第一位皇帝立一尊偶像，然后再隆重地放在幕帐门前的一辆马车上，正如我们在这位皇帝的斡耳朵前面所看到的那样，在那里供奉许多祭品……他们如同对待自己的神一样身体转向南方而崇拜这尊偶

[①] "萨满"（shaman）为通古斯语词汇，同样意涵的身份，蒙古语称之为"博"（Boo 或 bö'e），因"萨满"一词在学界使用比较频繁，且指向明确，故文章以其代指"博"。有关萨满一词的内涵外延即国际萨满研究动态，可参看庄吉发：《萨满信仰的历史考察》，台北：文史哲出版社，1996年。

[②] 拉施特主编，余大钧、周建奇译：《史集》第一卷第一分册，北京：商务印书馆，2014年，第280页。

[③] 余大钧译注：《蒙古秘史》，石家庄：河北人民出版社，2001年，第404—411页。

[④] 宋濂：《元史》卷72《祭祀一》，北京：中华书局，1976年，第1780页。

[⑤] 贝凯、韩百诗译注，耿昇译：《柏朗嘉宾蒙古行纪：鲁布鲁克东行纪》，北京：中华书局，2013年，第103—104页。

像，让那些当时正在他们家中的大人物也崇拜它。①

神辞展现了民众对成吉思汗天神一般的尊崇：

> 天作成吉思汗，
> 应最高天意诞生，
> 具有天神品阶及名称。
> 你获得了世界各民族的王权，
> 天作吉祥的君主，
> 出身于吉祥的天神。
> 富裕和尊严的大王，
> 你拥有智慧而不会受到惩戒，
> 你作为无瑕君主而行使职权。②

即使在数百年后，蒙古人仍然认为，作为大神的成吉思汗具有无上神力，③ 成吉思汗灵魂所居的起辇谷不会遭到盗掘，而一旦有人觊觎黄金家族的大汗之位，也会有神秘力量放出惩罚之箭。④ 这种神秘力量依托的空间就是明清蒙古史书频繁出现的"八白室"，是由成吉思汗神灵护持的可移动神圣空间。奇·斯钦综合史书、传说、档案记载推测，八白室既不是成吉思汗陵墓，也不是衣冠冢，而是成吉思汗灵宫。⑤ 韩儒林结合元代蒙文、汉文、

---

① 贝凯、韩百诗译注，耿昇译：《柏朗嘉宾蒙古行纪·鲁布鲁克东行纪》，北京：中华书局，2013年，第29页。

② 海西希著，耿昇译：《蒙古的宗教》，北京：中国藏学出版社，2016年，第77—78页。

③ 根据学者的研究，直到俺答汗时期，藏传佛教势力才开启了对于成吉思汗的神格化进程，参看乌云毕力格：《"五色四藩"的来源及其内涵》，乌云毕力格《青册金鬘——蒙古部族与文化史研究》，上海：上海古籍出版社，2017年，第184页。

④ 朱风、贾敬颜译：《汉译蒙古黄金史纲》，呼和浩特：内蒙古人民出版社，1985年，第58页。

⑤ 奇·斯钦：《清代成吉思汗八白室及其主祭神象征物考辨》，《内蒙古大学学报》2011年第6期。

波斯文等中外文献,指出八白室的提法源自明代,是蒙古统治者在中原丧失政权之后,因大都太庙无法搬走而在漠北重新设置的模拟品,或者是15世纪末期蒙古达延汗统一诸部之后移置或新置于鄂尔多斯,[①] 总之,是后出的概念。

如果从神圣空间营造的角度看蒙古人对于祭祀成吉思汗及八白室的重视,不难发现,自从成吉思汗这个名号与铁木真、蒙古汗国紧紧联系在一起后,产生了巨大的政治影响力。这一切都源于草原萨满文化对其的推崇与神化,在后来的岁月中,统治者占有成吉思汗灵魂所在的神圣空间,成为大汗权力合法性的重要来源。

(二) 神化大汗宫帐以彰显汗权

萨满阔阔出在授予铁木真"成吉思汗"尊号后恃宠而骄,意图染指最高权力,引发铁木真兄弟间争斗,最终被铁木真察觉,设计处死了阔阔出。[②] 此举表明汗权压倒神权,存活的萨满们围绕大汗家族进行服务,如为新生的皇子禳除灾殃,[③] 不再主动涉及权力争斗。儒家士大夫见到大汗宫帐附近举行萨满祭祀很是新奇,写下《北方巫者降神歌》,伴随着鼓声和歌声,萨满唤来了"塞外袄神",还模仿着妖狐和健鹘[④]。柏朗嘉宾、鲁布鲁克以及后来的马可·波罗,在他们亲历蒙古人的萨满祭祀活动之后,带着一种轻视和鄙夷,认为萨满的种种行为都是骗人的把戏,[⑤] 但萨满们不以为意,仍通过祭祀和巫术来继续神化大汗,在宫帐神圣性上大做文章。蒙哥汗沿袭重视萨满的传统,与萨满们十分亲近,后世学者批评其"酷信巫觋卜筮之术"[⑥]。

面对大汗的重视,萨满投桃报李,对于大汗所住宫帐的神圣性进行刻意渲染,利用秘术获得大汗关注,还会对个别宫帐所在之地的自然环境如察罕

---

① 韩儒林:《元代的吉利思及其邻近诸部》,韩儒林《穹庐集》,上海:上海人民出版社,2000年,第362—363页。
② 余大钧译注:《蒙古秘史》,石家庄:河北人民出版社,2001年,第404—411页。
③ 宋濂:《元史》卷29《泰定帝一》,北京:中华书局,1976年,第656页。
④ 吴莱:《渊颖集》,顾嗣立编《元诗选初集》己集,北京:中华书局,1987年,第1519页。
⑤ 贝凯、韩百诗译注,耿昇译:《柏朗嘉宾蒙古行纪;鲁布鲁克东行纪》,北京:中华书局,2013年,第31页。
⑥ 宋濂:《元史》卷3《宪宗》,北京:中华书局,1976年,第54页。

小事件中的大历史——金元明清史杂谈

脑儿（蒙古语，汉译为白海）进行神秘化宣传，"其地有水泺汪洋而深不可测，下有灵物，气皆白雾，故名"①，借此表达大自然灵物对于大汗神性的回应。当然，普通的帐篷，也可以建构起一个小型的神圣空间。

> 他们拥有一些用毛毡作成的人形偶像，将之置于自己幕帐大门的两侧，并且还在偶像的脚下放置一些用毛毡作成的乳房一类的东西，他们认为这些偶像是畜群的保护者，同时也是奶汁和畜群繁殖的赐予者。但是，他们也用丝绸布制作其他偶像，并且很崇仰它。还有些人把这些偶像装在一辆很漂亮的篷车上，置于自己幕帐的大门前。②

正是由于有这样的文化基础，使广大牧民认同大汗所居宫帐更加具有神圣性。需要指出，大汗宫帐虽说是神圣的空间，有大汗自身神性护佑，但并不意味着能够永远保持纯洁性，因为它无法阻挡妖邪入内。在草原文化中，死去的人会带来邪祟，于是萨满们规定了一系列的禁忌，保障妖邪鬼祟不能随意进入大汗宫帐。

> 如果一个成年人死时另一个人在场，那后者一整年不得进入蒙哥汗的宫室；如果死者是孩子，那他一个月不得进入。③
> 如大斡耳朵里有人害病，便在斡耳朵四周设置守卫，不许人进入这些禁区。因为他们害怕鬼神或者风随人进去。但他们把教士即占卜者召去。④

宫帐的神圣空间是开放的，不似宗教结界和法阵那样具有强烈的排他

---

① 贾敬颜：《周伯琦〈扈从诗前后序〉疏证稿》，贾敬颜《五代宋金元人边疆行记十三种疏证稿》，北京：中华书局，2004年，第361页。
② 贝凯、韩百诗译注，耿昇译：《柏朗嘉宾蒙古行纪：鲁布鲁克东行纪》，北京：中华书局，2013年，第28页。
③ 贝凯、韩百诗译注，耿昇译：《柏朗嘉宾蒙古行纪：鲁布鲁克东行纪》，北京：中华书局，2013年，第195页。
④ 贝凯、韩百诗译注，耿昇译：《柏朗嘉宾蒙古行纪：鲁布鲁克东行纪》，北京：中华书局，2013年，第196页。

性、攻击性和保护性，神圣空间的纯洁性有赖于自身的维系而不是想当然的外力加持。这种维系的具体表现就是以汗和神的名义设置对臣仆的行为禁忌并颁布法令予以强化，彰显大汗的威严以及汗权的神圣不可侵犯。外来邪祟会干扰大汗的健康，使大汗的权威受到一定程度的削弱，这表明草原萨满文化在新的历史条件下已无法再为成吉思汗的子孙提供与其父祖相同的神性，因此大汗亟须新的文化资源来巩固汗权。

二、新都修筑与汗权建构

宗教学视野下的神圣空间理论突出了在城市中划出特殊区域营建神圣空间的作用，但不是将整个城市彻底覆盖。即使是宗教意义上的"圣城"，也有神圣区域和世俗区域，这正好符合"神圣—世俗"的两分法，为神圣与世俗两个空间的不断联系提供渠道。回顾蒙古汗国到元朝的发展历程，三个重要都城的兴建均表现出统治者对于新的神圣空间充满营造热情，同时也通过新都修筑挑战旧有模式，以新方法、新理念来强化和巩固自身的权力。

都城与定居生活紧密联系，但国家初创时期的蒙古上层似乎并不喜欢城居，更愿意住在草原或城郊的帐篷之中。游牧文化与城居生活存在一定程度的疏离感，在某些域外游牧贵族的眼中，城市是暴发瘟疫、让人束缚之地，远不及广阔的草原让人自由舒适。① 成吉思汗提倡游牧生活，反对子孙后代住进城市，并视游牧为自由生活，而城居则是像奴隶般的生活。② 蒙古高原的游牧民族中的统治者尽管一定程度上排斥城居生活，但并不反对修建城池，曾经的回鹘汗国是定居成分最多的草原游牧政权，③ 回鹘可汗模仿中原之制，在统治中心地区筑城并建造奢华的宫殿，④ 这样的草原城市建设模式

---

① 希提著，马坚译：《阿拉伯通史》，北京：商务印书馆，1979年，第225页。
② 布鲁丁、伊万宁著，都固尔扎布、巴图吉尔嘎拉合译：《大统帅成吉思汗兵略》，呼和浩特：内蒙古人民出版社，1991年，第200页。
③ 钟焓：《从漠北到江南——读林梅村教授新著〈大朝春秋——蒙元考古与艺术〉》，《西域研究》2016年第1期。
④ 林梅村：《蒙古高原与天山东麓的回鹘古城》，朱凤玉等编《张广达先生八十华诞祝寿文集》上册，台北：新文丰出版公司，2010年，第682—698页。

小事件中的大历史——金元明清史杂谈

影响了后来的蒙古人。对于一个世界性帝国而言,明确而稳固的政治中心是帝国融合多民族文化、兼具农耕游牧二元属性的重要表征,而且还能吸引更多的族群前来朝贡、贸易、文化交流,扩大大汗对外部世界的影响力。

(一) 新都哈剌和林建设与窝阔台汗权的提升

哈剌和林城源于成吉思汗在"三河之源"(三河指鄂嫩河、克鲁伦河与土拉河)设置的曲雕阿兰行宫,即汉文所称"龙庭"。由于蒙古人遵循草原习俗,实行领地分封和幼子守产之制,导致四子拖雷继承了成吉思汗的大部分领地和千户,其中包括龙庭行宫,而三子窝阔台虽拥有大汗名号,但实力却不如拖雷,直到拖雷死后,窝阔台才把蒙古汗国统治中心转移到龙庭行宫,[①] 同时开启了筑城建都活动,给新都哈剌和林赋予崇高的政治地位和象征意义。"哈剌和林"为突厥语"黑曜石"之意,有颜色的石头在少数民族文化中具有神秘的力量,形成了独特的石崇拜,[②] 传说中带有灵性的石头可以被巫师施法进而影响历史进程,[③] 推测窝阔台以黑曜石命名新都有建构圣城神域之意。

窝阔台在后世的记载中通常不再使用大汗这一称号,而改用更加尊贵的"合罕",如波斯史家拉施特《史集》中有《窝阔台合罕纪》,明代《华夷译语》对该词解释就是中原地区的皇帝。[④] 最高统治者为新兴城市打上浓厚个人烙印之事史不绝书,域外的拜占庭城因君士坦丁大帝建设而改名"君士坦丁堡",雅特里布因先知穆罕默德的到来而改名先知之城"麦地那",哈剌和林从此与窝阔台合罕产生了不可分割的联系。波斯史家认为,窝阔台合罕修建哈剌和林城的直接动因是要超过现在"世界上最好的城市",不仅如此,

---

[①] 林梅村:《大朝春秋:蒙元考古与艺术》,北京:故宫出版社,2013年,第97页。

[②] 沈仲常、黄家祥:《白石崇拜遗俗考》,《文博》1985年第5期;钱安靖:《试论以白石崇拜为表征的羌文化》,《宗教学研究》1988年第4期;继富:《藏族白石崇拜探微》,《西藏研究》,1990年第1期;仲高:《中国石崇拜信仰探究》,《民族艺术》1998年第1期;侯丁月:《论禹羌文化中的石崇拜》,《文史杂志》2016年第1期。

[③] 拉施特主编,余大钧、周建奇译:《史集》第一卷第二分册,北京:商务印书馆,2014年,第181页。

[④] 火源涵:《华夷译语》,台北:台湾商务印书馆,1977年,第38页。

还搭建了发达的物资供应网络①来保障城中居民的生活。英国学者罗伯特·马歇尔也认为，"哈剌和林只是因为大汗的意愿而存在的"②。尽管后世由于帝系从窝阔台系转向了拖雷系，拖雷系诸汗（帝）通过修改史书，对窝阔台进行了颇多贬低，③但对窝阔台合罕与哈剌和林的关联以及该城的巨大政治影响力并未刻意删减。波斯史书记载，由于窝阔台合罕的慷慨，使得商贾云集，物资汇聚，哈剌和林因此繁荣起来。④而后世史家、考古学者对于哈剌和林的研究兴趣也源于窝阔台时期的城市建设、象征意义及其对于成吉思汗统治理念的损益。⑤

结合其他游记和考古发掘，研究者发现哈剌和林的城市范围并不大。⑥仅从核心城区看，小小的都城似乎与当时蒙古汗国的辽阔疆土不相匹配。但是，哈剌和林在域内域外文献中的崇高地位和国际影响力又向世人展现了此城让时人着迷且心向往之。城市虽小，但其政治地位和象征意义巨大。万安宫是都城中凸显窝阔台汗权力的重要场所，其位置展现了蒙古统治者对于所统治范围的清晰认知。波斯史家志费尼⑦和拉施特⑧对哈剌和林城及万安宫有较为精细的描述，而考古发掘材料证明，这座宫殿并未建在城市中心，而是位于城

---

① 拉施特主编，余大钧、周建奇译：《史集》第二卷，北京：商务印书馆，2014年，第69页。

② 罗伯特·马歇尔著，李鸣飞译：《东方风暴——从成吉思汗到忽必烈，挑动欧亚大陆》，太原：山西人民出版社，2014年，第207页。

③ 这一点可参看波斯史家拉施特《史集》和志费尼《世界征服者史》对于窝阔台及其后继者贵由的描述。

④ 拉施特主编，余大钧、周建奇译：《史集》第二卷，北京：商务印书馆2014年，第68—72页。

⑤ B. H. 特卡切夫，申屠榕译：《13世纪的哈剌和林》，《蒙古学资料与情报》1991年第1期。

⑥ 贝凯、韩百诗译注，耿昇译：《柏朗嘉宾蒙古行纪·鲁布鲁克东行纪》，北京：中华书局，2013年，第274页。

⑦ 志费尼著，何高济译：《世界征服者史》上册，北京：商务印书馆，2004年，第190页。

⑧ 拉施特主编，余大钧、周建奇译：《史集》第二卷，北京：商务印书馆，2014年，第68—69页。

内西南角。林梅村认为，这是工程主持者刘敏根据中国古代以西南为中的传统思想而特别设计的。① 此观念形成于汉代，古人以黄帝配土，有五土五方对应，但汉武帝时将太一像居中而祀，不得已将黄帝屈居西南之位。② 从这方面可以看出，蒙古统治者在城池及宫殿修建方面已经接受了汉代五行说所建构的"神圣空间"理论，将现世的人、崇高的神和可视的空间建起一种有机对应，达到天人合一的境界，为蒙古世界的最高统治者蒙古大汗提供了一个居于神圣空间之中的尊贵身份。

从哈剌和林的名称、万安宫的方位及象征意义可以看出窝阔台对建构新政治中心充满热情。新都城建立以及后续经营，一方面可以削弱拖雷家族对原龙庭行宫地区的政治影响，另一方面借助其他文化力量来强化窝阔台合罕的个人影响。哈剌和林成为窝阔台的重要政治成就，也使汗权与都城之间的关联日益紧密，占有哈剌和林也成为彰显大汗权力的一大表征。

（二）上都建设与忽必烈风格神圣空间的开启

忽必烈自总理漠南汉地军国庶事之后，开启了在蒙古军事力量主导下的多民族文化融合进程。开平从辽金时代不甚瞩目的小城镇逐渐演变成掌握华北与蒙古高原东部诸种势力的枢纽，尤其是在成为上都之后，该城与大都相配合，构建起被日本学者杉山正明称之为首都圈的行政区域。③ 有关上都的历史与考古研究，学者多有研讨，不再赘述。④ 如果从神圣空间的角度来看，上都是忽必烈仿效成吉思汗、窝阔台建立的又一个神圣空间。忽必烈巧妙地运用了蒙古旧制中有利于自己的因素，将选汗大会"忽里勒台"安排在自己控制的开平，通过部属和东西道诸王、驸马势力的支持，率先成为蒙古大汗，取得了政治名分上的优势。在汉文材料记载中，呈现出帝王"三让而

---

① 林梅村：《大朝春秋：蒙元考古与艺术》，北京：故宫出版社，2013年，第100页。
② 李零：《中国方术续考》，北京：中华书局，2006年，第159—160页。
③ 杉山正明著，周俊宇译：《忽必烈的挑战——蒙古帝国与世界历史的大转向》，北京：社会科学文献出版社，2015年，第139页。
④ 仅列出几本主要著作。陈高华、史卫民：《元上都》，长春：吉林教育出版社，1988年；魏坚：《元上都》，北京：中国大百科全书出版社，2008年；约翰·曼著，陈一鸣译：《元上都——马可·波罗以及欧洲对东方的发现》，呼和浩特：内蒙古人民出版社，2014年；罗新：《从大都到上都——在古道上重新发现中国》，北京：新星出版社，2018年。

受"模式的即位场景,以凸显天命所归和人心所向。①

忽必烈于开平即位之后,阿里不哥于哈剌和林即位,相当于占据了由窝阔台合罕一手打造的神圣空间,并且召开"忽里勒台"大会,获得了漠北草原势力的支持。忽必烈先发制人,先登大位,后建帝都,打造自己风格的神圣空间——上都城,他与阿里不哥的对峙,同时也可视为开平(上都)与哈剌和林新旧两处神圣空间的角力。在后世的传说中,忽必烈从龙的手中借来土地兴建上都,②杨允孚写诗称颂,"圣祖初临建国城,风飞雷动蛰龙惊"③,再为忽必烈增添了一份神秘色彩。

忽必烈利用汉地丰富的资源,与占据漠北的阿里不哥打消耗战。哈剌和林由于物资供应短绌,忽必烈大军的长期围困导致军民无法坚守,最终城池陷落。夺取哈剌和林的忽必烈并未继续沿袭其都城的地位,而是降级处理,使之成为岭北行省的治所。④战后的哈剌和林民生凋敝,长期依靠忽必烈从汉地输送的赈济物资方得以维系,不复往昔的繁华与辉煌,皇帝(大汗)也不再亲临该城,其原有的神圣空间属性就此消失。

中统四年(1263),开平正式被定为上都,成为忽必烈所主导国家名副其实的新都城。在大都建城之前,拥有忽必烈汗驻跸处身份的上都成为国家的政治中心,忽必烈还在上都修建了大量的道教、佛教、儒家建筑,甚至部分民间信仰建筑也被纳入其中。宗教属性的建筑可以在世俗空间之外建构一个神圣空间,尤其是在皇帝保护或干预之下修建的宗教或类宗教式建筑,忽必烈作为蒙古大汗(大元皇帝)并未展现出明显的宗教倾向性,使得诸教诸法皆可为我所用。经魏晋南北朝的沉淀和传播,隋唐以来,佛道大兴,这体现在都城建设中,市中心出现了许多宗教建筑,直接影响都城民众的日常生活和精神世界的建构,这与儒家之前倡导在郊区进行重大礼仪活动区别较大,造成了"佛道在内、儒家在外"的神圣空间格局,这直接影响了后来都

---

① 宋濂:《元史》卷4《世祖一》,北京:中华书局,1976年,第63页。
② 孔齐:《至正直记》卷1《上都避暑》,上海:上海古籍出版社,1987年,第1页。
③ 杨允孚:《滦京杂咏》,顾嗣立《元诗选初集》庚集,北京:中华书局,1987年,第1961页。
④ 陈得芝:《元岭北行省建置考(上)》,《蒙元史研究丛稿》,北京:人民出版社,2005年,第113页。

城的布局和发展乃至政治变动。① 上都在一定程度上承担了祭祀天地祖宗的功能，至元十三年（1276）农历五月，忽必烈以平宋告捷，派遣大臣赴上都近郊祭祀天地与列祖列宗。②

由于以《马可·波罗行纪》为代表的游记类著作在西方世界的广泛传播，上都拥有了新的名字"仙乐都"（Xanadu），这源于英国诗人柯勒律治在1787年一个夏天写成的一首诗《忽必烈汗：或者一个梦境》，这里被描绘成一个梦幻般的城市③，在明清时期蒙古人的叙述中，上都也是一个炫耀祖先功业和堆满金银珠宝的地方。④ 尽管只存在于诗文和传说之中，但上都在神圣空间的营造方面已经走出了历史和地理，向文学领域发展，其影响更为辽远，甚至可以说，仙乐都之后，西方人对东方神秘乐园、神圣空间的想象与着迷直到香格里拉这个本不存在的虚构之地的出现才得以扭转。⑤ 从忽必烈时代上都与哈剌和林的关系来看，似乎新神圣空间的产生就意味着旧有神圣空间的消失或者被吸收、被取代。

（三）大都建设与蒙古世界核心城市的确立

元大都的出现并未导致元上都神圣性消失，因为忽必烈开始实行蒙古大汗（元朝皇帝）两都巡幸制度，大都与上都形成了一个有机的整体，这是忽必烈融汇多种文化资源进一步强化汗权的实践。大都又称"汗八里"（突厥语 Khan-baligh），汉译为大汗之城，汗八里之名享誉海外世界，在当时人

---

① 荣新江：《从王府到寺观——隋唐长安佛道神圣空间的营造》，陈金华、孙英刚主编《神圣空间：中古宗教中的空间因素》，上海：复旦大学出版社，2014年，第10—22页。

② 宋濂：《元史》卷9《世祖本纪六》，北京：中华书局，1976年，第182页。

③ 塞缪尔·泰勒·柯勒律治著，袁宪军译：《柯勒律治诗选》，福州：福建教育出版社，2015年，第176—179页。

④ 朱风、贾敬颜译：《汉译蒙古黄金史纲》，呼和浩特：内蒙古人民出版社，1985年，第44页。

⑤ 有关西方人对于香格里拉的想象与认识，可参看 Donald Lopez Jr. *Prisoners of Shangri—la*：*Tibetan Buddhism and the West*，Chicago and London：The University of Chicago Press，1998.

和后世的描绘中,这是一个充满了财富的宝库,① 是世界的中心,是世界之王"极尊极强之君主"忽必烈的居所。② 有关大都历史沿革、城市规划、宫殿建筑、日常生活等方面,已有多位学者专门进行论述,不再重复。③

大都能够成为当时乃至数百年间独一无二的城市,与忽必烈想要创建不世功业,做蒙古世界第一人的想法紧密相连。上都城之外的新都城必须是一个全新的城市,具备古往今来从未有过的修建规模和政治意涵。罗新认为,忽必烈的自我定位非常高,自视为蒙古历史第一人,这从定太庙七室之制时给成吉思汗上谥号圣武帝,给也速该上谥号神元帝可以一窥究竟。④ 另外,日本学者杉山正明认为,现存的成吉思汗画像是根据忽必烈本人的样貌绘制而成的,⑤ 这与有关明成祖朱棣引导画师将真武神画像变为自己容貌的故事有些相似,只不过一是以己绘祖类祖,一为以神绘己类神。真武神似朱棣容貌连同后世编造真武神护佑靖难军夺取天下的传说,一方面反映了真武神信仰活动的普及,⑥ 另一方面也可视作通过画像作伪达到自我神化的目的。从忽必烈的角度来看,以己容而绘祖貌的目的是超祖,超越乃祖成吉思汗建立的功业,成为蒙古世界第一人。另外一个在元明时期流传甚广的传说就是八臂哪吒与大都城的关联,随着时间的推移又被嫁接转移到明朝名士刘伯温或

---

① 朱风、贾敬颜译:《汉译蒙古黄金史纲》,呼和浩特:内蒙古人民出版社,1985年,第44页。

② 马可·波罗著,冯承钧译:《马可波罗行纪》,上海:上海书店出版社,2001年,第176页。

③ 陈高华:《元大都》,北京:北京出版社,1982年;朱偰:《元大都宫殿图考》,上海:商务印书馆,1936年;郭超:《元大都的规划与复原》,北京:中华书局,2016年;昔宝尼赤·却拉布吉:《元大都研究》(蒙文版),沈阳:辽宁民族出版社,2004年。

④ 罗新:《元朝不是中国的王朝吗?》,葛兆光等《殊方未远:古代中国的疆域、民族与认同》,北京:中华书局,2016年,第172—173页。

⑤ 杉山正明著,陈心慧译:《蒙古帝国的漫长遗绪——后蒙古时代与世界史的重新构图》,新北:八旗文化出版社,2019年,第111页。

⑥ 陈学霖:《明初的人物、史事与传说》,北京:北京大学出版社,2010年,第213—247页。

小事件中的大历史——金元明清史杂谈

姚广孝按照八臂哪吒形象修都城的故事之中。① 这种通过宗教或者民间宗教形式将神祇与都城修建相联系的做法，为都城增添了不少神秘主义色彩，在传统儒家礼仪氛围之外，道教、佛教和民间宗教元素积极参与并发挥重要作用，也使得都城成为一个有不同类型神灵共同护佑加持的神圣空间。

国内学者多从地理位置、政治平衡等角度分析忽必烈修建大都的必然性，或引用名士郝经建议"都燕"的奏疏，或援引《元史》中忽必烈与守旧蒙古贵族的抗争，② 而日本学者杉山正明则看到了忽必烈的理想主义尝试。杉山正明认为，只有元大都是基本遵照《周礼·考工记》之"匠人营国"所载条文，对儒家理想化都城模式予以实现的典范，而汉魏隋唐的都城则并非完美地呈现，更认为隋唐都城带有明显的游牧城市特色，③ 赞成游牧文化特色是北朝隋唐城市建设主流的还有日本学者冈田英弘、森安孝夫、妹尾达彦等人。④ 罗新和钟焓分别从不同角度予以驳斥，并对杉山正明等学者的过誉、不合理外延及错误论断提出了批评。⑤ 如果从神圣空间创建的角度来看，来自草原的统治者从儒家文化圈以外寻求文化资源不失为一种选择，只是在学术表达中不应过度拔高游牧文化对于都城的影响力，毕竟城市生活与农耕定居息息相关，而与游牧文化存在一定的疏离感。

大都建成之后，文人不吝笔墨，撰写了吟咏大都的诗赋，如黄文仲、李

---

① 陈学霖：《刘伯温与哪吒城——北京建城的传说》，北京：生活·读书·新知三联书店，2008年；陈学霖：《明初的人物、史事与传说》，北京：北京大学出版社，2010年，第294—298页。

② 陈高华：《元大都》，北京：北京出版社，1982年，第30—31页。

③ 杉山正明著，周俊宇译：《忽必烈的挑战——蒙古帝国与世界历史的大转向》，北京：社会科学文献出版社，2013年，第11—12页。

④ 冈田英弘著，陈心慧译：《中国文明的历史——非汉中心史观的建构》，新北：八旗文化出版社，2017年；森安孝夫著，张雅婷译：《丝路、游牧民与唐帝国——从中央欧亚出发，骑马游牧民眼中的拓跋国家》，新北：八旗文化出版社，2018年；妹尾达彦著，郭雪妮译：《帝都的风景、风景的帝都——建康·大兴·洛阳》，陈金华、孙英刚主编《神圣空间：中古宗教中的空间因素》，上海：复旦大学出版社，2014年，第23—105页。

⑤ 罗新：《元朝不是中国的王朝吗？》，葛兆光等：《殊方未远：古代中国的疆域、民族与认同》，北京：中华书局，2016年，第168—170页；钟焓：《重写以"中央欧亚"为中心的"世界史"——对日本内亚史学界新近动向的剖析》，《文史哲》2019年第6期。

洎孙皆有《大都赋》，赞美城市的繁华和天下中心的地位。① 从元末明初各方势力对于大都城的抢夺中可以看出，该城在蒙古世界中居于不可取代的核心地位，谁拥有了它，谁就成了蒙古帝国政治遗产的天然继承人。败退漠北的元惠宗、意图恢复中华的明太祖，甚至远在西域的帖木儿汗都对汗八里充满兴趣，并发动了远征。伴随元大都被明军攻占，有关明太祖朱元璋曾受元惠宗恩惠却忘恩负义，进而鸠占鹊巢的故事，明成祖朱棣实为元惠宗遗腹子，②却不念族属，远征漠北诸汗的故事，开始不断在漠北和中亚、西亚等游牧群体和商旅口中传诵，并直接造成了域外之人对于明朝皇帝民族属性、宗教信仰和政治倾向的极大误解。③ 因为明北京是在元大都的基础上修建，所以在神圣空间中生活的明朝皇帝，自然被来自西域乃至更远地方的人继续视作蒙古大汗。因为在汗八里中生活的只能是大汗，所以明朝皇帝被以"年号＋汗"的组合模式记载在游记当中，如景泰汗、成化汗。神圣空间浓烈的宗教象征意味在汗八里和大汗这样一组对应关系中得以体现，这也可视作一份蒙古帝国的政治遗产。

修建新的神圣空间并不意味着对于草原旧有文化的完全舍弃，皇帝（大汗）的宫帐群在不同都城之间、城市与草原之间的定期移动成为融合多种文化、建构大汗权力的重要手段。

三、宫帐移动与汗权建构

宗教学视野下的神圣空间并非永远固定一处，每修建一处新的教堂或庙宇，就营建起一个新的神圣空间，由于宗教学框架下的神可以无处不在、无所不能，因此多个教堂或庙宇可以满足至高神的随时迁移或者同时显灵。联

---

① 两篇《大都赋》的学术价值，可参看张相逢：《元人黄文仲生平及其献〈大都赋〉时间考订》，《中国韵文学刊》2020年第3期；育菁：《李洎孙〈大都赋〉》，《北京师范大学学报》2004年第3期。

② 朱风、贾敬颜译：《汉译蒙古黄金史纲》，呼和浩特：内蒙古人民出版社，1985年，第39—47页。

③ 阿里·阿克巴尔著，张至善编：《中国纪行》，北京：生活·读书·新知三联书店，1988年；郑诗亮采写：《钟焓谈辽史与内亚史研究》，葛兆光等《殊方未远：古代中国的疆域、民族与认同》，北京：中华书局，2016年，第121—122页。

小事件中的大历史——金元明清史杂谈

系蒙古汗国的历史,自成吉思汗被人为封神起,其宫帐就具有了神圣性,"世界征服者"及其后代的宫帐连同军队不断移动,或缓进,或疾行。缓慢前进是在巡游疆土,视察百姓,而急速奔驰则是在征伐他国,为的是让臣民和敌人都能感知到蒙古大汗(皇帝)的强大力量,而高规格的宫帐也向世人显示着君主的尊贵与富有。

研究者要结合草原文化去理解宫帐移动对于大汗权力的塑造。带有神性的大汗居于宫帐之中,宫帐的神圣空间才得以建立,没有神一般的大汗,宫帐只是居所,与普通牧民的毡房相比只是更加奢华。牧民们的常规迁徙是将帐篷拆解后放在车上,由牲畜牵引,几家几户零散地前行,而蒙古大汗及其亲属、臣僚的宫帐移动蔚为壮观。法国传教士鲁布鲁克横穿欧亚草原,见到了金帐汗国拔都汗壮丽雄伟的移动宫帐群,装载房舍材料的车辆队伍宛如一座城市在向他移来,而且伴随着数不清的牛群、马群和羊群与之同行,拔都汗驻跸新地点后宫帐群顺势铺开,仿佛一座巨大的城池,周围聚集着人群。[1]

在无法对广袤地区派遣官员直接统治的情况下,大多选择扶植代理人,大汗定期移动宫帐群,或征战,或巡游,或狩猎,考察代理人及其他行政人员,维护与各臣服部落上层的良好关系,这对于开疆拓土及稳定政局起到不可替代的作用。邱轶皓指出,蒙古大汗、宗室们更愿意停留在定居社会以外,接受作为其代理人的地方世侯觐见与奉纳。[2] 西欧和中亚、西亚等地的统治者也并非都以固定的城市作为生活中心。9世纪的西欧,蛮族在罗马帝国废墟之上建立的法兰克王国加洛林王朝保持着变换宫廷驻地的习惯;[3] 11—12世纪的塞尔柱统治者尽管建立了强大的军事政权,但通常也不选择定居生活,而是继续维持游牧方式。[4] 蒙古汗国时期形成的这种巡游体制不仅在蒙古高原也在钦察草原、伊朗高原以及更为广阔的地域产生影响。上面提

---

[1] 贝凯、韩百诗译注,耿昇译:《柏朗嘉宾蒙古行纪·鲁布鲁克东行纪》,北京:中华书局,2013年,第199、218页。

[2] 邱轶皓:《蒙古帝国视野下的元史与东西文化交流》,上海:上海古籍出版社,2019年,第73页。

[3] 维姆·布洛克曼、彼得·霍彭布劳沃著,乔修峰、卢伟译,宁一中审校:《中世纪欧洲史》,广州:花城出版社,2012年,第95页。

[4] 塔米·安萨里著,苑默文、刘宜青译:《中断的天命——伊斯兰观点的世界史》,台北:广场出版社,2017年,第201页。

到的拔都汗在钦察汗国内定期移动即属此类行为，位于伊朗地区的伊利汗国，其统治者完者都汗也进行定期的季节性迁移，以维持统治。①

但是，由忽必烈开启并由其后人继承的"两都巡幸"制度，并不能单纯从草原文化去解读，也与其他汗王或君主的巡游有所差异。因为两都巡幸的所有花费都要从国库支出，而大汗（皇帝）赏赐的对象并非代理人，而是宗亲及北疆官民，这是在取消哈剌和林神圣性，对蒙古高原垂直统治之后形成的政治制度，并不是草原代理人习俗的翻版。忽必烈利用中原和江南丰富的人力、物力和财力支撑了盛大的两都巡幸，为修建宏伟的宫殿，颁布丰厚的赏赐，消耗了大量的国家财政，②而上都官民也因一再接待君主巡幸，导致不堪重负，民不聊生，需皇帝下诏免除赋役，休养生息。③

忽必烈按例向宗室亲王赏赐金银布帛以维持亲密关系，"赐诸王金、银、币帛如岁例"④，上都地区民众也能获得税收及交易方面的特殊照顾，"上都地里遥远，商旅往来不易，特免收税以优之，惟市易庄宅、奴婢、孳畜，例收契本工墨之费"⑤。出行与宴会上少不了威武军士的身影，有诗曰："内宴重开马湩浇，严程有旨出丹霄，羽林卫士桓桓集，太仆龙车款款调。"⑥忽必烈的临时住所也极尽奢华，以乘凉的宫帐为例，他拥有依靠非凡工艺搭建起来的竹质避暑宫殿，根据意大利人马可·波罗的记载，"此宫建筑之善，结成或拆卸，为时甚短，可以完全拆成散片，运之他所，惟汗所命。结成时则用丝绳二百余系之"⑦。在宫帐中的忽必烈用铁骑雄师、金山银海加奢华生活为大汗（皇帝）权力的巩固增加了砝码，也开启了用汉地财富支撑草原习俗的模式，此时大汗的权力并非来自萨满装神弄鬼般的编造，也非来自宗教人士煞有

---

① 查尔斯·梅尔维尔：《完者都的巡游，1304—1316》，俞雨森译，余太山、李锦绣主编《欧亚译丛》第一辑，北京：商务印书馆，2015年，第150页。
② 宋濂：《元史》卷17《世祖十四》，北京：中华书局，1976年，第371页。
③ 宋濂：《元史》卷18《成宗一》，北京：中华书局，1976年，第382页。
④ 宋濂：《元史》卷6《世祖三》，北京：中华书局，1976年，第113页。
⑤ 宋濂：《元史》卷7《世祖四》，北京：中华书局，1976年，第129页。
⑥ 杨允孚：《滦京杂咏》，顾嗣立《元诗选初集》庚集，北京：中华书局，1987年，第1964页。
⑦ 马可·波罗著，冯承钧译：《马可·波罗行纪》，上海：上海书店出版社，2001年，第173页。

小事件中的大历史——金元明清史杂谈

介事的吹捧，肉眼可见的威与恩塑造了忽必烈不一样的神王圣主身份。

夸兵、炫富、厚赏是两都巡幸呈现的主要内容，在神圣空间（宫帐）中的大汗（皇帝）高居上位接受臣民朝贺，凸显其蒙古世界第一人的身份，元人苏天爵将这种制度视为"备万乘以息勤劳"且展现"安不忘危"理念的治国妙法：

> 皇朝建国之初，四征不庭，靡暇安处。世祖皇帝定两都以受朝贡，备万乘以息勤劳，次舍有恒处，车庐有恒治，春秋有恒时，游畋有度，燕享有节，有司以时供具，而法寓焉。此安不忘危，贻子孙万世之法者也。故列圣至于今，率修而行之。①

日本学者杉山正明认为，忽必烈进行了首都圈建设，并以大汗（皇帝）的定期巡游掌控一切事务：

> 忽必烈不只是创造出了作为"点"的两个首都，也创造出了作为"面"的首都圈。这个首都圈成为其统治力的核心地区。"大元汗国"的大可汗在其中巡历，一举掌握军事、政治、行政、经济、产业、物流及交通。②

如果只从草原文化入手，宫帐的不断移动，有助于最高统治者在动态中对辽阔的疆域进行有效管控，这通常是非农耕民族政权的特色，也与当时无法建立发达的邮传驿站交通和缺乏丰厚的物质基础息息相关，只能在某种程度上接受对部分地区的间接统治，而非由中央政府任免官吏垂直管理。宛如巨大移动城市的宫帐群在整体气势上给人以震撼和压迫感，这是其外在表现产生的视觉冲击，而其内核则在于宫帐之中住着拥有"世界征服者""王中之王"（音译帕迪沙，Pādshāh）称号的蒙古大汗，他的个人威望、军事才能、行政能力使观者心生敬畏，不敢轻易造次，大汗对臣仆在精神层面上的

---

① 苏天爵：《元文类》卷41《杂著·经世大典序录·行幸》，长春：吉林人民出版社，1998年，第705页。

② 杉山正明著，周俊宇译：《忽必烈的挑战——蒙古帝国与世界历史的大转向》，北京：社会科学文献出版社，2015年，第139页。

压制与控驭成为统治得以长久的重要因素，因为这是兼有权力、功业和神性的大汗在发号施令。

但忽必烈式的神圣空间移动，是一种用汉地财富支撑更大规模草原习俗的模式，其基础是对于汉地财富的绝对占有。最直观的现实利益和武力威慑让宫帐成为不可置疑且备受追捧的神圣空间，居于其中的大汗可以为北地臣民带来巨额财富，也能让此地民不聊生。此外，他过着如同神仙一般令人艳羡的生活，与平民百姓的穷苦境遇形成了巨大反差。在国家进入稳定发展之时，肉眼可见的神王圣主远比虚无缥缈的天神更让人印象深刻，更能强化大汗（皇帝）在现世的权力，扩大其政治影响。

四、营造神圣空间建构汗权的经验与教训

回顾历史，蒙元诸汗（帝）利用各种文化资源，用营造神圣空间的方式来建构汗权，但是，不同时期的统治者对于萨满、宫帐、都城的重视程度各自不同，这不仅与时代变迁息息相关，也反映了统治者们对于特定文化资源的认识、选择与使用。

草原萨满文化开始可以为铁木真提供建构神性以及强化汗权的资源，但在成吉思汗重创萨满群体之后，降格的萨满无法再为成吉思汗的子孙提供与其父祖比肩的神圣地位和巨大权力。萨满所造神圣空间中的神只能是成吉思汗一个人，子孙并不天然获得神性，因此继任者需要通过其他方式强化汗权。城市定居文化成为一个重要选项，第一个实践者就是窝阔台。哈剌和林城在大汗的个人意志下拔地而起，并借助汉代五土五方之说建构神圣空间，为窝阔台打造出一个君主与神灵互相感应的模式，提升了他的神性，强化了他的权力。通过众多西域商人、旅客之口，扩大了窝阔台在世界范围的影响。从结果来看，窝阔台的天神属性在降低，但其圣主属性在增强。哈剌和林及其所依托的文化并不能使忽必烈强化自身的权力，因此他在战争胜利之后，取消了哈剌和林的神圣空间属性。忽必烈积极引入了儒家文化、藏传佛教等资源，通过上都、大都及蒙古式太庙[1]等一系列具有个人浓烈风格的神

---

[1] 刘迎胜：《至元元年初设太庙神主称谓考》，姚大力、刘迎胜主编《清华元史》第1辑，北京：商务印书馆，2011年，第250—282页。

小事件中的大历史——金元明清史杂谈

圣空间,成功塑造了自己作为蒙古第一人的形象,他不追求所有文化资源都视其为神灵,而是选择在不同场合展现出不同的属性。面对藏传佛教信徒,他是天神、佛陀、菩萨,面对儒学文士,他是临朝圣主、一代明君,面对蒙古民众,他是聪明睿智的薛禅汗、成吉思汗功业的光大者。草原文化并未遭到舍弃,而是借助神圣空间的特性,与城市定居文化进行了有机融合,并通过巨额的汉地财富扩大了草原习俗的规模。以两都巡幸为代表的宫帐群定期移动成为大汗(皇帝)统治国家、彰显权势的重要手段。

忽必烈之后,元朝皇帝虽有承袭祖制之举,但终因时移世易,沦为东施效颦。元武宗海山欲建新都而未果,耗尽帑藏,身已死而愿未成。武宗一朝存在大量的弊政,皇帝带头破坏既有制度,虽然创建新都彰显其革新之志,广遣臣僚修建寺院道观之举虽有为皇帝祈福、请神灵加持护佑之意,但劳民伤财,收获甚微,最终惨淡收场。[①] 元朝末代皇帝元惠宗妥懽帖睦尔较为严格地执行两都巡幸制度,寒暑不辍,直到红巾军攻陷上都,焚毁宫阙,皇帝才暂时停止了巡幸,[②] 而中原及江南财赋重地的丢失不但重创了国家财政,也降低了皇帝的威信。从元惠宗频繁地进行两都巡幸可以看出,他特别希望通过遵循忽必烈开创的制度强化摇摇欲坠的汗权,在借助藏传佛教资源强化权力方面甚至超过忽必烈。但他却选择利用秘不外宣的仪式,对于神圣空间的建构充满神秘主义色彩,被强调国家典章制度的汉人士大夫斥为宫廷淫戏,有伤风化,在后来的历史叙述中,佞佛成为导致元朝灭亡的重要原因之一。[③] 从经济基础与政治权力的关系看,原本应用于正常国家建设的财富被佛事消耗大半,百姓不能获得分毫之利,社会不满情绪加剧,而充满神秘主义建构的权力无法在业已成熟的国家政治体系中正常运行,经济基础的崩坏打破了经济对于权力的强力支撑,也使得通过两都巡幸来彰显汗权的模式走向了终结。

[①] 薛磊:《元代宫廷史》,天津:百花文艺出版社,2008年,第158—165页。
[②] 宋濂:《元史》卷38至47《顺帝本纪》,北京:中华书局,1976年,第816—986页。
[③] 沈卫荣:《从"大喜乐"和"演揲儿"中拯救历史》,沈卫荣《大元史与新清史——以元代和清代西藏和藏传佛教研究为中心》,上海:上海古籍出版社,2019年,第161—194页。

结　论

蒙元统治者灵活运用多种类型的文化资源强化汗权，萨满祭祀、都城修建、宫帐移动产生的神圣空间使统治者获得至尊权力和神灵属性。他们不仅独占优质政治资源及巨额财富，还通过不断获胜的军事征伐、高大巍峨的城池宫殿、定期举行的盛大巡游、口口相传的大汗故事来完成统治者对民众在精神层面的持续影响。萨满祭祀属于原始宗教活动，都城修建属于定居生活方式，宫帐移动属于游牧生活习惯，三者对于蒙古汗国及后来的元帝国而言都是重要的文化资源，不同阶段统治者在建构神圣空间以强化汗权方面或成功或失败的经验与教训也反映了时代的变迁以及与之对应的文化资源取舍。

每当旧资源枯竭或无法发挥原有功效时，统治者会积极开发新资源重建汗权并赋予神圣性，如窝阔台用城市定居文化、五土五方学说取代成吉思汗依赖的草原萨满文化，忽必烈用儒家文化、藏传佛教文化推进城市文化建设，消解窝阔台及其家族的影响，并用汉地财富扩大宫帐移动的规模。他们都在打造新一类的神圣空间，建立新的权力基础。一旦新资源经过长时期演变后失去原有活力，而新文化所依托的经济基础又遭到重创，神圣空间对于汗权塑造与强化的正向作用日渐降低，并最终走向崩解。

【基金项目】吉林省教育厅"十四五"科研规划项目（JJKH20210919SK），长春师范大学教育教学研究课题（JKLX2019C013）

【获奖】长春市第十届社会科学优秀成果奖论文类三等奖。

（原文刊发于《社会科学战线》2021年10月）

明代文官丧葬公文与丧礼制度建设

明代文官丧葬公文指明朝针对文官丧葬活动而发出的往来于各政府部门间的公文，主要涉及派遣专员祭奠死者和为死者修建坟墓事务。明朝丧葬制度规定，一定品级的官员死后，朝廷依据其生前功业、地位等为其遣官谕祭、造坟安葬，合称为"赐祭葬"。赐祭葬与赠予官职、赐予谥号、立祠祭祀、皇帝辍朝示哀、恩荫直系子孙等，共同构成朝廷对于官员及其家属的褒奖和抚恤，统称恤典。前人对于丧葬文书的研究多侧重于分析祭文内容的文学特质以及公祭文文本政治文化的内涵分析。[①] 本文将赐祭葬及相关丧葬公文置于恤典这一框架之中进行考察，探寻此类文书在国家文书行政活动与礼制建设中的地位和作用。

一、丧葬公文种类与行移过程

（一）丧葬公文的种类

丧葬公文大体分为请祭葬疏、题覆疏、祭葬札付、祭葬勘合、谢恩疏，亦有单独的请祭、请葬疏和题覆谕祭、题覆造葬疏。

请祭葬疏是官员死后，由其亲属或同僚在向朝廷报告官员死讯之时携带的为死者申请赐予遣官谕祭和造坟安葬事项的奏疏，属于上行公文。文中一般列举死者履历，凸显其功业和德行，并举出祭葬规制法条出处和见行事例，以此为死者申请死后荣耀。若死者家属本身即是具有一定品级的官员，可以由家属本人书写并上呈朝廷；若家属为平民，则需通过本地官长或死者

[①] 赵逵夫：《祭文的源流与抒情特征》，《西北民族大学学报》2008年第1期。于俊利：《唐代祭文的文体演变》，《社会科学评论》2008年第2期。李媛：《明朝公祭文文本的政治文化内涵》，《古代文明》2008年第4期。

的同僚代为书写转达。万历十六年（1588），原任巡抚保定兵部尚书阴武卿去世，而其子阴镕仅是一介官生，虽然身在京畿之地，却无权上疏，所以请其父生前好友、时任南京兵部尚书的吴文华代为题请。吴文华出于"交承之谊"，慨然应允阴镕要求，代为题请，并专门差遣千户王都携带文书前往京师。疏称：

> 南京兵部尚书臣吴等谨题为恤典事，武库清吏司案呈奉本部送据原任南京兵部尚书今病故阴武卿男官生阴镕通状告称，有父阴武卿……伊男匍匐奔丧，间关扶榇，势不能叩关，陈情恳乞身后恤典。臣某有交承之谊，臣某托僚寀之末，知之最真，悯之实至……为此据实具题，伏乞敕下吏、礼、工三部，俯赐给与赠谥祭葬，庶几恩造有终，劳臣知劝。缘系恤典事理，未敢擅便，为此具本，专差千户王都赍捧，谨题请旨。①

题覆疏包括对于赐祭和赐葬两项内容的审核处理意见，赐祭事项由礼部题覆，而赐葬事项由工部题覆，分别呈报皇帝。嘉靖三十二年（1553）闰三月，太子太保兵部尚书总督陕西三边军务王以旂于任上病故，按照惯例应由同僚为其上疏以求身后之典，翻检现存文献未见该疏，但从《尚书王以旂祭葬谥》中可知当时申请了祭葬赠谥荫五项，吏部、礼部、兵部就此事题请皇帝审批：

> 题为比例恳乞天恩俯赐祭葬赠谥录荫以光泉壤事。看得原任太子太保兵部尚书总督陕西三边军务王以旂在任病故，除赠官录荫，移咨吏、兵二部施行外，合就照例与祭九坛，行移翰林院撰祭文，转行应天府买办祭物香烛纸，就遣本府堂上官致祭，工部应付棺木，差官造坟安葬……②

此份题覆疏将祭葬两项合并上呈，两天后即得到明世宗的允准，"赐祭葬如例，赠少保，谥襄敏，荫一子为国子生"③。

---

① 吴文华：《留都疏稿》卷1《代请恤典疏》，《四库全书存目丛书》集部第131册，济南：齐鲁书社，1995年，第731—732页。

② 徐学谟：《徐氏海隅集》卷1《尚书王以旂祭葬谥》，《四库全书存目丛书》集部第125册，第578页。

③ 《明世宗实录》卷396嘉靖三十二年闰三月己酉，台北："中央研究院"历史语言研究所校勘本。

小事件中的大历史——金元明清史杂谈

祭葬札付是关于遣官谕祭和造坟安葬相关事宜的由上级发送至下级单位的公文，属于下行公文，下级单位须严格依照文件内容执行。隆庆元年（1567）四月，朝廷追赐王守仁恤典，下发祭葬札付，遣官谕祭，内称：

> 类行浙江布政司，转属支给官钱，买办祭物、香烛、纸，就遣本布政司堂上官致祭，仍将用过官钱开报户部知数，毋得因而科扰不便，连送到司，合付前去，烦为类填施行等因到司。案呈到部，拟合就行浙江布政司，照依勘合内事理一体遵奉施行等因，备承移付，准此拟合就行。为此，除外札付本官，照札备承照会内事理，即便转行该县，支给官钱，买办祭物、香烛、纸完备，择日申请本司分守该道亲诣致祭施行。毕日，将用过官钱，行过日期，明开动支何项银数，备造青黄文册三本申报，以凭转缴施行，毋得违错不便。须至札付者。①

王守仁是浙江布政司绍兴府余姚县人，此札付将负责谕祭的单位细化至县一级，谕祭官员细化至浙江布政司宁绍台道官员。②

关于造坟安葬事项另有札付，由工部发出，现将万历辅臣王锡爵造坟札付节选如下：

> 工部为病故辅臣事，书填端字一千五百九十一号勘合，仰直隶苏州府比号相同，照依后开事件，作速完报施行，须至札付者，计开一件事……相应题请，恭候命下，本部照例给批定，限行兵应付本官前去直隶苏州府比号相同，着落当该官吏将本官开圹夫匠五十名，每名出银一两，棺木一副，行属派办征给丧家，该府堂上官一员会同本部差官前去坟所，依式督理开圹合葬。毕日，备将给过银两数目造册奏缴，仍具数报部查考等因，万历三十九年四月初四日，本部署部事右侍郎刘等具题。初八日，奉圣旨：是，钦此。钦遵拟合就行，为此合札，依本部题

---

① 王守仁：《王文成公全书》卷38《祭葬札付》，《文渊阁四库全书》第1266册，台北：台湾商务印书馆，1986年，第236—237页。
② 张廷玉等：《明史》卷75《职官四·布政司》，北京：中华书局，1974年，第1842页。

奉钦依内事理，钦遵施行。

右札付直隶苏州府准此
万历三十九年四月初四日，对同都吏王勋
屯田司掌印官看讫①

　　王锡爵是南直隶苏州府太仓县人，致仕回乡，万历三十八年（1610）去世。② 其丧葬事宜由中央政府委派苏州府负责承办，同时为使工程符合规制，工部要求委任专员与当地政府官员协同合作，竣工后将花销造册上报，以备考察。公文中列出负责对同即勘验文件人员姓名，以防诈伪。工部屯田清吏司负责修建坟墓，③ 由其掌印官审核完毕，而后方可执行。

　　札付属于下行公文，祭葬札付中的谕祭内容展现了礼部对于地方政府谕祭仪式的基本要求，造坟内容则反映了工部对于坟墓、棺椁诸项的限定，二者都属于政策性和方向性文件。地方政府欲举行合乎礼法规定的仪式还需遵照其他文件以确定细节，使名实相符，祭葬勘合即为重要的一项。

　　恤典是由国家赐予的荣誉，恩典内容以文书作为载体由京师达于四境，文书行移需要领取勘合。"凡行移，洪武二十六年定，凡有一应行移在外事务，仪部等四部各开事件移付，通具印信手本，赴礼科关填勘合，照会各布政司，并札付直隶府州，照依坐去勘合内事件，转行所属作急理办。"④ 各部负责发放不同的勘合，出行乘车行船使用驿站需要兵部发给的勘合，祭葬勘合专门针对恤典而设，由礼部发出，就其内容而言，称为谕祭勘合更合适。另有工部发出的造坟勘合，办事人员关领勘合后，前往恤典负责部门，按勘合所列事项领取相应钱物。毛伯温的谕祭勘合节录如下：

---

① 王时敏校梓：《王文肃公荣哀录》卷1《工部造坟札付》，《四库全书存目丛书》集部第136册，第458—461页。

② 张廷玉等：《明史》卷218《王锡爵传》，北京：中华书局，1974年，第5751、5754页。

③ 张廷玉等：《明史》卷72《职官一·工部》，北京：中华书局，1974年，第1761—1762页。

④ 申时行等：《明会典》卷116《礼部七十四·行移》，北京：中华书局，1989年，第610页。

小事件中的大历史——金元明清史杂谈

　　礼部为比例陈情恳乞天恩赐录微劳特赐恤典以光泉壤事，今填准【准】字①三千六百九十四号勘合，照会江西布政司比号施行一件，比例陈情恳乞天恩赐录微劳特赐恤典以光泉壤事……类行江西布政司转属支给官银买办祭物香烛纸，就遣本布政司堂上官致祭，仍将用过官钱开报户部知数，毋得因而科扰不便等因，连送到司，合付前去，烦为类填施行等因到司案呈到部，拟合就行为此，照会江西布政司照依勘合内事理，一体遵奉施行，计开：

　　一谕祭文九道。

　　一祭物，每坛猪一口，羊一羫，馒头五分，粉汤五分，果子五色（每色五斤），按酒五盘，凤鸡一只，炸骨一块，炸鱼一尾，酥饼酥锭各四个，鸡汤一分，鱼汤一分，降真香一炷，烛一对（重一斤），焚祝纸一百张，酒二瓶。

右照会江西等处承宣右政使司准此
隆庆五年十一月二十一日，对同都吏仇约②

勘合中明确指派相应地方官员处理谕祭事宜，并详列所需物品以为定制。工部造坟勘合节录如下：

　　工部为比例陈情恳乞天恩赐录微劳特赐恤典以光泉壤事，书填准字二千四百七十二号勘合，照会江西布政司，仰比号相同，照依后开时间作速完报施行，计开……原任太子太保兵部尚书毛　病故，系在京一品文官，造坟工料该价银三百两，夫匠二百名，每名出银一两，通共该银五百两，棺木一副。

右照会江西等处承宣布政使司准此
隆庆五年十一月初十日
对同都吏龚铠③

---

　　①　申时行等：《明会典》卷116《礼部七十四·行移》，北京：中华书局，1989年，第610页。"勘合字号：……江西准字。"

　　②　毛伯温：《毛襄懋先生荣哀录》卷1《礼部祭葬勘合》，《四库全书存目丛书》集部第63册，第167—168页。

　　③　毛伯温：《毛襄懋先生荣哀录》卷1《工部造坟勘合》，《四库全书存目丛书》集部第63册，第168页。

祭葬勘合将所需人力、物品、钱款详列于上，以供办事人员作为丧葬标准，按既有规定完成遣官谕祭和造坟安葬的任务。

谢恩疏是死者家属在国家赐予祭葬等恤典内容之后，亲自撰写的表达感激的文书。王锡爵为感谢明神宗赐予其父母祭葬恩典谢恩疏内称：

> 奏为蒙恩祭葬亡亲事毕三陈谢悃事……乃皇情闵然，犹以荒原宿草，恐潜德之遂湮，独子单孙痛遗思之罔极，特颁大赉，申以恤恩，加篚至于五坛，开圹仍烦专遣。即今新丘就窆，湛露方濡。计其佣工复土之资，当损中户十家之产。而况皇皇华衮，奕奕重纶，褒其母，因及其父，哀死者兼慰生者，则洪慈至仁，乃在掩骼埋胔之外，而渥典殊数，不待夜台幽壑之光。臣之前疏谓死者复生，生者不死，岂虚言哉？……至于节次所奉恩典，则臣已镌勒金石，垂之子孙，使一门世世，永矢于捐埃，四海人人普劝于忠孝，而此外则不敢漫为雕饰之祠，以渎圣听矣。臣不胜刺心铭感，雪泣悲恋之至。①

谢恩疏对于君主所赐恩典表达无限珍惜与感谢，为使得恩典长存，往往将御赐文书内容刻石立碑，也通过这种方式向君主表达臣下继续尽忠之意。

(二) 丧葬公文的行移

多份丧葬公文在不同的部门和人群之间往来传递，既有上呈的陈请，又有下派的命令，还有中央各部门之间的往来探讨，通过邮递驿传体系，中央与地方之间就官员丧葬事宜完成信息交流，共同构建官员身后荣誉。

京官与外官亡故，负责请恤的部门和群体有所差别。在京亡故者由中央官员或京师官员负责题请，而亡于外地者由地方官员代为陈请。当然，若官员家属本身即为拥有上疏皇帝权力的官员则可亲自题请。万历《明会典》规定，地方官若不代为陈请，死者的子孙可以直接上疏中央，经审核后赐予相应恤典，对故意作难的抚按官及其属员会进行惩处。②但对于子孙微弱、户

---

① 王锡爵：《文肃王公奏草》卷21《祭葬毕事谢恩疏》，《四库全书存目丛书》集部第135册，410—411页。
② 申时行等：《明会典》卷101《礼部五十九·丧礼六·恩恤》，北京：中华书局，1989年，第561页。

小事件中的大历史——金元明清史杂谈

无余财的家庭而言,寻求高官相助代为请恤仍是最重要的途径。万历三十一年(1603),南京鸿胪寺卿张朝瑞于任内病故,其子张应太只是一介监生,且张朝瑞为官清廉,家无余财,家人无法赴京请恤,恤典一再拖延。直至万历三十五年(1607),南京官员董应举"摄其衙门,睹记思人,既深景仰",答应张应太之请代为上疏,为张朝瑞求"一坛之祭"。①

请祭葬疏到达中央政府后,礼部要移咨吏部调出吏部所存官员履历,对照疏中所列内容,核准无误后,拟定相应的谕祭规格,而造坟事宜要转咨工部负责审核。

祭葬札付在下发之前要经过详尽的讨论,甚至关注到一些容易被忽略的细节。嘉靖四十三年(1564),礼部讨论致仕工部尚书刘麟恤典,鉴于刘麟原籍江西,寓居浙江病故,为防止文书误行原籍,所以强调所有的恤典内容经祠祭清吏司直接送至浙江。札付最后还关注到祭品事宜,但因职属精膳清吏司,只需请该部门类行填写即可,无须在此文书中详列清单。②

祭葬勘合内容详尽,且分为礼部谕祭勘合与工部造坟勘合,不但包括谕祭所需祭品、文书、负责官员,而且列明夫匠人数、棺木数量,甚至对于所需钱款也有具体数额的规定。值得注意的是,为了确保公文内容不被涂抹、篡改以致失实,在公文末尾列出对同人员的名字以作凭证。对同,即核对两份同源文本是否有出入。勘合制度是古代符契制度的继承与改造,符契一式两份以供对照,勘合亦是如此,如负责人失于对同,导致文字不符,要受到惩罚。③

地方官在收到札付和勘合之后,开始着手祭葬事宜,而具体的效果需要通过死者家属《谢恩疏》上呈朝廷,地方官上报的只有钱款、物料和人力的具体开销账册。谢恩疏与请祭葬疏一样,都要通过邮传体系最终上呈到皇帝手中。

从请祭葬疏的上呈到祭葬札付、勘合的最终下发,官员丧葬公文在地方与中央、中央各部门乃至京官与皇帝之间行移,向不同群体传递信息,力求

---

① 董应举:《崇相集》卷1《代请张鸿胪恤典疏》,《四库禁毁书丛刊》,北京:北京出版社,1998年,第102册,第115页。
② 刘麟:《清惠集》卷12《附录·部札》,《文渊阁四库全书》集部第1264册,第459—461页。
③ 申时行等:《明会典》162《律例三·吏律·增减官文书》,北京:中华书局,1989年,第836页。

下情上达、上令下效，为官员构建身后的荣耀。

这里涉及明代不同类型公文的名称，明人陈懋仁言："今制：上逮下者曰照会，曰札付，曰案验，曰帖，曰故牒。下达上者曰咨呈，曰案呈，曰呈，曰牒呈，曰申。诸司相移者曰咨，曰牒，曰关。上下通用者曰揭帖。"① 礼部、吏部、工部等部不存在隶属关系，故公文用咨，而具体负责的各部清吏司在上报本部时要使用案呈，如礼部"祠祭清吏司案呈奉本部送礼科抄出"，工部"屯田清吏司案呈奉本部送该本部题准，礼部咨礼科抄出"。② 礼部将吏部、工部转递的资料及处理审核意见汇总，再次拟定祭葬规格，上报皇帝批准，是为题覆疏。在获得皇帝允准之后，转入具体内容探讨，填写发放祭葬札付。

二、丧葬公文与文官恤典运作

官员丧葬公文的传递与执行是国家公文行政体系的一个组成部分，通过遍布全国的交通网络和数量众多的行政文书，国家政令层层传达至地方，地方的信息也通过文书行政体系上传至中央，以保持上下之间信息畅通。公文传递与执行过程中，传达路程的长短、执政者的态度、文书的具体内容等，都会影响传递和审批核准的时间，而承办部门的人力、财力状况又会影响官员丧葬仪式的执行效果。日本学者小林隆道指出，"文书的传递路径，乍一看，似乎文书传递是系统而机械的。但是……当时的人事变动以及作为其背景的政治动向，实际上对文书传递有着阻碍或促进的作用。这对制度与制度运作的研究有很多启发。连履行手续的文书也会由于个人的关系发或不发，这一事实促使我们在文书行政研究以及制度研究中更加重视检讨制度实际运作问题的必要性"③。

---

① 任昉撰，陈懋仁注：《文章缘起》卷1《移书》注，《文渊阁四库全书》集部第1478册，第216页。
② 王时敏校梓：《王文肃公荣哀录》卷1《工部造坟札付》，《四库全书存目丛书》集部第136册，第458页。
③ 小林隆道：《宋代"备准"文书与信息传递——从分析朱熹〈绍熙州县释奠仪图〉中〈文公潭州牒州学备准指挥〉入手》，邓小南、曹家齐、平田茂树主编《文书·政令·信息沟通——以唐宋时期为主》，北京：北京大学出版社，2012年，第229—230页。

小事件中的大历史——金元明清史杂谈

首先，文书往来产生的时耗可能影响遣官谕祭和造坟安葬的效率。时耗可分为常规时耗与非常规时耗。常规时耗指在文书往来传递顺畅的情况下，因地理位置的差别、交通条件的限制所产生的时间消耗。以南直隶官员进京为例，走水路需要耗时四十日①。张居正的父亲张文明于万历六年（1578）九月十三日在湖广江陵家中病故，九月二十五日，张居正才得到讣闻②，耗时约 12 天。一般公文从北京到陕西都司，耗时 86 天；至陕西行都司并甘州后卫，耗时 174 天；至四川都司，耗时 172 天；至四川松潘卫，耗时 192 天。③ 这几个地方是明朝西北、西南地区的边远之地，交通不便，往返一次亦耗时 1 年。可以想见，正常的文书传递耗时在数月左右，在距北京较近地区为官者，其死后的讣文和请恤疏能较快到达中央，而身处边地亡殁者则仍需等待时日。

非常规时耗指由于人为因素而导致了文移往来，耗时长久。既有诸事丛脞，难以尽理的客观原因，又有政见不同，派系攻击导致的文书淹滞。万历朝，孙鑨居家去世，"嗛公者方在事，久之始得恤典"。崇祯朝，杨嗣昌与卢象升有隙，卢象升战死于河南，"顺德知府于颍上状，嗣昌故靳之，八十日而后殓。明年，象升妻王请恤。又明年，其弟象晋、象观又请，不许"④。

其次，文书的内容及执政者的态度影响了祭葬的规格。请恤疏、题覆疏、祭葬札付和祭葬勘合是祭葬正式开始前决定其最终结果的重要文书。请恤疏和题覆疏都有撰写者对于死者恤典规格的预设和期待，但是陈请者为使受益人获得高规格的恤典，往往会夸大某些事实，只言功业而不提过失，有时会导致事与愿违。嘉靖三年（1524），大同兵变，巡抚张文锦遇害。明世

---

① 申时行等：《明会典》卷 12《考核一·官员·京官》，北京：中华书局，1989 年，第 72 页。

② 王弘海：《天池草重编》卷 17《诰封特进光禄大夫左柱国少师兼太子太师吏部尚书中极殿大学士观澜张公神道碑》，《四库全书存目丛书》集部第 138 册，第 292 页。张居正：《新刻张太岳先生诗文集》卷 42《乞归葬疏》，《四库全书存目丛书》集部第 114 册，第 68 页。

③ 申时行等：《明会典》卷 149《兵部三十二·驿传五·勘合》，北京：中华书局，1989 年，第 765 页。

④ 丁元荐：《尊拙堂文集》卷 6《三太宰传》，《四库全书存目丛书》集部第 171 册，第 33 页；张廷玉等：《明史》卷 261《卢象升传》，北京：中华书局，1974 年，第 6765 页。

宗命侍郎李昆赦免乱卒之罪，而后李昆为张文锦请恤典，不报。久之，张文锦的父亲张政大言其子守安庆功，礼部为之请，终不许。张文锦妻子李氏再次上疏哀请，触怒明世宗，命执赍疏者治之。①嘉靖二十七年（1548）三月，总兵周尚文战死，其子陈叙功伐乞恤典，词近夸。科臣沈束复为疏请优恤。明世宗怒，不但不予批准，而且惩处沈束以为训诫。②嘉靖朝被罢官的府丞朱隆禧因向明世宗进献方术而得宠，死后其妻子郑氏请恤，时任礼部尚书吴山以其原为"考察之退"，又因"访道目为妖人"，接到请恤后坚持不与。③对于恤典的预期规格源于恤典条文与既有的恤典特例，而诸多特例在一定程度上冲击了条文的权威性。鉴于特例的规格高于条文所限定的规格，为使死者获得最大的荣誉，在遣官谕祭方面通常会提及加祭事宜以供参考。礼部题覆致仕工部尚书蒋瑶祭葬赠谥疏中列出《明会典》并见行事例，"两京文职二品病故者，祭二坛，有加东宫三少者，加祭二坛"，题覆掌太常寺工部尚书徐可成祭葬疏时特别列出与徐可成出身、经历和待遇相似的郭英文获得加祭一坛的恩宠。奉圣旨："郭文英虽系工艺，久竭觐［勤］劳，每承面谕，准他乞，还加祭一坛，钦此。"④

祭葬札付和祭葬勘合基本上确定了即将施行的遣官谕祭规格。请恤疏和题覆疏重点在于审核与讨论，给出处理建议；而祭葬札付已经是明确的下行文书了，各部门已经做出了最终决议，重在下级单位的执行。祭葬勘合不仅仅是一份凭证，还是一份遣官谕祭的详案，札付与勘合内容的结合使得接下来的遣官谕祭合乎礼法与人情。

---

① 张廷玉等：《明史》卷200《张文锦传》，北京：中华书局，1974年，第5287—5288页。

② 支大纶：《明永陵编年信史》，《四库全书存目丛书补编》第76册，第113页。关于周尚文恤典陈请，《明史》的记载是严嵩受到沈束的公开指责，故意激怒明世宗，株连多人。见张廷玉等：《明史》卷209《沈束传》，北京：中华书局，1974年，第5531—5532页。

③ 徐学谟：《徐氏海隅集》卷2《题南京府丞朱隆禧祭葬疏》，《四库全书存目丛书》集部第125册，第249页。

④ 徐学谟：《徐氏海隅集》卷2《题致仕工部尚书蒋瑶祭葬赠谥疏》，《四库全书存目丛书》集部第125册，第237—238页，并见该书卷4《题掌太常寺工部尚书徐可成祭葬疏》，《四库全书存目丛书》集部第125册，第279—280页。

最后，承办部门人力、物力、财力情况会影响祭葬规格的执行效果。官员的丧葬仪式多由地方政府承办具体事宜，中央政府只是发放丧葬公文用以限定丧葬礼仪的规格，以保证名副其实，不可僭越。通常情况下，丧葬仪式的所有开销要由地方政府先行拨款垫付，事毕造册登记，再到中央报销开支，所以，当地政府的财政状况会影响丧葬仪式的执行效果。万历六年（1578），致仕内阁首辅吏部尚书高拱去世，应得造坟安葬钱款迟迟难以到位，首辅张居正专门写信给河南巡抚周鉴，希望从速拨付。"故相中玄公今尚未葬，闻恩恤葬价，有司未能时给，此仁人之所隐也，不揣溷冒，敢徼惠于下，执事惟公哀怜之，冗不及悉，统惟鉴存。"[①]虽然高拱恤典的延滞与执行不力有政争的成分，但对于动辄数千两的丧葬开销，河南地方政府难以迅速筹措以致延误也在情理之中。这是因为，祭葬开销本不在预定的政府财政支出计划之中，属于临时性支出，而工程中人力调拨、物料采买也需时日。

三、丧葬公文与明朝丧礼建设

文官丧葬公文虽属于公文行政体系，但因其内容的特殊性，使得它在国家丧礼建设中也扮演了重要角色，成为礼从思想转化为实践的重要载体和媒介，使礼具象化，以可见的实物和仪式展现礼的意涵，即等级和规范。

（一）礼的具象化

礼的具象化需要载体，就丧礼而言，通过三类载体作为媒介，以完成从思想转化为实践的过程。第一类载体是丧礼条文及相关法规，第二类是执行法规条文的丧葬公文，第三类是可以直观感受的丧葬仪式和坟墓，这些都需要行政系统执行人员的积极配合才能落实。直至汉代，礼与乐、政、刑仍各自发挥作用，"礼节民心，乐和民声，政以行之，刑以防之"[②]。梁满仓认为，这些论述多偏重礼的熏陶作用，而不是从制度上对人的行为举止进行规范。吉凶军宾嘉五礼在魏晋南北朝时期完成了制度化的演变，从最初侧重于个人

---

① 张居正：《新刻张太岳诗文集》卷34《书牍·与河南周巡抚》，《续修四库全书》集部第1346册，上海：上海古籍出版社，2002年，第283页。

② 班固：《汉书》卷22《礼乐志》，北京：中华书局，1962年，第1028页。

及群体的道德层面向道德教化与行为规范发展，同时还担当起治国与修身的双重任务。① 明代国家对于丧礼制度的建设秉承教化与规范双重目的，通过丧礼条文、法规、丧葬公文、丧葬仪式和坟墓等予以落实。

首先，思想家撰写的礼书和执政者编纂的政书及相关典章制度是对于礼学思想和礼制高度概括性的条文总结，设定了符合儒家思想的丧葬原则和行为准则。由国家公开刊刻施行的《明集礼》《明会典》《恤典条例》等使礼变得具体，具备了可操作性。其次，丧葬公文是礼制思想、礼仪条文与国家行政的有机结合，丧葬公文中援引的上述条文及典章制度及拟定的丧葬规格使礼从思想、条文变成行动规范。最后，国家行政体系通过对丧葬公文内容的贯彻执行，无论是官方主持的隆杀不等的祭奠仪式，还是规格有别的坟墓，都以一种可见的、具象化的方式向更多的人传达礼制中等级与规范的精神。礼从理念、思想浓缩为文字，转换为法条，再依托于公文，最终变成了实物和具体的仪式，这个过程可以使更多的人直观地感受礼的存在，而不仅仅将其设定为古圣先贤的理想。

丧葬公文虽然属于行政公文体系，但不同于其他诸如征粮赋税的行政公文，在拟定和执行过程中更多突出其礼仪教化和等级规范的一面。隆庆时，巡抚江西右副都御史刘光济与巡按江西监察御史顾廷对联名上疏为多位已故文臣请祭葬之典，个人的功业、德行与可预期的教化功效均被列入奏疏。"以上诸臣委皆行谊卓越，心术纯正，克裨世教，见重乡评，堪列上等，均应再为陈乞者也。"② 毛栋为其父已故太子太保兵部尚书毛伯温题请祭葬之典，特意强调"恩被朽骨，以励臣节，以为人臣趋事服功之劝"③。工部严格依照丧葬等级的规定，为毛伯温拟定适合身份的祭葬内容。

今该前因通查案呈到部，看得原任太子太保兵部尚书毛伯温病故，

---

① 梁满仓：《魏晋南北朝五礼制度考论》，北京：社会科学文献出版社，2009年，第172、176页。

② 毛伯温：《毛襄懋先生荣哀录》卷1《江西两院疏》，《四库全书存目丛书》集部第63册，第161页。

③ 毛伯温：《毛襄懋先生荣哀录》卷1《陈乞恤典疏》，《四库全书存目丛书》集部第63册，第163页。

小事件中的大历史——金元明清史杂谈

系在京一品文官造坟，工料合给全价。及照本官抱经济之弘才，抒安攘之远略。按方总宪，朝野共服风裁；筑堡款夷，南北茂著勋绩。似应差官造坟安葬。查得本部屯田清吏司主事耿　在任，堪以差委。①

按照规定给予全价的造坟料价银和工价银，鉴于死者的身份和地位，特别指派工部屯田清吏司主事耿某前往督办。嘉靖初年文官造坟料价规定，"一品，料价银三百两，夫匠二百名，每名银一两"。② 于是，工部将拟定的内容落实在下发的造坟勘合之中："原任太子太保兵部尚书毛（伯温）病故，在京一品文官，造坟工料，该价银三百两，夫匠二百名，每名出银一两，通共该银五百两，棺木一副。"③

丧葬公文为死者的祭奠仪式和坟墓修建提供了制度和法律支持，由中央下发至地方的公文意味着国家力量介入官员的丧葬仪式，由官方出面主持具体的丧葬仪式，包括派遣本地官员定期祭奠和以官方力量修建坟墓。为顺利完成祭葬仪式，需要动用国库乃至地方府库钱财，派遣工匠，征调力役，备办物料，在理论上无须死者家属出资。弘治年间，致仕都察院右副都御史马驯在家乡福建去世，"讣闻，赐祭葬如例"④。福建布政司共花费本处官银1150两，依照死者品级修建坟墓。"都宪马驯，以弘治五年故，其子综奏请葬祭，诏许之，遣官，敕工部进士严泰造坟，本布政司动支官银一千一百五十两，委检校董瑄、典史廖珪督工修造谕祭碑亭、坊牌、门楼、石人、石马、石羊、石虎、石翁仲，礼仪如式。"⑤ 对于朝廷重臣，国家还有额外赐予的丧葬费，除去基本的丧葬开支，剩余部分可用作改善死者家属的经济状

---

① 毛伯温：《毛襄懋先生荣哀录》卷1《工部题差官造坟疏》，《四库全书存目丛书》集部第63册，第164页。

② 申时行等：《明会典》卷203《工部二十三·职官坟茔》，北京：中华书局，1974年，第1022页。

③ 毛伯温：《毛襄懋先生荣哀录》卷1《工部造坟勘合》，《四库全书存目丛书》集部第63册，第168页。

④ 《明孝宗实录》卷113弘治九年五月戊辰。

⑤ 明嘉靖年间《汀州府志》卷16《丘墓·赐葬·湖广右副都御史马驯墓》，《天一阁藏明代方志选刊续编》第40册，上海：上海书店，1990年，第300页。

况。万历时，礼部尚书兼翰林院学士余继登去世，"赐祭几坛，使使护丧，出少府金钱治葬如法，盖上之笃念讲臣，恩恤备渥如此"①。礼部左侍郎兼翰林院侍读学士张一桂去世，"上念公故在讲幄，轸悼之，遣官临祭其家，出少府金钱营葬事"②。少府在后世专指皇帝私库，颜师古曰："大司农供军国之用，少府以养天子也。"③

恤典条文如果不能用于实践，就永远是抽象的条文，丧葬公文为礼制思想的实践提供了保障，同时也是国家权力在丧葬领域的一次体现。国家行政体系积极参与丧葬制度内容的落实，使得礼教与行政相结合，丧礼的落实有了支撑点，而政治制度也具有了宣教的成分。

无论是丧葬法条，还是丧葬公文，其内容都反映了国家礼制建设的核心，即不同阶层的人们在等级分明的政治、社会结构中享受应得的权力，负担应有的义务，上下有等，各安其位。落实到恤典之上，则以礼典之隆杀展现死者身份之高下、功劳之大小。明人徐学谟指出："为照恤典之设，所以酬功而示劝也。故典礼之隆杀，视人品之高下与劳勋之多寡，其上赠、谥、祭、葬，其次无谥，又其次，止其祭、葬，品式具备，莫可干越。"④

官员恤典区别于平民丧葬仪式的一大特征是国家力量介入。丧葬礼仪的基本表现形式包括定期祭奠和修建坟墓，而死者家属可凭一己之力承担这两项工程，甚至富裕者可以在官方不予追查的情况下，僭越礼制，修建高坟大冢。但是，这些却不属于恤典，没有国家荣誉且逾越礼制规定的丧葬仪式，只能算作孝子贤孙尊父敬祖的极端表现。

（二）明朝丧礼建设的局限性

法条和公文一方面为礼从理论转化为实践提供了保障，但同样因载体的限制使国家的丧葬礼仪制度建设存在局限性。主要表现在制度设计者照搬古圣先贤言论、前代制度而忽略古今差异，公文内容日渐烦冗、文风渐趋骈

---

① 于慎行：《谷城山馆文集》卷22《明故资政大夫礼部尚书兼翰林院学士赠太子少保谥文恪云衢余公墓志铭》，《四库全书存目丛书》集部第147册，第637页。
② 于慎行：《谷城山馆文集》卷28《明故礼部左侍郎兼翰林院侍读学士玉阳张公行状》，《四库全书存目丛书》集部第147册，第98页。
③ 班固：《汉书》卷19上《百官公卿表上》，北京：中华书局，1962年，第732页。
④ 徐学谟：《徐氏海隅集》卷1《题总督漕运都御史王诰疏》，第231页。

小事件中的大历史——金元明清史杂谈

俪,导致公文阅读和处理的壅滞,而民众普遍文化水平低下与被动应役当差使得制度的具体执行与原初设定存在差异。

稽古定制是明太祖为扫除元代制度和习俗所标榜的口号,"朕经营天下,事事按古有绪"①。"元氏胡人事不师古,设官不以任贤,惟其类是与,名不足以副实,行不足以服众,岂可取法?"②为此颁布了《稽古定制》,而考察其中有关坟茔和碑碣石兽等丧制的详细内容,大多照搬《大唐开元礼》和《政和五新礼》等唐宋礼书的内容。这些礼书的内容是否真实反映了唐宋时代的生活状况尚且存疑,全文誊录数百年前的制度条文并作为当下丧葬礼仪的基本制度,这种做法有待商榷。

现存明代文官丧葬公文多为明中叶以后的资料,内容烦冗重复。嘉靖朝《题侍郎范嵩祭葬疏》1300余字,③《题致仕郧阳右副都御史于湛祭葬疏》2200余字,每个负责审核的部门都会全文誊录送至己处的文书。④ 明人认为,这是武宗时代荒嬉废务、胥吏为患所致,"及武宗之时,不亲政事,臣下遂因循自逸,不事删削,惟听胥吏全具文移,或一事而重言,或一本而数纸。虽臣等竟日有不能周读一过者,乃以上劳君父,为治之体,岂当如是"⑤?

制度的执行效果不但要看始端的设计者、中段的承接者,还要关注末端的执行者,三者的素质和能力共同影响了最终的效果。国家对于官员丧葬礼仪具体执行的指挥命令仅到达县一级官员,主要通过文书行政体系下发多份丧葬文书,使地方官员调动人力、物力、财力圆满完成中央政府派给的任务,即使中央派出专员负责谕祭和造坟安葬,也需要地方官员的密切配合。国家的丧礼设计末端只到县一级政府,不关注县官如何应对具体钱款、物料、工匠、夫役的调拨和派发,国家能够做出的最细致的规定便是在粗线条的礼仪规定之下,给出一份明确包括丧葬钱款数目、用工人数、祭品数目的清单。

---

① 黄景昉:《国史唯疑》卷1《洪武建文》,上海:上海古籍出版社,2002年,第18页。

② 《明太祖实录》卷29"洪武元年正月辛巳"条。

③ 徐学谟:《徐氏海隅集》卷1《题致仕郧阳右副都御史于湛祭葬疏》,第218—221页。

④ 徐学谟:《徐氏海隅集》卷1《题侍郎范嵩祭葬疏》,第226—228页。

⑤ 《明世宗实录》卷83"嘉靖六年十二月己未"条。

国家借助文书行政体系完成丧礼建设和丧葬仪式执行，但是"文书行政的主体是官吏，文书在各个官署之间往来。一般百姓并不参与其中，文书最初就不是为了百姓阅读理解而撰制的"①。所以，鉴于礼书、典制书籍、公文等阅读群体知识水平的限制，国家的执政者们对礼仪制度的设计更多集中在原则方面，对于具体的条文不作更加详细的设定和规划，这些都造成了恤典在具体执行过程中，出现百姓不理解恤典的国家荣誉从何而来，在何处体现，且将修建坟墓看作同修建仓库、堤坝一样的派差应役，如嘉靖朝首辅张璁妻子的墓穴建成即出现漏水现象。②当然，这些已经超出了国家赐予祭葬的范围，也溢出了国家丧礼建设的范围，因为国家的影响力只能覆盖一个层面，即在原则性和总体方向上把握对于死者的褒奖，并给出较为明确的指令。至于恤典的影响是否可以像谢恩疏中所描写的乡里为荣、垂于万世，则不在国家丧礼建设所能掌控的范围之内。即便民众可以读懂丧葬公文所记录的内容，明白了恤典所代表的国家荣誉，但是官府派遣差役、调拨工匠所带来的负担会冲淡这份感受，死者家属感受到的国家荣誉与应差服役的工匠们必定不同。

小结

明代通过丧葬公文的往来传递，将丧礼的精神内涵用制度进行具象化展现，借助公文行政体系运作，以一种多数人能够理解的外在表现形式，直观地呈现国家对于有功之人的哀悼和赏酬回报，通过定期的祭奠活动和声势浩大的造坟安葬，为死者构建死后的荣耀。粗线条、原则性是国家丧礼建设遵循的准则，为具体细节的施行预留了一定空间，借助公文的权威性和强制性使得丧葬礼仪可以落实到具体的任务之上。公文套语和程式化表述使得国家对于丧葬礼仪制度建设多集中在祭葬内容的审批过程中，对于最后的执行情况并不直接掌控，也无法一一掌控。国家对于丧礼内容和执行部门的设置

---

① 富谷至著，刘恒武、孔李波译：《文书行政的汉帝国》，南京：江苏人民出版社，2013年，第346页。日本学者富谷至论述的虽然是汉代文书行政体系，但笔者认为此论断适用于整个古代文书行政体系。

② 张孚敬：《太师张文忠公集》卷8《乞恩改葬》，《四库全书存目丛书》集部第77册，第181页。

使得国家指令仅涉及县一级官员,死者家属、地方官员、民众对于丧葬公文乃至整个恤典有不同的看法和感受,显示了国家丧礼建设的局限性,即顶端设计与具体执行之间的差距。

【基金项目】国家社会科学基金重大招标项目"中国礼制变迁与现代价值"(12&ZD134)

(本文与导师赵克生教授合写,刊发于《古代文明》2014年第2期)

明代赐赙初探

赙指中国古代丧礼中死者的亲戚、朋友、上司、邻里等赠送钱物给死者家属以帮助丧葬，赐赙指朝廷向死者家属赐予钱物以作丧葬费，是一项以经济援助为表现形式的政治行为。本文所谈的明代赐赙是指朝廷赐予，或帝、后以个人名义赏赐已故官员家属和部分宗室、外戚钱物以助丧葬的政治行为。虽然皇帝的赐赙行为，公行、私恩兼而有之，但因其举动多被视作朝廷赏赉，所以公的成分更加突出，而后妃久居深宫，其赏赐臣下及部分族人多被视作私恩之举。本文侧重政治文化考察，故着重论述前者。前人关于赐赙的研究集中在周、汉、唐、宋时期。关于周代赐赙的探讨，强调在宗法制的框架下，赐赙维系周王室与同姓诸侯、异姓诸侯之间政治关系的功能。关于汉代赐赙的研究，强调赐赙是死者生前特权在死后的体现，死者的身份、官阶及与皇帝的亲疏关系影响了赙物的发放。关于唐宋赐赙的研究，关注官制变迁对于赐赙制度的影响以及赙物的支出情况。唐后期官制的日益复杂化使得赐赙不再严格依照官员品级，更注重官员实际的任职和权力，这一点为宋代赐赙制度所继承并发展。唐宋两朝巨大的赐赙费用影响了朝廷正常的财政支出。[①] 鉴于前人研究并未涉及明代赐赙，本文通过梳理明代对于宗室、外

[①] 曹玮：《东周时期的赗赙制度》，《考古与文物》2002年第6期，第39—42页。赵明路：《周代赗赙制度》，四川大学硕士研究生学位论文，2008年。齐书深：《汉代赙赠初探》，《社会科学战线》1989年第2期，第184—189页。杜林渊：《东汉赗赙制度研究》，《东南文化》2007年第2期，第49—54页。陆建松：《魂归何处——中国古代丧葬文化》，成都：四川人民出版社，1999年。李锦绣：《唐代财政史稿（下卷）》，北京：北京大学出版社，2001年。清木場東：「帝賜の構造——唐代財政史研究・支出編——」，福岡：中國書店，1997年。吴丽娱：《终极之典——中古丧葬制度研究》，北京：中华书局，2012年。

小事件中的大历史——金元明清史杂谈

戚、文武官员的赐赙，对比前代赐赙，归纳明代赐赙的特点，分析这些特点产生的原因，探究明代赐赙的意义。

一、宗室赐赙

明代朝廷对宗室的赐赙与宗室自身经济状况、国家财政状况关系紧密。明初宗室因为宗禄政策的有效执行，并未面临财源短缺的问题，也无须朝廷赐赙以助其丧。朝廷为优待宗室，按照与皇帝血缘关系的亲疏，每年定额拨付禄米以供各项开支，亲王万石，郡王二千石，其他成员各有等差，① 不仅如此，皇子们还能得到额外赏赐的滩地、草场、茶引、盐引，② 稳定而充足的财富来源保障了宗室成员生享荣华富贵，死后亦建高坟大冢。永乐朝规定亲王坟茔包括数十间房舍和长二百九十丈的围墙，③ 其规制远超公侯和一品大员的坟茔，高规格的坟墓显示了主人生前尊贵的地位。

洪武、永乐时期，宗室人数较少，国家财政应付有余，随着宗室人口的繁衍，正统、景泰时期宗室人口已十余万人，尽管禄米仍旧照常发放，但是宗室本身的经济状况因人口增加、开支骤增而日趋恶化，定额的禄米经常不敷支用，不仅使日常生活陷入困窘，还严重影响了为已故宗室举丧落葬，亲王、郡王概莫能外。为使先人早日入土为安，宗室们上疏皇帝，期盼朝廷再施恩泽，而皇帝亦针对具体情况酌情赐赙以助其丧。

景泰二年（1451）四月，镇南王朱徽煣上奏，岷王薨逝，府中艰难，送丧之具无从措办，明代宗特赐粮二百石、钞二万贯、布二百匹。④ 岷王朱楩是明太祖第十八子，是明代宗的曾叔祖父，鉴于岷王尊贵的地位，代宗特赐粮米、布匹与钱钞。粮米在丧礼中用以作饭食招待吊唁者，布匹用以制作丧

---

① 《明太祖实录》卷242"洪武二十八年闰九月庚寅"条。本文所用《明实录》系台北"中央研究院"历史语言研究所校勘本，以下不再赘述。

② 赵翼著，王树民校证：《廿二史札记校证》卷32《明分封宗藩之制》，北京：中华书局，1984年，第748页。

③ 申时行等：《明会典》卷203《工部二十三·坟茔·王府坟茔》，北京：中华书局，1989年，第1020页。

④ 《明英宗实录》卷203《废帝戾郕王附录第二十一》，"景泰二年四月乙未"条。

服，而钱钞则用于购买祭品、香烛、棺木等，皆属丧礼所必需。皇帝直接赐予钱物的情况比较少见，多数情况下，皇帝以多予一年禄米的方式赐赙丧家。景泰六年（1455）十月，秦简王的丧礼也因府中艰难而无法举行。秦世子朱公锡上奏，本府家口浩大，生计难顾，已故秦王丧费无着，申请朝廷将秦王的定额禄米多发放一年，得皇帝应允。① 需要指出，这万石禄米本是秦府应得之物，只是由于秦王薨逝而停止发放。明代制定了严格的宗禄制度，禄米在每年十月之前发放，一次性支取完毕，而且宗室成员一旦去世，禄米即刻停发。② 换言之，宗室若在十月之前亡故，不但家属可能领不到本年应得的禄米，还要面临维持日常生计和为先人举丧安葬的双重经济压力。成化十五年（1479），朝廷先后接报，肃王、西鄂王相继薨逝，且肃王府第被灾，西鄂王世子年幼，未曾袭爵，不能支取禄米，两府都面临举丧乏资的问题，因此，肃府汾川王、西鄂王妃先后申请将因先王薨逝而停发的禄米继续发放一年，以缓解时下的危机。明宪宗表示，"朕于宗藩笃念亲亲之谊，每事务从优厚，今汾川王、西鄂王妃俱乞给停支禄米以资丧葬之费，览奏不觉怃然，其悉如所请给之"③。禄米虽然以粮食的形式发放，但可按照比例折合成钱钞用以购物。无论是直接赐予钱物还是多发一年禄米，都在第一时间解决了宗室的燃眉之急，使已故宗亲得以依礼安葬。

一般而言，赐赙通常发生在丧礼之前，由朝廷将钱物拨付丧家，但是，明代还存在一种发生在丧礼之后的赐赙，即皇帝通过免除宗室拖欠官府钱物的方式，用以确保已故宗室的家属不因举债办丧而使生活陷入困窘，是一种变相的赐赙。

为尽早使亲人入土为安，宗室们经常向官府暂借钱粮以成丧事，只是丧礼过后，没有其他经济来源的家属立刻要面临官府追讨，无奈之下，只能向皇帝请求援助。正统十二年（1447）四月，代王朱桂去世，王府本年应得禄米即刻停发，其孙朱世𡐤上疏明英宗，先王葬费无着，暂借一千石粮米以完

---

① 《明英宗实录》卷259《废帝戾郕王附录第七十七》，"景泰六年十月丁未"条。
② 申时行等：《明会典》卷38《户部二十五·廪禄一·宗藩禄米》，第272、273、274页。
③ 《明宪宗实录》卷195"成化十五年十月甲申"条。

其丧，①代王最终得以安葬。当年七月，世𡎚再次上疏英宗表明无力偿还所欠钱粮，请求优免，明英宗允准。②九月，晋府临泉王朱美塔去世，依照亲王之礼举行丧葬仪式，花销暂由山西布政司先行垫付。两个月后，临泉王之母孙氏上奏，官府拨付的粮米钱钞因备办丧事已然用尽，而今本府财力匮乏，还官艰难，明英宗下令免于追讨。③景泰七年（1456）七月，枝江王朱豪墏上奏其父在世时曾预支景泰四年（1453）禄米二千石，未曾还官，现今置办丧具及家人日常开销已使禄米不剩分毫，委实无力偿还，希望免于追讨，明代宗予以批准。④弘治九年（1496）五月，明孝宗主动下令免追楚王府已故镇国将军朱季堶生前预支的禄米，不必返还官府；弘治十年（1497）正月，又下令免追楚王府已故奉国将军朱荣沁预支的禄米。⑤皇帝下令不再追讨是基于保障宗室日常生活的目的，使宗室们避免因丧致贫，也防止以死碍生，死者的丧葬开销不应导致生者生活困窘，免追拖欠成为皇帝额外赐予的恩典，英宗、代宗数次为之，迄于孝宗。但这种恩典至正德朝发生了重大变化，财政情况的恶化迫使皇帝不得不追讨宗室预支的禄米。正德三年（1508）九月，楚王为本府两位已故宗室缙云王朱荣淋、奉国将军申请免追生前预支的禄米，遭到明武宗拒绝，朝廷趁此宣布："今后禄米俱按季关支，未及期而支者，巡按御史究问以闻。"⑥此令一出，不但宗室的日常开支受到了限制，朝廷对宗室的变相赐赙也失去了存在的基础。

宗室人口的持续快速增长终于在嘉靖时期形成了严重的宗禄问题，朝廷不得不进行政策调整，缩减禄米发放的数额，只保障宗室们的基本生活，对常规的丧葬开支也进行了削减。⑦在宗室自身经济状况和国家财政均陷入困

---

① 《明英宗实录》卷153"正统十二年闰四月丁卯"条。
② 《明英宗实录》卷156"正统十二年七月丙申"条。
③ 《明英宗实录》卷158"正统十二年九月丙午"条；卷160"正统十二年十一月辛丑"条。
④ 《明英宗实录》卷268《废帝戾郕王附录第八十六》，"景泰七年七月癸酉"条。
⑤ 《明孝宗实录》卷113"弘治九年五月癸亥"条；卷121"弘治十年正月己巳"条。
⑥ 《明武宗实录》卷42"正德三年九月甲子"条。
⑦ 李春芳等：《宗藩条例》卷下《停给工价》，北京图书馆古籍出版编辑组《北京图书馆古籍珍本丛刊》第59册，北京：书目文献出版社，1999年，第393页。

境之时，朝廷不再对宗室进行直接和间接的赐赙。回顾之前的赐赙案例，真正获得朝廷赐赙者集中在亲王和郡王，并不涉及爵位过低的宗室成员，禄米的短缺使得他们生时困窘，死后凄惨，"将军、中尉而下，奏告不得禄米屡至矣。……有不行物故，无棺敛者矣"①。

二、外戚赐赙

能够获得赐赙的外戚主要包括皇帝的母族、妻族、驸马，分析明代赐赙外戚的众多案例不难发现，母族与妻族更受重视，驸马仅有少许赙物。

明朝初年，太祖朱元璋有意笼络功臣宿将，或与之结为姻亲，倚其为国之干城。徐达、常遇春、邓愈皆属"勋而兼戚，戚而兼勋"，这些勋戚死后，多得到朱元璋的厚葬，赐赙甚厚。厚赐的原因多由于其生前建立的赫赫战功，而非其天子姻亲的外戚身份。以徐达为例。徐达凭借其战功官至太傅，爵封魏国公，长女嫁给朱元璋第四子燕王朱棣为正妃，君臣二人结成儿女亲家。洪武十八年（1385）正月，徐达去世，享年五十四岁，"上为震悼罢朝，恤赙有加，追封中山王，谥武宁，赐葬钟山之阴，仍命诸王遣官致祭，又塑像岁时祭于功臣庙"②。

洪熙、宣德以后，后妃多选自平民百姓之家，与功臣宿将联姻的情况偶有发生，但已非常态。③宣德朝，孙忠以贵妃之父由小吏升至中军都督佥事，又因贵妃被册封为皇后，再封会昌伯。景泰三年（1452）去世时，"赐赙白金三百两、钞三万缗，遣官祭葬，追封会昌侯，谥靖康"④。锦衣卫千户杭聚是明代宗杭妃的伯父，去世后，"赐赙及祭葬"⑤。

---

① 霍韬：《天戒疏》，陈子龙等辑《皇明经世文编》卷186《霍文敏公集二》，北京：中华书局，1962年，第1914页。
② 《明太祖实录》卷171"洪武十八年正月己未"条。
③ 赵翼著，王树民校证：《廿二史札记校证》卷32《明代选秀女之制》，第753页。明成祖朱棣纳功臣张玉之女入后宫，永乐七年册封为贵妃，《明太宗实录》卷88"永乐七年二月己卯"条。
④ 《明英宗实录》卷220《废帝戾邸王附录第三十八》，"景泰三年九月丙申"条。
⑤ 张廷玉等：《明史》卷300《外戚·杭昱传》，北京：中华书局，1974年，第7671页。

小事件中的大历史——金元明清史杂谈

驸马都尉林岳娶明宪宗之女德清大长公主为妻,正德十三年(1518)九月去世,得赐斋粮百石、麻布百匹。① 正德时,米一石可折银四钱,百石斋粮可折银四十两,布价未知,林岳所得粮布大致折银八十两左右。② 驸马都尉谢诏娶明孝宗之女永淳公主为妻,隆庆元年(1567)五月去世,其"以帝室懿戚,历事两朝,而忠爱恪慎,四十年犹一日",亡故之日,"上为震悼,……赐布粟宝镪"③。二位都是皇帝重视的外戚,但其赙物仍不及后妃父辈。

嘉靖时大多拨付造坟银两以为外戚之赙,这源于嘉靖初年外戚玉田伯蒋轮造坟之请。"嘉靖二年(1523),蒋轮乞恩造坟,原系差官盖造,未曾折价,该部(工部)处办木石等料,当时估计该银二万两。"④ 参考嘉靖时粮价和布价,一石米可折银二钱五分,一匹布可折银三钱,故银百两可当四百石粮米,或约三百匹布,⑤ 赙物亦称丰厚。嘉靖十八年(1539)七月,明世宗杜康妃之父杜林得祭葬银四百五十两。十九年(1540)三月,赐卢靖妃母董氏造坟银四百五十六两有奇。二十四年(1545)正月,给刘淑嫔父刘英祭葬银五百三十两。⑥ 明世宗推恩所爱,抚恤太厚,引起了朝臣的不满,以"皇亲恤典,原无定例"为由一再抗议,但是明世宗下明旨表态:"皇亲者,自宜从厚,生前不与爵禄,已省为多,死后又悋杀之,非宜也。"⑦ 皇亲从厚的原则被后来的明神宗继承,万历三年(1575)三月,当其外祖父欲申请银两修建生茔时,明神宗对工部初拟的二万两十分不满,表示"该部折价太薄,

---

① 《明武宗实录》卷 166"正德十三年九月己未"条。
② 《明武宗实录》卷 51"正德四年六月辛酉"条。
③ 李春芳:《李文定公贻安堂集》卷 7《赠少保兼太子太保驸马都尉古庸谢公墓志铭》,四库全书存目丛书编纂委员会《四库全书存目丛书》集部第 125 册,济南:齐鲁书社,1995 年,第 207 页。
④ 张居正:《新刻张太岳先生文集》卷 39《请裁抑外戚疏》,续修四库全书编纂委员会《续修四库全书》集部第 1346 册,上海:上海古籍出版社,2002 年,第 338 页。
⑤ 《明世宗实录》卷 142"嘉靖十一年九月丁巳"条;卷 79"嘉靖六年八月庚申"条。
⑥ 《明世宗实录》卷 226"嘉靖十八年七月壬申"条;卷 235"十九年三月丙申"条;卷 294"二十四年正月丙辰"条。
⑦ 徐学谟:《徐氏海隅集》卷 2《题宜妃母蒋氏赐祭疏》,《四库全书存目丛书》集部第 125 册,第 244—245 页。

从厚拟来。"最终定为三万两。十四年（1586）五月，明神宗又不顾工部的反对意见，仍下令对郑贵妃祖父的违制丧葬，酌情赐予坟价银五千两。① 万历十年（1582），明穆宗陈皇后之父固安伯陈景行去世，"太后、帝及中宫、潞王、公主赠赙优厚，人皆荣之"②。

天启二年（1622），明熹宗生母王氏的弟弟新城伯王昇为父母造坟，申请一万五千两，"工部以军工并举，帑藏空虚，量给五百两，令自行营葬。"天启六年（1626），中军都督府带俸太子太保永年伯王明辅为母亲李太夫人请祭葬，得明熹宗特批坟价银三千两。诏礼部曰："朕祖妣孝端显皇后，母仪天下，保育先皇，功昭社稷，宜以隆恩，以逮后裔。王明辅准照例给与祭葬，他戚不后援以为例。"③

三、文武官员赐赙

明代不同时期的政治态势影响了朝廷对于文武官员的赐赙。明初戎马倥偬，朝廷优待武人，官兵亡殁均有赙物，文臣则少予；中叶后国家转向文治，文官赙物渐增，武官赙物锐减，武人优势地位不再。

（一）对武官的赐赙

优待武臣，太祖创业之时已有规制。"上于诸将帅恩礼甚厚，遇疾必遣使存问，或亲往临视之，其卒则率百官为发哀，车驾临奠，至于吊问赙赠之仪，与夫葬祭之具，皆官给之。"④ 朱元璋对于武官特别优待，源于元代重武轻文的习俗，《大明律》明文规定"文臣不许封公侯"，使得高级爵位全被武臣垄断。⑤ 明洪武二十六年（1393）《优给则例》明文规定了武职人员殉职后，朝廷按品级给予丧葬费用，另有上至公侯，下至卫所镇抚千百户的身后

---

① 《明神宗实录》卷36"万历三年三月辛酉"条；卷174"万历十四年五月庚申"条。
② 《明史》卷300《外戚·陈景行传》，第7679页。
③ 《明熹宗实录》卷29"天启二年十二月戊辰"条；卷77"天启六年十月己巳"条。
④ 《明太祖实录》卷23"洪武元年四月辛卯"条。
⑤ 怀效锋点校：《大明律》，北京：法律出版社，1998年，第30页。但是，文官生时因军功而封伯爵，死后可追封为侯爵，如新建伯王守仁死后被追封为新建侯。张廷玉等：《明史》卷195《王守仁传》，北京：中华书局，1974年，第5168页。

小事件中的大历史——金元明清史杂谈

抚恤,此即"国初武臣亡殁,念其勋劳,赙恤之典,特从优厚"①。生前立有大功,死后必有厚恤褒奖。酬功的理念被明成祖朱棣继承,明示功臣"今以天下之财赏天下之功,虽赐赉有限而爵禄无穷。然继今能益懋公勤,朕不吝于报赉,尔等勉之"②。

从明中叶以后武臣的赐赙数额看,洪武朝制定的赐赙格例及《优给则例》的执行已大打折扣。按照洪武二十年(1387)武臣赠赙格例,"公侯,布百匹、米百石,一品,布六十匹、米六十石,余各有差"③。《优给则例》详列武臣品级对应的米布之数:"一品,米六十石、麻布六十匹;二品,米五十石、麻布五十匹;三品四品,米四十石、麻布四十匹;五品六品,米三十石、麻布三十匹。"后世又特赐造坟价银以助丧事。嘉靖元年(1522)十二月,前军都督府掌府事广宁伯刘佶卒,特给斋粮麻布三十石匹。刘佶是永乐朝广宁伯刘荣之后,仅得三十之数,还是"特给",略显凄凉。④ 左军都督府带俸成安伯郭宁是明成祖册封的世袭爵位,当其侄以斋粮麻布为请时,朝廷不允。⑤ 此时,从皇帝到百官对于武臣的态度已发生重大转变,弘治五年(1492)已有对荫袭公侯、都督等官斋粮麻布(法定丧葬费)的裁革建议,⑥ 明世宗时已将赐予应得的斋粮麻布变为特恩赏赐,并为后世君主所继承。万历元年(1573)九月,"太师兼太子太保成国公朱希忠卒,上闻悯之,特赐丧资,以示优恤"⑦。公侯伯尚且如此,专职武官的赐赙情况又如何呢?在弘治朝建议裁革斋粮麻布的背景下,弘治八年(1495),正一品武官后军都督

---

① 申时行等:《明会典》卷101《丧礼六·恩恤》,北京:中华书局,1989年,第559页。

② 《明太宗实录》卷12上"洪武三十五年九月甲申"条。

③ 《明太祖实录》卷186"洪武二十年十月癸亥"条。

④ 《明世宗实录》卷21"嘉靖元年十二月癸未"条。《明史》卷106《功臣世表二》,第3176—3177页。

⑤ 《明世宗实录》卷21"嘉靖元年十二月庚子"条。

⑥ 《明孝宗实录》卷188"弘治十五年六月癸卯"条,"省滥恩。谓公侯都督等官病故,既有祭葬之赐,其家人又以斋粮麻布为请,在开国元勋则可,在荫袭者则不可请,今后斋粮麻布恤与革免"。

⑦ 《明神宗实录》卷17"万历元年九月丁未"条。

府右都督周玉去世,"赐衰布以匹计、斋粮以石计者,各五十"①,已经少于规定的六十石匹。正德三年(1508)二月亡故的甘肃副总兵都指挥同知鲁麟,从三品武官,理应有"米四十石,麻布四十匹",但礼部最终的意见是念其"世守边方,累立战功,又任镇守,比其他不同",特与"斋粮三十石、麻布三十匹,造坟安葬"。②需要指出的是,即使多位公侯伯及武官难获足额赙物,明朝皇帝对魏国公、黔国公、英国公、成国公这四支勋贵仍保持着特殊照顾,这四家勋贵不但自身可得赐赙,甚至可推恩其母。万历二十四年(1596)十二月,给已故英国公张元功坟价银三百两。③天启五年(1625),黔国公沐昌祚丧葬事宜,工部给价,差官造坟。④弘治八年(1495)五月,赐英国公张懋生母太夫人吴氏斋粮麻布,十五年(1502)四月,又赐魏国公徐补之母夫人王氏斋粮麻布如例。⑤嘉靖朝,赐成国公朱希忠母亲太夫人陈氏"斋粮、布各五十石匹"⑥。

(二) 对文官的赐赙

明代对于文官的赐赙在开国之初即已存在,中期之后有所增多,但终明一代,朝廷对于文官的赐赙始终没有成为一项制度。明初"文臣四品无给丧费者"⑦,意味着即使官居四品,跻身朝廷大员之列,亦无赐赙助丧。延续千余年赐赙文官的制度在元明两代失去了法律的依托,⑧考察明代不同时期赐

---

① 倪岳:《青溪漫稿》卷21《大明故平羌将军后军都督府右都督谥僖周公神道碑》,纪昀等《文渊阁四库全书》集部第1251册,台北:台湾商务印书馆,1986年,第288页。

② 《明武宗实录》卷35"正德三年二月丁亥"条。

③ 《明神宗实录》卷305"万历二十四年十二月己卯"条。

④ 《明熹宗实录》卷62"天启五年八月丙戌"条。

⑤ 《明孝宗实录》卷100"弘治八年五月戊申"条;卷186"十五年四月己酉"条。

⑥ 严嵩:《钤山堂集》卷40《成国太夫人陈氏墓志铭》,四库全书存目丛书编纂委员会《四库全书存目丛书》集部第56册,济南:齐鲁书社,1995年,第351页。

⑦ 刘三吾:《坦斋刘先生文集》卷下《文渊阁大学士朝列大夫国子监祭酒宋先生讷墓志铭》,《四库全书存目丛书》集部第25册,第138页。

⑧ 汉、唐、宋三朝建立了完善的官员丧葬费发放制度,以禄位官品为凭,汉制二千石及以上可得,唐制无论文武,一品至九品皆得,宋制又规定去世的近臣及带职事官,逢丧讣及迁葬,也可赐赙,并有典章政书作为法律依据。元代除宗室贵族、宗教领袖外,高级文武官员也很少获得赐赙,以至宋濂修《元史》时有元代"不赙臣下"的慨叹。

小事件中的大历史——金元明清史杂谈

赙文官的个案，不难发现，虽然赐赙文官是论功酬劳之举，而功劳判定却因人而异，因职而异，辅国阁臣多显佐命之功，近侍讲臣多显侍奉之劳，统兵宪臣多显征伐之业。文官与皇帝的私人关系有时也会影响功劳的判定和赙物的多寡。

洪武朝第一位得到赐赙的文官是皇陵祠祭署令汪文，他是朱元璋儿时的邻里好友，"上即位，擢文皇陵祠祭署，令俾不去其乡而身享安荣之贵。及卒，上亲制文，遣内侍及仪曹官吊祭，赙恤甚厚"。而后致仕兵部尚书单安仁去世，得赙钞一百锭。洪武末年，致仕兵部尚书兼太子少保唐铎去世，"恤赙甚厚"，究其原因，"上初起兵时，铎即事左右，上以故旧遇之"。朱元璋曾高度评价唐铎"自友及臣，至今三十余载，其人交不知变色，绝不出恶声"[①]。宣德朝辅政名臣夏原吉、蹇义均获赐赙钞万缗。[②] 二人深受皇帝重用与信任，"仁宗即位，义、原吉皆以元老为中外所信"。"宣宗即位，委寄益重""帝征乐安，义、原吉及诸学士皆从，预军中机务，赐鞍马甲胄弓剑。及还，赍予甚厚"[③]。自成化朝少保吏部尚书兼华盖殿大学士李贤始，朝廷对于文官的赐赙推及其父，而后太子少保礼部尚书兼文渊阁大学士刘吉之父刘辅也得赐"斋粮麻布、宝钞、银两、表里等物为丧礼费"[④]。正德朝特赐厚赙于杨廷和之父杨春，希望杨廷和夺情视事，"上遣司礼监官吊慰，赐白金五十两，礼币四袭，宝镪万贯，白粲十石为赙，令夺情视事。先生再疏陈情，优诏勉留"[⑤]。个别受朝廷倚重的文臣甚至可以推及其妻其子。杨廷和得赐斋粮麻布以助其妻喻氏之丧，[⑥] 大学士李时得赙银二十两作为其子李坦的部分

[①] 《明太祖实录》卷182"洪武二十年五月戊辰"条；卷187"洪武二十五年十二月壬子"条；卷254"洪武三十年七月壬申"条。

[②] 《明宣宗实录》卷62"宣德五年正月戊辰"条。杨士奇：《东里文集》卷18《故少师吏部尚书赠特进光禄大夫太师谥忠定蹇公墓志铭》，《四库全书存目丛书》集部第28册，第444页。

[③] 张廷玉等：《明史》卷149《蹇义传》，北京：中华书局，1974年，第4148、4149页。

[④] 《明宪宗实录》卷27"成化二年三月己酉"条，卷227"成化十八年五月辛卯"条。

[⑤] 靳贵：《戒庵文集》卷16《明故封光禄大夫柱国少保兼太子太保户部尚书文渊阁大学士杨公墓志铭》，《四库全书存目丛书》集部第45册，第619页。

[⑥] 《明武宗实录》卷96"正德八年正月己亥"条。

丧葬费。① 李时得厚恩，皆因其恭顺有加，"或廷议不合，率具两端，待帝自择，终未尝显争。以故帝爱其恭顺"②。

明代文官得赙物最厚者，当属万历朝首辅张居正及其父张文明，继任首辅张四维之父张允龄的赙物亦不薄，不但皇帝钦赐众多钱物，连太后、皇后、亲王也参与其中，纷纷赐钱予物。万历六年（1578），首辅张居正的父亲张文明去世，明神宗赐"银五百两、纻丝十表里、新钞一万贯、白米二十石、香油二百斤、各样碎香二十斤、蜡烛一百对、麻布五十匹"，两宫皇太后赐"银五百两、纻丝十表里、新钞一万贯、白米二十石、香油二百斤、各样碎香二十斤、蜡烛一百对、麻布五十匹"③。待张居正去世，明神宗"赐银五百两、纻丝六表里、罗纱、柴布、香烛、茶米油钞盐炭有差，两宫太后及中宫各赐银币如之"④。万历十一年（1583）四月，首辅张四维的父亲张允龄去世，比照张文明的赙仪规格，略有削减，明神宗自不待言，两宫皇太后赏赐之外，甚至连潞王朱翊镠也赐予赙物，"圣母及潞王赙襚各有差"⑤。令人唏嘘的是，张居正死后不久即遭清算，曾经与皇室密切的关系成了擅作威福、欺凌幼主的铁证。

四、明代赐赙的特点和意义

考察有明一代赐赙演变，对比前代赐赙制度与具体事例，明代赐赙呈现出独有的特点。

第一，明代赐赙从必得之典变为赏功酬劳之赐，功劳标准由皇帝裁夺，以外戚和文武官员最为突出，且多数情况下不依照既有条文，仅凭皇帝个人

---

① 《明世宗实录》卷195"嘉靖十五年闰十二月己亥"条。
② 张廷玉等：《明史》卷193《李时传》，北京：中华书局，1974年，第5113页。
③ 张居正：《新刻张太岳先生文集》卷41《谢遣官赐赙疏》《谢两宫太后赐赙疏》，续修四库全书编纂委员会《续修四库全书》集部第1346册，上海：上海古籍出版社，2002年，第361、361页。
④ 《明神宗实录》卷125"万历十年六月丙午"条。
⑤ 张四维：《条麓堂集》卷9《闻讣谢恩疏第二疏》《第三疏》，卷34《张文毅公墓表》，《续修四库全书》集部第1351册，第365、365、818页。

意愿行事。自汉而降,朝廷对于一定品级、功业的官员赐予数额不等的钱物作为其法定丧葬费,称为法赙。汉代已有规定:"公令:吏死官,得法赙。"(颜)师古曰:"赠终者布帛曰赙。"① 对于宗室、外戚也有钱物赏赐以助丧葬开销。东汉"自中兴至和帝时,皇子始封薨者,皆赙钱三千万,布三万匹;嗣王薨,赙钱千万,布万匹"②。外戚多有官职膺身,比照本级官阶赙钱而有所加等。卫尉马廖为外戚,"和帝以廖先帝之舅,厚加赗赙"③。后世因之,宋代规定多种情况下官员、宗室在死后可以获得赐赙。"凡近臣及带职事官薨,非诏葬者,如有丧讣及迁葬,皆赐赙赠……诸两府、使相、宣徽使并前任宰臣问疾,或浇奠(指洒酒祭奠)已赐、不愿敕葬者,并宗室不经浇奠支赐,虽不系敕葬,并支赙赠。"④ 需要说明的是,明代以前的皇帝即使出于私心意欲赐赙,也多是在法赙的基础之上,再赐内库钱物以为恩典,⑤ 以唐宋为例,唐代有"敕赠内库绢一百匹"⑥ 之举,宋代亦不乏"常赙外赐钱五十万"⑦ 之行。但是,明代基本上取消了文官法赙,以《优给则例》保留部分武官法赙,宗室、外戚赐赙更无定规,皆视具体情况而赐钱赠物。文官尽心辅助、武将奋力拼杀,以一生心血乃至性命忠君报国,死后方得赐赙,如万历首辅张居正和明初开国功臣第一的武将徐达。明代外戚依靠皇后、太后等对于皇帝的政治影响力,获得了远超文官武将的赙物,除皇帝的公开维护外,文官群体考虑到后妃势力的重大作用,还要为此举提供看似合理的解释,例如万历首辅张居正将明神宗违例批准赐钱物修建其外祖父生茔之举视为皇帝孝行,"今奉圣谕欲令从厚,臣等敢不仰体皇上孝心,且臣等犬马之

---

① 班固:《汉书》卷77《何并传》,北京:中华书局,1962年,第3269页。

② 范晔:《后汉书》卷42《光武十王·中山简王焉》,北京:中华书局,1965年,第1450页。

③ 范晔:《后汉书》卷24《马援传》,第855页。

④ 脱脱等:《宋史》卷124《礼二十七·凶礼三·诸臣丧葬等仪·赙赠》,北京:中华书局,1977年,第2907—2908页。

⑤ 吴丽娱:《终极之典——中古丧葬制度研究》,北京:中华书局,2012年,第580页。

⑥ 周绍良主编:《唐代墓志汇编续集》天宝062《大唐故云麾将军右龙武将军同正上柱国南浦县开国男屈府君墓志铭并序》,上海:上海古籍出版社,2001年,第626页。

⑦ 脱脱等:《宋史》卷321《孙洙传》,第10423页。

情，亦欲借此少效微悃于圣母之家"①。在此情境下，所谓功劳皆在皇帝一念之间，如明熹宗认为其祖母生育明光宗有功，族人自然可以享受荫庇，"朕祖妣孝端显皇后，母仪天下，保育先皇，功昭社稷，宜以隆恩，以逮后裔。……给坟价三千两，以需隆恩"②。

第二，明代赐赙与前代相比，赙物数量减少，获赙人群缩小，以官员最为明显。唐制：诸职官薨卒，文武一品，赙物二百段，粟二百石。二品，物一百五十段、粟一百五十石。……正九品，物十二段。从九品，物十段。③二丈为段，四丈为匹，一段相当于半匹，唐代一品官可得赙布一百匹，粟二百石，以此类推。宋代尤为丰厚，宰相史弥远病故，"户部支赙赠银、绢以千计，内帑特颁五千匹、两"④。齐州团练使何承矩病故，"赙钱五十万、绢五百匹"⑤。号称"国朝旧制，无赙臣下礼"⑥ 的元代，对中书右丞相史天泽，"赙白金二千五百两"⑦；对于中书左丞李德辉"赐钱二千缗具葬"⑧；尽心事主的翰林学士赵晦叔死后，"天子命有司赙缯五千"⑨。明制："赙赠之典，一品米六十石，麻布六十匹。二品以五，三品、四品以四，五品、六品以三，公侯则以百。"⑩ 明代位极人臣的首辅张居正得到皇帝与两宫太后合计赐银一千两，远不及唐宋丰厚，甚至无法与元代比肩。就赐赙涉及范围来看，唐代赐赙可至九品基层官员，宋代还将恩典波及部分民众，如河中府处

---

① 《明神宗实录》卷36"万历三年三月辛酉"条。
② 《明熹宗实录》卷29"天启二年十二月戊辰"条；卷77"六年十月己巳"条。
③ 杜佑：《通典》卷86《凶礼八·丧制之四·赠赙》，北京：中华书局，1988年，第2333页。
④ 脱脱等：《宋史》卷414《史弥远传》，北京：中华书局，1977年，第12418页。
⑤ 脱脱等：《宋史》卷273《何继筠传》，第9333页。
⑥ 宋濂：《元史》卷163《赵炳传》，北京：中华书局，1976年，第3837页。
⑦ 苏天爵编：《元文类》卷58《中书右丞相史公神道碑》，长春：吉林人民出版社，1998年，第909页。
⑧ 苏天爵编：《元文类》卷49《中书左丞李忠宣公行状》，第816页。
⑨ 苏天爵编：《元文类》卷51《翰林学士赵公墓志铭》，第840页。
⑩ 张廷玉等：《明史》卷60《礼十四·凶礼三·遣使临吊仪》，北京：中华书局，1974年，第1482页。详细内容见申时行等：《明会典》卷101《丧礼六·恩恤》，北京：中华书局，1989年，第559页。

士李渎和陕州处士魏野传播儒学，二人亡故后，朝廷"赙其家帛二十匹，米三十斛，州县常加存恤"①。明代得赙者皆为高官显贵，且有种种限制条件，官员尚且未必人人有赐赙，遑论平民？对外戚而言，也只有与本朝皇帝最为亲近之人如太后、后妃的族人方可得到赐赙，关系疏远者不得赙。明朝宗室成员由于中叶之后人口暴增，宗禄问题日益严峻，皇帝虽有亲亲之念，也会适当赐予钱物以助一宗一户，力行亲亲之事，但难以遍赏诸宗以全其身后，更无法从根本上解决广大宗室成员的丧葬问题。

第三，与唐宋两朝官员赙物过多以致干扰国家财政的情况不同，明代对官员的赐赙不影响国家财政正常支出，而对部分外戚、宗室的赐赙则给国家财政带来了危害。唐宋元明对于宗室、外戚为官执政的态度有所差异，唐宋元官员群体中有许多宗室成员，唐宋甚至有宗室宰相，② 外戚亦可掌国之权柄，如南宋末年的宰相贾似道，而明代长期限制宗室成员为官，抑制外戚势力，不令其掌握过多权力。③ 唐宋官员的来源较之明代要宽，赐赙覆盖面亦广，又有法赙制度作为依凭，故而唐宋时期对众多官员赐予赙物，使得国家财政日渐吃紧，尤其在唐朝后期国穷财绌的境况下，官员赐赙难以为继，宋代虽有所缓解，但无法从根本上解决赙赠费用过高的问题。④ 明代则不然，武官虽在明初有《优给则例》以为赙赠依据，但是后世执行不力，朝廷又对武官得赙日渐限制，所以朝廷府库支出有限。文官因无法赙依凭，获赙者及赙物相对稀少，而且多动用皇室内府钱物，也不会对国家财政收支产生直接影响。反观明代皇帝对部分外戚赐赙过厚以及下旨免追宗室暂借地方府库钱

---

① 脱脱等：《宋史》卷457《隐逸上》，第13430、13431页。

② 欧阳修、宋祁等：《新唐书》卷131《宗室宰相》，北京：中华书局，1975年，第4518页。脱脱等：《宋史》卷392《赵汝愚传》，第11981页。

③ 出于提防、控制宗室的目的，明代宗室成员一般不允许入仕。沈德符：《万历野获编》卷4《宗藩·宗室通四民业》，北京：中华书局，1959年，第128页。"本朝宗室厉禁，不知起自何时，既绝其仕宦，并不习四民业，锢之一城。至于皇亲，亦不许作京官，尤属无谓。"对于外戚势力的管控，见赵翼著，王树民校证：《廿二史札记校证》卷32《明代选秀女之制》，第753—754页。

④ 吴丽娱：《终极之典——中古丧葬制度研究》，北京：中华书局，2012年，第598—604页。

粮的变相赐赙,却造成了国家财政的缺口。天启年间,工部尚书姚思仁指出外戚的丧葬开销甚大,且一再申请国库钱粮,"少者数千,多者数万。今帑藏一空,岂能取盈"?为维持财政正常运转,申请将"戚畹王钺等减万五千为五百,荷蒙俞允,乞即著为定例,庶恩恤不至滥觞,而财用亦得少裕"。① 相对于唐代赐赙"明确划分为皇帝内库和国库两个系统"②,明代赐赙的界限较为模糊,皇帝公开侵占国库和地方府库钱粮用以支付部分外戚和宗室成员的丧葬花销。如明神宗下令由户部支付外戚郑福(郑贵妃祖父)的丧葬开销,大臣无力抗争,只得照办。"钦遵不得已,咨同户部措给,莫之能挽矣。当时各部科肯一体共争,至再至三,或亦仰动上意,庶稍从减,顾但一言而止,户部复经目本司为推诿,不其难哉?"③ 针对皇帝下旨免拖欠地方府库的各类钱粮,嘉靖八年(1529),四川巡按御史戴金指出,"夫钱粮之侵欠不追,则仓库之取给何赖"④?有明一代,宗室"禄之终身,丧葬予费"⑤ 的政策至嘉靖朝已然难以维系,"若房屋冠服坟价一一取给于朝廷,则民力不胜其疲,此势之所必不可给,而法之所不得不变者也"。所以,对于宗室的直接赐赙或变相赐赙不得不在嘉靖朝终结,甚至一些原本给予的丧葬待遇也一并削夺,"郡王、将军、中尉、郡县主君房屋、冠服、坟价,一概免给,以为定例"⑥。

  明代赐赙的意义何在?仅从经济角度来看,朝廷赐赙与死者亲戚僚友之间的馈赠钱物助丧并无不同,均是用以支付祭奠、入殓、下葬、丧礼饭食、丧主孝服诸项开销,如有剩余钱物,可用作改善死者家属日后的生活。但是,赐赙还有其政治作用,这是亲戚僚友赠钱送物所不能比拟的。陆建松认为,自汉代起赐赙在单纯的经济行为之外附带了强烈的政治色彩,"官赙制

---

① 《明熹宗实录》卷29"天启二年十二月丁亥"条。

② 吴丽娱:《终极之典——中古丧葬制度研究》,北京:中华书局,2012年,第580页。

③ 葛昕:《集玉山房稿》卷1《请慎戚畹恤典疏》,纪昀等《文渊阁四库全书》集部第1296册,台北:台湾商务印书馆,1986年,第405页。

④ 《明世宗实录》卷106"嘉靖八年十月辛卯"条。

⑤ 张廷玉等:《明史》卷116《太祖诸子一》,北京:中华书局,1974年,第3557页。

⑥ 李春芳等:《宗藩条例》卷下《停给工价》,北京图书馆古籍出版编辑组《北京图书馆古籍珍本丛刊》第59册,北京:书目文献出版社,1999年,第394页。

小事件中的大历史——金元明清史杂谈

度,实际上是依据死者生前特权而制定的等级制度,它与中国封建等级特权相一致"①。推而广之,无论朝廷赐赙的对象是谁,赐赙都在表达朝廷对已故者的认可与赞扬,钱物多少对应着地位的高低、功业的大小。赐赙是朝廷为已故者构建身后荣典即恤典体系的特殊环节,而恤典是朝廷通过褒奖死者和抚恤其家人,构建起的国家荣誉。宗室、外戚、文武官员中的佼佼者,死后可享受朝廷派专员前往祭奠,官方修建坟墓和祠宇并定时祭祀,赐以美谥,赠予荣誉官职或进阶一等,皇帝不上朝数日以示哀悼,种种待遇尽显荣耀,死者家属可得到朝廷赏赐的钱物以助丧葬,直系子孙可不经正规选拔考试而直接获得低级官职。一系列的恩典都是对死者的认可,构成了一个恤典体系,是国家荣誉的具体展现。从死者家属对朝廷赐赙来使和亲戚僚友在迎接礼仪上的差别,亦可看出对于此份恩典和荣耀的重视。死者家属对于亲戚僚友赠送钱物,拱手行礼表示感激即可,但是面对来自朝廷赏赐及赐赙使者,死者家属要行大礼以示尊重。先设龙亭香案,而后跪迎来使,接受赙物,于龙亭前行五拜三叩头礼,并将写满皇帝慰问言语和赙物清单的敕书保存妥当,世代传承,以为至宝,再亲自撰写一份谢恩疏以表达对于皇帝赐赙的感激②。

明代对文武官员赐赙基本达到了笼络臣下的目的。从明人的记述看,官员对于朝廷赐赙尤为重视。因为明代取消了文官法赙,所以在明人的表述中多使用"少府金钱"来代指由皇帝内库拨付的钱物。礼部尚书兼翰林院学士余继登去世,皇帝"出少府金钱治葬如法,盖上之笃念讲臣,恩恤备渥如此"③。礼部左侍郎兼翰林院侍读学士张一桂去世,"上念公故在讲幄,轸悼之,遣官临祭其家,出少府金钱营葬事,如满考法,盖殊渥也"④。太子少保

---

① 陆建松:《魂归何处——中国古代丧葬文化》,成都:四川人民出版社,1999年,第103页。
② 王锡爵:《王文肃公全集》卷21《谢赐赙疏》,四库全书存目丛书编纂委员会《四库全书存目丛书》集部第135册,济南:齐鲁书社,1995年,第405—407页。
③ 于慎行:《谷城山馆文集》卷22《明故资政大夫礼部尚书兼翰林院学士赠太子少保谥文恪云衢余公墓志铭》,《四库全书存目丛书》集部第147册,济南:齐鲁书社,1995年,第637页。
④ 于慎行:《谷城山馆文集》卷28《明故礼部左侍郎兼翰林院侍读学士玉阳张公行状》,《四库全书存目丛书》集部第148册,济南:齐鲁书社,1995年,第98页。

左都御史潘恩病故于家中,"讣闻,天子震悼,……出少府金钱若干缗佐窀穸,谥曰恭定,盖备典也"①。武臣亦然,奉天翊卫推诚宣力武臣特进荣禄大夫柱国昌平侯杨洪亡故,"赐赙祭甚厚"②。按其侯爵和职事官的品级,常规赐赙只有米百石、布百匹,《明英宗实录》并未提及赐赙之事,③ 但陈循为其撰写神道碑铭时特意强调"赐赙祭甚厚",表明对于此项恩典的重视。

明代对于外戚、宗室这类与皇室有血亲、姻亲关系群体的赐赙,既在经济活动中体现了皇帝对所亲所爱之人的一种优待,又在丧礼活动中切实展现了皇帝的权威。额外的钱物援助确实在一定程度上缓解了外戚、宗室因高昂丧葬开销所带来的经济压力,加强了他们与皇帝之间的联系以及对皇权的向心力。当皇帝违反既有定制,以侵占国库钱粮影响国家财政运作来为亲爱之人构建身后荣典时,已然扭曲了赐赙宗室和外戚的基本功效,以私情干预公法,以私恩破坏礼制,经常遭到守礼持正的士大夫群体反对。

【基金项目】国家社会科学基金重大招标项目"中国礼制变迁与现代价值"(12&ZD134)

(本文与导师赵克生教授合写,原文刊发于《故宫博物院院刊》2015年第1期)

---

① 陈所蕴:《竹素堂藏稿》卷9《太子少保左都御史恭定潘公诔(有序)》,四库全书存目丛书编纂委员会《四库全书存目丛书》集部第172册,第71页。

② 陈循:《芳洲文集》卷7《故奉天翊卫推诚宣力武臣特进荣禄大夫柱国昌平侯追封颖郭公谥武襄杨公神道碑铭》,《续修四库全书》集部第1327册,上海:上海古籍出版社,2002年,第537页。

③ 《明英宗实录》卷208《废帝郕戾王附录第二十六》,"景泰二年九月戊申"条。

明代文官恤典中的祠祀

恤典是中国古代国家对已故官员及家属进行的褒奖和抚恤，包括赐祭葬、祠祀、荫子入监、赐给谥号等。祠祀是恤典中非常重要的一项内容，明人曾说："恤典以谥、祠为重。祭、葬，特常格耳。"① 祠祀包括两项内容：修建祠宇，并定期举行祭祀活动。

恤典是一套复杂的体系，名目繁多，涉及文武。为了防止出现挂一漏万的问题，本文主要讨论明代文官的恤典祠祀问题，从明代文官恤典祠祀的一般概况入手，探究明代国家如何运用行政力量为已故文官构建身后的荣耀，如何激励在世官员，以及如何通过定期的祠祀向广大民众推广忠义教化。

一、明代文官恤典祠祀概况

由于祠祀在恤典体系中的重要地位，有明一代能够获得恤典祠祀的文官皆是于国于民有大功德者。大致可分为四类：有功于国的重臣、忠义殉国的烈士、施惠于民的地方官以及发扬儒学的大儒。

刘基辅佐明太祖成就帝业，朝廷嘉其开国辅弼之功，生予御史中丞之职，封诚意伯之爵，死后为其建祠奉祀，甚至入祀太庙。天顺二年（1458），"命浙江处州府建故开国翊运守正文臣资善大夫护军诚意伯刘基祠堂"②。嘉靖时，朝廷增刘基于太庙功臣配享之列。③ 明代内阁"三杨"杨荣、杨溥、

---

① 《明神宗实录》卷 414"万历三十三年冬十月己未"条。《明熹宗实录》卷 42"天启三年十二月庚戌"条。
② 《明英宗实录》卷 289"天顺二年三月癸丑"条。
③ 申时行等：万历《明会典》卷 86《庙祀一》，北京：中华书局，1989 年，第 499 页。

杨士奇对于稳固政局贡献尤多,三人死后分别得到恤典祠祀。成化三年(1467),杨荣过世二十七年之后,朝廷批准修建祠宇,"以废仓址建今祠,有司祭之"①。弘治十一年(1498),"命立祠祀故少保礼部尚书兼武英殿大学士杨溥于湖广石首县,从知县李鸿请也"②。弘治十二年(1499),朝廷为杨士奇修建祠宇,春秋祭祀。嘉靖三十二年(1544),又赐祠额曰褒功以及春秋祭文,同时下令地方官重新修缮祠宇③。

明代因忠义殉国而获得恤典祠祀的第一位文官,是洪武年间的岐宁卫经历熊鼎。洪武九年(1376),朝廷召熊鼎回京复命,途中遇到西戎叛乱,"鼎以大义切责之,遂与赵成及知事杜寅俱被害。上闻而悼惜之,遣使葬之于黄羊川,立祠致祭,仍以所食禄米给其家"④。嘉靖中期以来,倭患猖獗,许多沿海地方官员牺牲在抗倭御倭的第一线,朝廷为褒奖其尽忠职守,力保一方安宁,特赐恤典祠祀。常熟县知县王铁及乡宦钱泮率领耆民家丁追贼,不幸中伏亡殁,"巡按御史金浙上其事,上悯二臣死事,……立祠死所,有司岁时享祭"⑤。倭寇进犯两浙,温州府同知黄钏战死于绍兴桐山,皇帝下令褒奖,在亡殁之地建祠奉祀。⑥ 明末西南土司奢崇明叛乱,原任安定县知县董尽伦率军支援重庆府,孤军深入,中伏而亡。朝廷下令"行四川建祠致祭",特赐恤食。⑦ 不但有战死殉国者得恤典祠祀,亦有捍卫道义而忠谏殉国者得以享受朝廷建祠奉祀。嘉靖时,谏官杨继盛直言进谏,触怒了宰辅严嵩和明世宗,被捕入狱惨死。隆庆初年,"穆宗立,恤直谏诸臣,以继盛为首,……又从御史郝杰言,建祠保定,名旌忠"⑧。

---

① 嘉靖《建宁府志》卷11《祀典·国朝·赠太师杨文敏公祠》,《天一阁藏明代方志选刊续编》第27册,上海:上海书店,1990年,第671页。
② 《明孝宗实录》卷145"弘治十一年十二月甲寅"条。
③ 《明孝宗实录》卷148"弘治十二年三月癸未"条。《明世宗实录》卷395,嘉靖三十二年三月癸巳。乾隆《江西通志》卷108《祠庙·吉安府·褒功祠》,《文渊阁四库全书》史部第516册,台北:台湾商务印书馆,1986年,第582页。
④ 《明太祖实录》卷106"洪武九年五月戊申"条。
⑤ 《明世宗实录》卷422"嘉靖三十四年六月丙子"条。
⑥ 《明世宗实录》卷437"嘉靖三十五年七月己未"条。
⑦ 《明熹宗实录》卷26"天启二年九月丙辰"条。
⑧ 《明史》卷209《杨继盛传》,北京:中华书局,1974年,第5542页。

小事件中的大历史——金元明清史杂谈

洪武年间龙阳县水患频仍,逋赋数十万,民众苦不堪言,而典史青文胜赴南京为民请命却不得回应,"击登闻鼓以进,遂自经于鼓下,帝闻大惊,悯其为民杀身,诏宽龙阳租二万四千余石,定为额"。当地人感怀其爱民之心,为其建祠奉祀。万历十四年(1586),朝廷下诏赐祠额曰惠烈,命地方官春秋致祭再行嘉奖。① 万历初年,工部尚书朱衡治理黄河有功,民众感念其恩建祠奉祀,万历十八年(1590),"都御史潘季驯请加修葺,改为敕建祠宇,从之"②。万历三十三年(1605),巡抚江西兵部右侍郎兼右佥都御史夏良心死于任上,江西民众感念其安抚惠民之德,陈请于江西巡按徐元正,"徐元正以恤典请,并述士民之意,乞准建祠赐额。诏赠兵部尚书,予全葬,祭有加等,祠名褒德"③。

天顺朝礼部左侍郎兼翰林院学士薛瑄,是明代为数不多可以从祀孔庙的本朝大儒,"隆庆五年(1571),以本朝薛瑄从祀,万历十二年(1584),以本朝王守仁、陈献章、胡居仁从祀"④。弘治九年(1496),明孝宗应臣下之请,特赐薛瑄祠额曰正学。"薛瑄以性理之学,继宋诸儒后,实我朝名儒,卿等奏欲建祠秩祀,并刊行文集,悉准行,其祠额特名正学。"⑤ 同样能够以身作则,践行儒学忠孝之义的嘉靖朝大学士刘珝,死后也获得了朝廷恩赐祠祀,"皇上锡号曰昭贤,命有司岁祭"⑥。

由上观之,明代能够获得恤典祠祀者不独在朝重臣,也有基层官员。朝廷为已故文官建祠奉祀,主要参考的是其功业、品德。其他恤典内容如赠官、赐谥属于一次性荣誉,荫子、赐丧葬费是给予死者家属的小范围恩赏,而祠祀则不同,它通过一个长时段的祭祀活动向更多的人传达死者不世的功业、崇高的品德以及朝廷对于死者的重视和报偿,具有相当的开放性和连续性。

---

① 《明史》卷140《青文胜传》,北京:中华书局,1974年,第4010—4011页。
② 《明神宗实录》卷230"万历十八年十二月壬申"条。
③ 《明神宗实录》卷406"万历三十三年二月戊午"条。
④ 申时行等:万历《明会典》卷91《群祀一·先师孔子》,北京:中华书局,1989年,第521页。
⑤ 《明孝宗实录》卷120"弘治九年十二月己卯"条。
⑥ 崔铣:《洹词》卷5《休集·昭贤祠记》,《文渊阁四库全书》集部第1267册,台北:台湾商务印书馆,1986年,第487页。

二、恤典祠祀的题请、审批流程

恤典祠祀从题请、审批到最终执行需要官员家属、地方官、礼部、吏部、兵部等多人、多部门协同运作，由皇帝下旨允准，然后才能下发地方予以落实。为保证恤典祠祀的尊崇地位，明代建立起一整套烦琐而严谨的审核制度，以求所奉祀的官员"无滥歆俎豆者"①。

题请阶段，死者家属或同僚向朝廷上奏申请恤典祠祀。恤典祠祀是整个恤典体系中的一部分，所以在为已故文官题请恤典祠祀时，往往连同其他恤典内容一并申请。如嘉靖时，巡抚河南都御史杨宜、巡按浙江监察御史王本固分别为讨贼殉节的河南归德府检校董纶、浙江台州府知事武暐题请赠官、荫子、祠祀。② 也存在专门题请祠祀的情况，如都察院右佥都御史张景贤巡抚应天等地时，应当地民众之请，为本地已故大学士顾鼎臣申请恤典祠祀③。地方官为任职于本地或本地籍贯的官员申请祠祀，除奏疏外，还要附带一份勘语。万历年间，浙江金华府兰溪县知县庄起元应本县缙绅、学子之请，为本县当朝乡贤已故少傅兼太子太傅吏部尚书建极殿大学士赵志皋题请祠祀，撰写勘语，然后上报府、布政司以至于巡抚案前。勘语中详列赵志皋的履历、功业以及乡人和知县本人评价，作为上级部门审核的一手资料，④ 连同请祠疏上报礼部。

朝廷对于建祠奉祀并没有品级规定，只看上报材料所称的功业、德行能

---

① 嵇璜、曹仁虎等:《钦定续文献通考》卷85《群庙考》,《文渊阁四库全书》史部第628册,台北:台湾商务印书馆,1986年,第378页。

② 欧阳德:《欧阳南野先生文集》卷15《奏疏·恤典·董纶陈闻诗建祠》,《四库全书存目丛书》集部第80册,济南:齐鲁书社,1995年,第581页。徐学谟:《徐氏海隅集》卷1《题阵亡知事武暐立祠疏》,《四库全书存目丛书》集部第125册,济南:齐鲁书社,1995年,第234—235页。

③ 徐学谟:《徐氏海隅集》卷2《题专祀辅臣顾鼎臣疏》,《四库全书存目丛书》集部第125册,济南:齐鲁书社,1995年,目的246—247页。

④ 庄起元:《漆园卮言·政部·推荐类·赵文懿相公专祠勘语》,《四库全书存目丛书》集部第184册,济南:齐鲁书社,1995年,第632页。

否展现出死者的忠义大节，礼部在审核资料时评语多是"有功于民，以死勤事，允合祀典"①。上文提及的顾鼎臣即属于有功于民者，居乡期间号召乡民修建城池，成功抵御了倭寇入侵，民众深受其德。在明人申请恤典祠祀的相关论述中，"以死勤事"多指因抵御盗贼、外敌或征剿匪寇而殉节身死，战殁于疆场之上，如黄钏、董尽伦。虽然在任亡故也应属于广义的"以死勤事"，但就死亡带来的冲击力和震撼性而言，战死沙场者更易获得恤典祠祀。所以，在审核阶段，礼部通常比照见行事例，拟定初步的处理意见。如处理台州府知事武晖的建祠事宜就参考先前浙江绍兴府知事何常明的事例，比照前例给予相同待遇。②在汇总所有各部门资料及处理意见后，礼部拟定最终的建祠奉祀申请，上呈皇帝批阅。皇帝下旨允准之后，恤典祠祀方能转入执行阶段。

三、恤典祠宇的修建与维护

朝廷通过祠祀，赐予了已故文官无上的荣耀，令其永享恤食。但是，恩典从诏书变成实际的建筑和定期的祭祀活动需要国家力量介入。由于恤典祠宇不像官员的坟墓可以按照官品而分等级修建，在具体的修建过程和维护中不得不借鉴其他类型的祠庙规制和祭祀规定。

（一）祠宇的修建

修建祠宇要面临许多问题，首先是筹措资金、备办物料以及征调人工，其次是祠宇规制，最后是祭祀的仪式、频次以及祭品数量。这些内容在公文中均有不同程度提及，以嘉靖年间为河南归德府检校董纶建祠事宜为例，"备行河南抚按衙门转行该府动支无碍官钱建立祠宇，岁时并祭，其合用羊豕品物，俱令该府出办，就遣掌印官行礼"③。朝廷并不直接提供修建祠宇所

---

① 张昇：《张文僖公文集》卷6《敕赐武勇祠记》，《四库全书存目丛书》集部第39册，济南：齐鲁书社，1995年，第600页。

② 徐学谟：《徐氏海隅集》卷1《题阵亡知事武晖立祠疏》，《四库全书存目丛书》集部第125册，济南：齐鲁书社，1995年，第234—235页。《明世宗实录》卷431，嘉靖三十五年正月丁亥。

③ 欧阳德：《欧阳南野先生文集》卷15《奏疏·恤典·董纶陈闻诗建祠》，《四库全书存目丛书》集部第80册，济南：齐鲁书社，1995年，第581页。

需资金，只下发公文命当地政府自行筹措，但是修建祠宇属于临时派发的任务，而地方上"钱粮各有正项，库藏类属空虚，无碍官银何从取给"①？所以，正项钱粮之外的赃罚银、没官银以及富户、士绅、普通民众的捐款就成为填补资金缺口的重要经济来源。鉴于朝廷公文中明确指出，"动支无碍官钱"，为筹措资金，必须清查本地钱款，赃罚银等正项钱粮之外的官府进项均属可以动支的范畴。隆庆时，保定府容城县要为忠谏而死的杨继盛修建旌忠祠，保定府特拨库银一百二十两予以资助，明确指出此为可以支用的政府额外收入。②若有本地富商、缙绅、民众愿意捐款出力兴修，则会大大减轻地方政府的财政压力。天顺朝监察御史伍骥率兵御贼保民，病故于福建上杭县，县民郭明德等感念其恩德，自备财物，创立祠宇，③"军民哀之如父母，旦夕临者数千人，争出财立祠"④。在朝廷下旨为杨继盛在保定府修建旌忠祠之前，商人白受采等曾表示愿意捐赀在京师为其修建祠宇。⑤

资金筹措完毕之后，祠宇占地便亟待解决。天顺五年（1461），新任知府刘钺为修建杨荣的祠宇积极奔走，获得了监察御史伍体训的支持，首先解决建祠的用地问题。"予（指刘钺）素相其居之东有废廪间地一区，可以建祠，顾不敢私与，必合上司公议，而后可与，具可以实对，伍君然之。景通（指杨荣嫡孙杨泰，字景通）即日令男晔具承佃状白于府，府以达按治，御史下于府，府下于县，委吏核实其地，果空间，即许之。景通乃请诸朝，允之"。单单一项用地就需要县、府、布政司、监察御史层层上报，逐级复核方可允准。当得到朝廷允许建祠的指令文书之后，开始破土动工，三月兴工，六月落成。⑥同

---

① 《明神宗实录》卷121"万历十年二月甲寅"条。
② 杨继盛：《杨忠愍集》卷4《敕赐旌忠祠》，《文渊阁四库全书》集部第1278册，台北：台湾商务印书馆，1986年，第694页；卷4《敕赐旌忠祠碑》，第697页。
③ 《明宪宗实录》卷137"成化十一年正月壬申"条。
④ 张廷玉等：《明史》卷165《伍骥传》，北京：中华书局，1974年，第4471页。
⑤ 杨继盛：《杨忠愍集》卷4《敕赐旌忠祠》，《文渊阁四库全书》集部第1278册，台北：台湾商务印书馆，1986年，第694页。
⑥ 嘉靖《建宁府志》卷11《祀典·国朝·赠太师杨文敏公祠·知府刘钺〈太师杨文敏公祠堂记〉》，《天一阁藏明代方志选刊》第27册，上海：上海古籍书店，1961—1966年，第671—674页。

样，嘉靖朝为修建顾鼎臣的祠宇时，顾鼎臣之孙顾谦亨上奏表示，"臣有空地一取，合自营建，不敢冒用公役，贻累桑梓"①。建祠所需物料只需动用资金购买即可，当然，优质石料也需前往外地采买，以求垂诸久远，"石之足以垂久者，莫良于吴产"②。

在资金、物料、占地诸问题都得以顺利解决之后，便可破土动工了。兴建过程中尽量选在农闲时节，减少扰民之举。以嘉靖年间南昌府重新修建旌忠祠为例，此祠奉祀死节于正德朝宁王之乱的巡抚都御史孙燧和江西按察司副使许逵。都御史盛应期指挥有方，"乃委南昌府同知刘守愚率县丞彭龄董其役，经始于嘉靖癸未秋九月，迄甲申春二月而落成矣。……凡木石工役之费皆出自官帑，于民无秋毫之扰，经画调度，纤悉毕举，皆盛公所指授也"③。

恤典祠宇的规制参考了品官家庙、宗祠和部分神祠，大致包括正堂三楹，中间奉祠主之像，两旁或有厅有堂，以围墙划定空间，有条件者植以花草，修建小路等等，威严之中，不乏雅致。④ 弘治四年（1491），建宁府知府刘珝为已故建宁府知府张瑛重修祠宇，"适得公遗像，遂命工肖而塑之，择吉奉于中堂，祀以少牢，而妥厥灵焉"⑤。万历时为于谦在京师修祠奉祀，"于少保忠肃祠，在崇文门内东裱背巷，公故赐宅也。祠三楹，祀少保兵部尚书于谦，塑公像危坐，岁春秋遣太常等官致祭"⑥。鉴于品官家庙、宗祠与

---

① 光绪《苏州府志》卷38《舆地志·坛庙祠宇三·崑山县·附已废坛庙祠宇·崇功祠》，《中国方志丛书·华中地方》第5册，台北：成文出版社，1968年，第1116页。

② 程敏政：《篁墩文集》卷51《大祥告文》，《文渊阁四库全书》集部第1253册，台北：台湾商务印书馆，1986年，第221页。

③ 谢迁：《归田稿》卷2《旌忠祠记》，《文渊阁四库全书》集部1256册，台北：台湾商务印书馆，1986年，第17—19页。

④ 嘉靖《江西通志》卷1《藩省·祠庙·旌忠祠》，《四库全书存目丛书》史部第182册，济南：齐鲁书社，1995年，第27页。吴宽：《家藏集》卷34《胡忠简公祠记》，《文渊阁四库全书》集部第1255册，台北：台湾商务印书馆，1986年，第277页。王祎：《王忠文集》卷10《东阳县新建文昌祠记》，《文渊阁四库全书》集部第1226册，台北：台湾商务印书馆，1986年，第222页。

⑤ 嘉靖《建宁府志》卷11《祀典·国朝·赠按察使张公祠》，《天一阁藏明代方志选刊》第27册，上海：上海古籍书店，1961—1966年，第676页。

⑥ 孙承泽著，王剑英点校：《春明梦余录》卷22《于少保忠肃祠》，北京：北京古籍出版社，1992年，第324页。

神祠等规制基本相同，所以出现了以原有的宗祠、神祠以及其他宗教建筑作为恤典祠宇基址乃至直接换像改为恤典祠宇的情况。供奉张瑛的祠宇，"在府城紫芝上坊，以旧毁明教堂改建"①。赵志皋的恤典祠宇就是申请将家庙直接归入祀典。"现有家祠，不烦官帑，倘沾特典，庶慰舆情。"②昆山知县杨名父为修建已故吏部左侍郎叶盛的祠宇，值皇帝颁诏撤天下私建佛庐之时，将本地应撤佛庐毁其像而改作叶盛的祠宇，岁时率僚属师生拜而祀之。③而南昌府最初的旌忠祠是利用旧有土神庙所建，"旧有土神庙一区，父老撤去土神位，奉二公祀之，号曰全大节祠，以时谒祷"④。

（二）祠宇的维护

祠宇建成后，其日常维护需要官民共同努力，方可使祠祀香火不绝。因恤典祠祀的官方背景，政府要提供源源不断的经济支持，如果不能从国库或地方府库直接拨付相应款项，则国家要提前为祠宇置办一定数额的产业，以所生之利润来支付相应开销。

通常情况下，产业以田地为主。万历时，朝廷特赐祭田给供奉夏良心的褒德祠，"褒德祠，在南浦驿南香巷，祀巡抚江西都御史夏公良心……有特赐祭田"⑤。杭州府供奉王守仁的勋贤祠，"原多置祠田，作经久计，至是门人萧廪适巡抚两浙，复有助费，除造祠外，共置祠田二百余亩，皆勒石载志"⑥。洪武时刑部尚书吴云死节云南，后朝廷下诏允其子吴黼送遗体归葬于江夏金口镇，行至应山县井子铺而不能进，于是葬于此处。"嘉靖元年，黼

---

① 嘉靖《建宁府志》卷11《祀典·国朝·赠按察使张公祠》，《天一阁藏明代方志选刊》第27册，上海：上海古籍书店，1961—1966年，第674—678页。
② 庄起元：《漆园卮言·政部·推荐类·赵文懿相公专祠勘语》，《四库全书存目丛书》集部第184册，济南：齐鲁书社，1996年，第632页。
③ 吴宽：《家藏集》卷36《叶文庄公祠记》，《文渊阁四库全书》集部第1255册，台北：台湾商务印书馆，1986年，第300页。
④ 谢迁：《归田稿》卷2《旌忠祠记》，《文渊阁四库全书》集部1256册，台北：台湾商务印书馆，1986年，第18页。
⑤ 陈弘绪：《江城名迹》卷3《证今一·褒德祠》，《文渊阁四库全书》史部第588册，台北：台湾商务印书馆，1986年，第365页。
⑥ 毛奇龄：《西河集》卷8《请定勋贤祠产典守公议（绍兴府合府乡绅会稿）》，《文渊阁四库全书》集部第1320册，台北：台湾商务印书馆，1986年，第58页。

小事件中的大历史——金元明清史杂谈

之孙凤翔来省,白于官,为立碣石,建飨廊,并以官田十有五亩为祭田。凤翔复贸居民何伦之田三十余亩以益之,令伦守墓且佃之田,而岁入其租以供祭需,及理葺之费"。后朝廷将其祭祀归于官方祀典,"祭以清明,县官主之,牲醴品物,取给于租,不支官物"①。在墓室旁立碣石、建飨廊,实际上是新建了一个祠宇,符合在墓旁立祠的传统。明仁宗追念少詹事邹济、左春坊左赞善徐善述,"命有司立祠墓侧,岁以春秋祭之"②。"仍敕有司营建享堂,设置坟户,岁时致祭,著为常典。"③ 以上事例表明,官府和民间都在以置办田产收取租税的方式来为祠宇提供持续的经济支持。

为祠宇设置负责人员也是祠宇维护的重要事项,上文提及吴云祠宇由居民何伦负责。伍骥褒忠祠修于弘治三年(1490),为使祭祀得以长久,官民共同筹措钱财买田以供祭祀。"知事周琛修祠,乃谋于众,必得田数十亩以奉祠事,庶可经久。时寮属及义士闻命感激,各出白金共买邑民张矗等田,择民人林稳为祝户,俾岁收田租赡其家,专一奉祠,随时修葺。"④ 杭州供奉王守仁的勋贤祠因其由原来的天真书院改建,所以保留讲学迎宾之风。"大抵祠中置守祠僧一人,或合徒仆不过三人,立主教生一人,使之讲学,而主接四方来游之宾客,且可授徒其中,然身不过一人,而以典祠校官领之。典祠校官者,钱塘学斋之训导师也,明代学斋不一,师或推在官一人,借名典祠,虽身不居祠,而管领祠事。"⑤

恤典祠祀最重要的活动就是每年定期举行的祭祀,祭祀时间、频次、祭品数量皆有严格的规定。"岳文肃公正祠在文庙东,嘉靖十年敕建,春秋二

---

① 嘉靖《应山县志》卷上《丘墓·吴云墓》,《天一阁藏明代方志选刊》第55册,上海:上海古籍书店,1961—1966年,第80页。
② 《明仁宗实录》卷10"洪熙元年正月丙子"条。
③ 乾隆《浙江通志》卷235《陵墓一·杭州府·余杭县·明少詹事谥文敏邹济墓》,《文渊阁四库全书》史部第525册,台北:台湾商务印书馆,1986年,第375页。
④ 嘉靖《汀州府志》卷9《祠庙·上杭县·褒忠祠》,《天一阁藏明代方志选刊续编》第39册,上海:上海书店,1990年,第462—463页。
⑤ 毛奇龄:《西河集》卷8《请定勋贤祠产典守公议(绍兴府合府乡绅会稿)》,《文渊阁四库全书》集部第1320册,台北:台湾商务印书馆,1986年,第58—59页。

仲月上丁以少牢致祭。"① 少牢是此类祠祀的最高标准,"凡祭用少牢,羊一,豕一"。有时附带果蔬和酒,"果蔬各十,酒如其神之数"。多人合祀之祠,酒的供奉相应增多。② 具体日期也有差别。地处京畿且列入国家祀典的恤典祠祀,由太常寺等部门主持。如姚广孝的祠宇,"岁春秋二仲,先十日,太常寺题遣本寺堂上官行礼"③。地方政府也会以祠主诞辰或亡殁之日作为祭祀日期,将春秋二祭改为诞、殁一祭。嘉靖时汀州府官员在忠爱祠祭祀故推官王得仁,"岁以五月初二日,有司致祭,侯生辰也"④。而明宪宗命令云南地方官对死节云南的王祎"有司岁于死事之日祭之"⑤。祠宇祭祀的频次也有严格的规定,不可因私情而擅自违反。洪熙元年(1425),明仁宗感念永乐朝身为皇太子时,故詹事府少詹事邹济、左春坊左赞善徐善述等人辅佐有功,却冤死狱中,如今自己荣登大宝,要为他们平反昭雪,赠官、赐谥,且欲立祠于坟墓之侧,春夏秋冬四时祭祀。⑥ 皇帝出于个人情感对东宫旧属特别恩赐本属常事,但最后一项恩赐引发了争议。大学士杨士奇认为,四时祭祀专属于天子宗庙,其他如社稷、孔子的祭祀也不过春秋二祭,皇帝不能用对待先祖的礼仪对待臣下,"礼贵得中,朝廷惟宗庙以四时享,社稷、孔子皆春秋二祀,济等虽有旧劳,不得过社稷、孔子,而与宗庙等"。明仁宗感悟,承认自己因念旧劳而忘规矩,命礼部改赐春秋二祭。后人评价杨士奇诤言持

---

① 于敏中等:《钦定日下旧闻考》卷110《京畿·通州三》,北京:北京古籍出版社,2001年,第1830页。

② 嘉靖《吴邑志》卷6《境内坛庙祠宇·群祀六·国朝夏周二公祠》,见《四库全书存目丛书》史部第181册,济南:齐鲁书社,1995年,第320页。对于恤典祠宇的祭品供奉规格要参考本地乡贤祠,不可逾越。"凡祭各用豕一,果蔬酒并同前(指乡贤祠祭品)。"嘉靖《永丰县志》卷3《祀典·永丰县·忠节祠》,见《天一阁藏明代方志选刊》第39册,上海:上海古籍书店,1961—1966年,第146页;卷3《祀典·永丰县·乡贤祠》,149页。

③ 万历《顺天府志》卷4《政事志·祠典·敕祭姚少师》,《四库全书存目丛书》史部第208册,济南:齐鲁书社,1995年,第190页。

④ 嘉靖《汀州府志》卷18《祠翰·序·汀州府·忠爱祠序》,见《天一阁藏明代方志选刊续编》第40册,上海:上海书店,1990年,第475页。

⑤ 《明宪宗实录》卷229"成化十八年七月甲申"条。

⑥ 《明仁宗实录》卷10"洪熙元年正月丙子"条。

礼，匡正主失。①

祠宇难免破损，需要日常维护、修葺甚至是重建，以确保国家恩礼不坠。以杭州府钱塘县供奉于谦的旌功祠为例。"弘治三年（1490），训导储衍、礼科给事中孙孺、谦子府尹冕先后陈情，命下建祠墓所，赐额。汀州知府海宁张宁为记。嘉靖十六年（1537），巡按御史周汝员属钱塘知县李念新之嗣是，而巡按御史傅凤翔、阁邻王绅、巡盐御史高对相继协修，提学副使南昌张鏊为记。"② 嘉靖三十九年（1560），鉴于祠宇又变残破，总督胡宗宪特批专款拨付地方予以维修，但因工程较大，银两不敷使用，还拖欠工料银近二百两，以致九年之后，"日复坍损"③，不得不重建。

四、恤典祠祀与国家礼教

恤典祠祀是恤典的一部分，褒奖死者、激励生者是其基本功能。国家希望通过赐予已故官员世代血食的祠宇，褒奖其生前功业，赞扬其崇高品德，激励在世官员效仿前人，继续忠君报国，恪尽职守。"古今忠义之臣，能为国家建大议、决大事而成非常之功者，生则有旌擢之恩，没则有褒恤之典，非特酬其一时之功，实以为后来人臣之劝也。"④ 没有官员生前的功业，就不存在国家给予的身后荣恩。天顺朝讨论为刘基修建祠宇时，姚夔表示，"如先生者，虽百世祀可也，况祠堂乎？是宜我皇上特垂意于斯，岂惟昭崇德报功之礼，又将兴起其子孙，俾得以贤其贤而亲其亲，可谓仁之至、义之尽也欤"⑤！国

---

① 杨士奇：《东里别集》卷2《圣谕录上》，《文渊阁四库全书》集部第1239册，台北：台湾商务印书馆，1986年，第635页。黄佐：《翰林记》卷8《诤得失》，《文渊阁四库全书》史部第596册，台北：台湾商务印书馆，1986年，第947页。

② 张濬万：《于公祠墓录》卷1《祠墓·旌功祠》，《武林掌故丛编》第32集，北京：京华书局，1967年，第39页。

③ 王世贞：《弇州四部稿》卷109《公移·议处于肃愍公谥号后裔修葺祠墓稿》，《文渊阁四库全书》集部第1280册，台北：台湾商务印书馆，1986年，第728页。

④ 《明孝宗实录》卷33"弘治二年十二月辛卯"条。

⑤ 姚夔：《姚文敏公遗稿》卷7《敕建诚意伯祠堂记》，《四库全书存目丛书》集部第34册，济南：齐鲁书社，1995年，第529页。

家希望通过壮丽的祠宇和庄严、隆重的祭祀仪式向民众传达的也是朝廷崇德报功之举,以最直观的方式宣讲官员践行忠义之凛凛大节以及能够得到的国家级报偿。由于官方祀典具有的权威性和稳定性,使得许多地方官倾向于申请将本地恤典祠祀入列官方祀典,享受无上的国家荣耀。成化十八年(1482),巡抚云南右副都御史吴诚表示"不载祀典,于礼为阙"①。建宁府知府刘钺公开表示,如不能将前任知府张瑛祠祀列入祀典,则属于自己为官失职。"安成刘侯来为知府,叹曰:'此于礼合,在祀典顾缺而不举,责其在我。'乃具为奉,事下所司,覆验得实。"②从经济利益出发,恤典祠祀如果列入官方祀典,可以获得中央政府或地方政府持续不断的行政庇护和钱物支持,祠祀亦能长久发展。不入官方祀典,则每年的开销不属于正项开支,难免捉襟见肘,有时甚至要妨害民生。如地方官曾经商议如何应对嘉靖名臣席书祠宇的祭祀开销,"允议编徭办祀需"③。建宁县指出本地诸祠庙祭仪开支费用不赀,"恐非经久之计,今入杂办纲银"④。一旦列入官方祀典,拥有了专项的钱款,财物短缺的情况便能得到扭转,各项祭祀仪式也可顺利进行。

另外,国家批准祠主的后人和部分民众参与到恤典祠宇的经营之中,获得一定的经济收益,也是一种彰显国家恩典、宣传国家礼教的方式。汀州忠爱祠供奉因保境安民而病故的推官王得仁,"有田以给守者……官田一十二亩,该米一石八斗六升,在张陂,佃人郑迪吉耕种,民田四十一亩二分,该米二石八升,坐落六处,地名大铺。上等四处,系佃人傅惟金、张文凤、颜时珦承种二处,金斗山口竹排坑等处,本祠道人自耕"⑤。杭州勋贤祠供奉明代著名政治家王守仁,名下田土二百亩,为多位租佃者提供衣食。同时在推

---

① 《明宪宗实录》卷229"成化十八年七月甲申"条。
② 嘉靖《建宁府志》卷11《祀典·国朝·赠按察使张公祠》,《天一阁藏明代方志选刊》第27册,上海:上海古籍书店,1961—1966年,第676页。
③ 胡直:《衡庐精舍藏稿》卷21《席文襄公祠堂碑》,《文渊阁四库全书》集部第1287册,台北:台湾商务印书馆,1986年,第495页。
④ 嘉靖《建宁县志》卷4《祀典志·国朝巡检许缙祠》,《天一阁藏明代方志选刊续编》第38册,上海:上海书店,1990年,第581—582页。
⑤ 嘉靖《汀州府志》卷9《祠庙·府城内·忠爱祠》,《天一阁藏明代方志选刊续编》39册,上海:上海书店,1990年,第452—453页。

小事件中的大历史——金元明清史杂谈

广教化方面贡献颇多,"祠事之方盛也,有典祠之官,有守祠之僧,有主教之人,有四方来学之贤士大夫"①。

国家将恤典祠祀定位为一项慰死劝生的国恩,而且祠宇也是一个向民众宣讲忠义的场所。上节提及明代虽有大量的文官恤典祠祀,但多数祠宇在短时间内即走向衰落,失去了官方力量支持的祠宇甚至最后陷于荒废。那么,这是否证明了明代文官恤典祠祀政策是失败的呢?答案是否定的,因为国家在批准修建恤典祠宇和举行祭祀活动之时,最初的目的已然达到。死者得到了褒奖和安慰,虽然有些建祠奉祀的指令只存在于诏书和公文之中尚未来得及落实,②但是当时确实表达了国家对于死者品行、功业的认可,足以慰藉已故之人的家属,也激励鼓舞了在世的文官见贤思齐之心。前人功业德行以及朝廷恩典也成为后世参考的重要依据。后人在为恪尽职守,以身殉国诸臣题请恤典祠祀之时,特别强调亡者德行堪得祠祀,永享血食。景泰元年(1450),都察院右佥都御史杨信民招抚南海盗贼,确保广东一方安宁,死于任上。"广东耆民相率赴京乞立祠祀之。"③后归于官方祀典,每年以其忌日三月十二日令地方官致祭,仪式等同于本地名宦。④成化元年(1465),福建汀州府奏:"本府故推官王得仁,当邓茂七作乱时,奋力杀贼,卒于行营,民心思慕,久而不忘,请顺民心作祠宇,以昭报祀。事下,礼部亦以为合祭

---

① 毛奇龄:《西河集》卷 8《请定勋贤祠产典守公议(绍兴府合府乡绅会稿)》,《文渊阁四库全书》集部第 1320 册,台北:台湾商务印书馆,1986 年,第 58—63 页。明清易代之后,佃户与冒充王守仁直系后人的田主私相授受,瓜分田产,"祠中田产,半被侵占",而祠祀却不见举行,以致引起王守仁直系后人王先遴诉讼于杭州官府。地方官"审定典守,且为召佃收租,立一经久不坏之良法,永传碑碣,勋贤幸甚,名教幸甚"。

② 如明初岐宁卫经历熊鼎恤典祠宇其实并未如《明太祖实录》和《明史》中记载的那样,在其殉节之处建祠奉祀。参考同时代翰林学士宋濂为其撰写的墓志铭,文中并未提及建祠奉祀一事,熊鼎亡殁后数日,"乱兵就擒,获君所佩囊中公牍,始知君卒,迹其骸骨葬于某地。西凉卫以闻,上感悼,遣使吊祭,命临川恤其家。"宋濂:《文宪集》卷 19《故岐宁卫经历熊府君墓铭》,《文渊阁四库全书》集部第 1224 册,台北:台湾商务印书馆,1986 年,第 153 页。

③ 《明英宗实录》卷 190《废帝郕戾王附录第八》,"景泰元年三月乙卯"条。

④ 乾隆《广东通志》卷 8《礼乐志·杨信民谥恭惠祠》,《文渊阁四库全书》史部第 562 册,台北:台湾商务印书馆,1986 年,第 345 页。

法'以死勤事'之义,宜如广东杨信民故事,俾有司立祠致祭,从之。"① 所谓"以死勤事"来源于儒家经典《礼记》,《礼记·祭法》规定了五种情况可以获得官民祭祀,享受供奉。"夫圣王之制祭祀也,法施于民则祀之,以死勤事则祀之,以劳定国则祀之,能御大灾则祀之,能捍大患则祀之。"② 凡符合上述五种情况之官员,可以获得由"圣王"制定的血食,建祠奉祀以期垂于久远。尤其在国家战事频仍之时,为褒奖"以死勤事"的官员,朝廷往往不限于其品级如何,特赐祠祀以示褒奖。嘉靖、天启、崇祯朝,有大量的基层文官在与倭寇、农民军、西南土司、辽东后金(清)军的战斗中英勇殉国,许多人得到了朝廷下令为其建祠奉祀的恩典。嘉靖时,崇明县知县唐一岑御倭而死,得建祠于县。"同时死事者多立祠,不悉载。"③ 天启时,西南土司安邦彦叛乱,贵阳府通判杨以成殉国,"礼部疏言杨以成捐躯报国,阖家死难,情事甚惨,其葬、赠、谥、荫与建祠、立坊,乞照例赐给,以慰忠魂"④。崇祯九年(1636),清兵攻破定兴县,原任太仆寺少卿鹿善继殉国,"事闻,赠善继大理卿,谥忠节,敕有司建祠"⑤。天启时长兴知县石有恒抵御农民军身死,朝廷予以厚恤。抚恤过厚甚至引起了明末清初著名史学家谈迁的不满。"长兴虽有治声,突死于盗,平昔之捍撒谓何,而赠、荫、祠、祭,得荷全典,于法溢滥矣,繁缨之惜,末季谁其人哉?"⑥ 谈迁的不满从另一个角度证明了祠祀在当时官员心目中的重要地位,而朝廷更是接连下旨批准建祠奉祀来抚慰忠魂,激劝生者。

明人认为恤典"以谥、祠为重",但赐谥与祠祀又有不同。纵观有明一

---

① 《明宪宗实录》卷13"成化元年正月乙亥"条。

② 李学勤编:《礼记注疏》卷46《祭法》,北京:北京大学出版社,2001年,第1506页。

③ 张廷玉等奉敕撰,嵇璜、刘墉等奉敕撰,纪昀等校订:《钦定续文献通考》卷85《群庙考·崇明知县唐一岑祠》,《文渊阁四库全书》史部第628册,台北:台湾商务印书馆,1986年,第376页。

④ 《崇祯长编》卷4"天启七年十二月己未"条。"己未"应为"乙未"。

⑤ 张廷玉等:《明史》卷267《鹿善继传》,北京:中华书局,1974年,第6890页。

⑥ 谈迁著,张宗祥校点:《国榷》卷86,北京:中华书局,1958年,第5238页。

代获得谥号的文官，大多数是三品及以上官员，低品级官员少有谥号荣身。①但考察明代获得恤典祠祀的官员构成，则不独高官，甚至多位基层地方官也能获得此项国恩。并不以官员品级来确定恩赏，只凭官员此时此举是否称得上有功于国、有德于民。较之赐谥恩典的相对严格，祠祀囊括了上至宰辅下到县丞、乡官的众多文官，朝廷以一种更为包容的心态对他们的功德进行褒奖。尽管也有某些官员或因轻敌冒进而中伏身亡，或囿于才干见识而为贼所杀，但若能在临死之时做到尽忠职守、身卫社稷、不辱国恩，朝廷仍会建祠奉祀以示嘉奖，激励更多的人效法其忠义之举。

五、民众对恤典祠祀的认知

民众对于文官恤典祠祀的认知既有与官方契合的一面，也有出于切身利益考量而与之背离的一面。县民郭明德等积极推动伍骥的祠宇入列祀典，"乞载诸祀典，令有司岁时致祭，以慰众情，以为人臣之劝"②。此举可视为民众认可国家宣扬忠义价值观，积极接受教化的表现。但更多时候，民众对于恤典祠祀、神祠祭祀甚至淫祠禳灾并无认识上的差别，他们既可以在韩雍、王得仁、杨信民的恤典祠宇中祈祷风调雨顺，又可以在城隍庙、龙王祠甚至供奉五通神的淫祠中祈求福祉与财运。

官方提供了一个意图宣扬忠义教化的场所，并于春秋二季或祠主诞殁之日以隆重的仪式进行实践。普通民众则不受限于时日，随时可向祠主献祭，在表达崇敬怀念之情的同时，将现实生活中无法独立解决的事情求助于冥界的祠主。或许民众最初与官方一样，感怀祠主忠义大节，但随着时间推移，祠主是否显灵成为民众前往祠宇祭拜求福的最重要的原因，③后世即使有恤

---

① 田冰：《明代官员得谥因素探析》，《郑州大学学报》2011年第5期，第115—116页。
② 《明宪宗实录》卷137"成化十一年正月壬申"条。
③ 美国学者韩森指出，"在整部中国历史中，学问僧与哲学家们辩论、诠释着经籍的含义，而多数不识字的百姓与士人求助于神祇，却是出于日常生活之需：病痛、子嗣、饥荒、蝗灾、洪水、旱魃，以及外族入侵等"。而灵验与否是他们选择继续奉祀还是别投他神的唯一标准，包伟民总结成"为灵是信"。韩森著，包伟民译：《变迁之神——南宋时期的民间信仰》，杭州：浙江人民出版社，1999年，第12页。

典祠宇香火鼎盛，免于破败，多源于其祠主时常显灵降福，并伴有当世神话与传说，祠主的忠义大节反居于末。这并不是恤典祠祀发生了异化，成为神祠或沦为淫祠，而是官方和民众出于不同的目的和理解方式，各自选择了最有利于己方的解读。如杭州府钱塘县供奉于谦的旌功祠衍生出了祈梦功能，"每秋月，杭人蠲洁于祠中，祈梦最验"①。广西梧州韩雍祠："敕下立祠梧州，至今雨旸水旱疾病灾祥，祷公祠辄应焉。"② 福建汀州王得仁祠："旱涝疫疠，禳祷多应。"③ 广东广州杨信民祠："水旱疾疫必祷焉"④。

官方认为，恤典祠宇供奉的是本朝已故人物，不是神灵，在一定程度上摒弃了神迹、当世神话与传说，力图彰显祠宇传播儒家忠义教化的目的，而神迹、神话与传说却是祠宇得以香火延续、世代供奉的重要原因。美国学者杨庆堃认为，神话和传说的出现强化了集体记忆，尽管记忆实际上已被修饰得面目全非，但对于祠主从人鬼向天神的转变起到了至关重要的作用。⑤

以于谦为例，即使难以从人鬼变为天神，但是民间退而求其次，认为于谦是宋代名臣文天祥的转世，⑥ 同样具有神性，当其感到自己的塑像破损严重时，会托梦于庠生张杰，请其代为修复。⑦ 民众一方面对于谦奉若神明，一

---

① 蒋廷锡等：《大清一统志》卷217《杭州府二·陵墓·于谦墓》，《文渊阁四库全书》史部第479册，台北：台湾商务印书馆，1986年，第33页。

② 皇甫汸：《皇甫司勋集》卷47《吴韩襄毅公碑（代吕中丞作）》，《文渊阁四库全书》集部第1275册，台北：台湾商务印书馆，1986年，第810页。

③ 嘉靖《汀州府志》卷18《祠翰·记·汀州府·忠爱祠记》，《天一阁藏明代方志选刊续编》第40册，上海：上海书店，1990年，第516页。

④ 姚之骃：《元明事类钞》卷10《官品门三·巡抚·单骑谕降》，《文渊阁四库全书》子部第884册，台北：台湾商务印书馆，1986年，第161页。

⑤ 杨庆堃著，范丽珠等译：《中国社会中的宗教——宗教的现代社会功能与其历史因素之研究》，上海：上海人民出版社，2007年，第165—166页。杨庆堃注意到广州地区对于汉代将军马援的崇拜已经从最初的尚武精神转变为拜神求福，神灵有求必应成为人们前来祭拜的最重要的原因。

⑥ 《于少保萃忠全传》描述了庠生张杰得于谦托梦，于谦自称是文天祥转世。"子不知吾，吾即文丞相再世也"。见孙高亮、怀石甫：《于少保萃忠全传》第38传《张庠生修神公像，姚盐台建忠节坊》，清道光二年翻刻明万历本。

⑦ 孙高亮、怀石甫：《于少保萃忠全传》第38传，《张庠生修神公像，姚盐台建忠节坊》，清道光二年翻刻明万历本。

小事件中的大历史——金元明清史杂谈

方面又出于自身经济利益考虑,坐视其祠宇荒废,以维修祠宇的工匠最为典型。杭州旌功祠在隆庆三年(1569)得以维修,而在此之前竟是如斯光景:

> 据委钱塘县典史袁溶查得本祠内堂三间,坍损大半,正堂三间,三角损坏,头门三门,上面坍塌,又一间半,原系估修未完,左右碑亭倒塌,周围墙垣坍倒二十五丈,后卷蓬左右厢房、小祠堂以后三司府县厅,共九间,俱各梁柱桁条川枋橼木等项朽坏,俱应脱换修饰。①

为何会呈现如此不堪的景象?直接原因在于官府拖欠工人维修费用,"以致旋修旋坏"②。工作在第一线的工匠们以谋生为要务,不能因为政府的问题而枵腹为公,不求回报,况且物料的备办也需要钱银开销,一旦缺钱,工程自然没有进展或者敷衍了事。面对这种破败的恤典祠宇和业已停止的祭祀活动,往往有怀揣忠义教化、感念祠主生前大节的新任地方官,重修祠宇、再塑金身,动用官方力量意图恢复甚至超越往日规模。以旌功祠为例,明清两代都曾经数次大力维修乃至重建。③ 虽然有心之人大力整饬祠宇,暂时令其焕然一新,但正如它曾经遭遇到的尴尬一样,官方唯一可见的大动作是一年之中或两天或一天,举行祭祀活动,实际上官方处于长时间缺位的状态。官方的缺位给了民众从自己利益角度出发去理解恤典祠祀,从而衍生出许多神迹、传说,使恤典祠祀产生变化,向神祠发展。至于部分恤典祠宇在发展演变过程中逐渐具备了神祠的功效,地方官员并非一概不知,只是希望拥有部分神祠特性的恤典祠祀仍能起到慰死劝生、教化民众的作用,这也可视作秉承儒家思想的官员在具体施政过程中的一种变通。坛庙祭神事鬼的最

---

① 王世贞:《弇州四部稿》卷109《公移·议处于肃愍公谥号后裔修葺祠墓稿》,《文渊阁四库全书》集部第1280册,台北:台湾商务印书馆,1986年,第728页。

② 王世贞:《弇州四部稿》卷109《公移·议处于肃愍公谥号后裔修葺祠墓稿》,《文渊阁四库全书》集部第1280册,台北:台湾商务印书馆,1986年,第728页。

③ 《(光绪)杭州府志》记载:"旌功祠,在三台山,祀明少保赠忠肃于谦。国朝康熙三十一年,知府李铎重建。雍正七年,总督李卫重修。乾隆十一年重修。嘉庆二十五年,杭嘉湖道林则徐重修。咸丰二年,郡人周澍等重葺缭堂。十一年,毁于寇。同治八年,郡人吴煦、濮诒孙等请款重建。"张濬万:《于公祠墓录》卷1《祠墓·旌功祠》,《武林掌故丛编》第32集,北京:京华书局,1967年,第46—47页。

终目的仍是关注现世,而非真正以鬼神为依托。

> 论曰:先王深明祭义。其坛庙之设,岂直(真)以置道能祸福人,为警动之具哉?其所以致力于民,则有政矣。取予敛散,劝董诛赏,所以与民从事,皆散于社,窍于山川,以为降。其施设出于仁义之尽,而感通动于精诚之极。玉帛之沉燎,血毛之割瘗,犹其文之所为享,而非义之所存也。①

小　结

明代文官恤典祠祀从属于整个明代礼制建设,也是礼教推广进程中的重要环节。朝廷通过为已故文官修建祠宇并保持每年的定时祭祀,甚至列入官方祀典。与赠给官职、赐予谥号等阶段性褒奖、恩赏相较,这是一种相对长期的褒奖、纪念,与恩荫直系子孙为官、赐予丧葬费等仅仅限于死者家属的小范围恩赏相比,它通过长时段、开放性、持久性的祭祀活动向更多的人传达死者不世的功业、崇高的品德以及朝廷对于死者的重视和报偿。恤典祠祀只注重功业与品德,不以死者官阶品级为硬性标准使得此类祠祀可以囊括上至宰辅下到基层官员的广泛文官群体,扩大了国家恩典的覆盖面。

由于恤典祠祀鲜明的官方特色,其兴起和发展有赖于国家力量的强势介入和长期支持,而一旦国家对此不再关注或重心转移,失去国家力量护佑的恤典祠祀非常容易衰落甚至最终破败荒废。恤典祠祀旨是在凸显国家力量的存在,祭奠奉祀死者只是一种手段,这是对于往者的一种追思,而礼仪活动的组织者和执行者才是整个礼仪的关键,着眼于生者是一切礼仪的出发点,即便是丧礼,感动生者才是礼仪的最终目的。恤典祠祀作为国家礼制建设的组成部分,其内容都要服务于国家制礼作乐所宣扬的基本价值理念,个人的优秀行为达成了国家制定和宣传正确的主流价值观、恩养士人、教育士人的结果。民众自发为死者修建的略带神祠性质的祠宇及祭祀活动更多是从赞美、崇敬死者个人的角度出发,不涉及官员背后的国家,国家将民间自发修建的祠祀纳入国家祭祀体系即是置其于国家管控之中,从而宣传和推广国家

---

① 万历《湖广总志》卷42《坛庙·论》,《四库全书存目丛书》史部第195册,济南:齐鲁书社,1995年,第321页。

的忠义教化。

　　恤典祠祀最直接的功效是对已故官员嘉奖和对在世官员激励、鼓舞，至于祠宇和祭祀活动能否做到长久延续，并达到教化民众的预期功效，并非制度制定者所能控制。尽管诸多祠宇修建之后趋于荒废，但是官员们并没有放弃对于恤典祠祀的题请，请求立祠奉祀的奏疏络绎不绝，尤其是在战争时期用以鼓舞士气，新旧政权交替之际期望稳定人心。所以，官民人等一再请求国家批准建祠奉祀或赐额以示承认，乃至归入官方祀典，首先是对于国家权威认可，其次是对于国家所宣传的忠义价值认同。这些都表明有明一代文官恤典祠祀政策在总体上还是取得了成功。

　　【基金项目】国家社会科学基金重大招标项目"中国礼制变迁与现代价值"（12&ZD134）

　　（本文与导师赵克生教授合写，原文刊发于《学术探索》2015年第1期）

明代文官丧礼辍朝制度刍议

中国古代君臣定期举行朝会，行君臣大礼并且处理政务，朝会成为一项重要的政治活动。但是如果遇到皇帝生病、天象有变、皇室成员薨逝以及重臣亡殁等突发情况，君臣往往停止朝会，此即辍朝。明代一些身份尊贵、有功于国的文官过世后，皇帝念其往昔功勋和侍奉辛劳，特地与在京臣僚共同举行历时一日的辍朝仪式，表达褒奖、赞扬之意，同时寄托哀思，这是一项重要的丧礼优待。以往研究成果对此有所涉及，如王伟的《明代的因丧辍朝》一文认为，明代辍朝主要是面向皇室成员的礼仪活动，与前代文武官员亦可得辍朝哀悼的情形相比，辍朝已逐渐演变为皇族的特权。[1] 笔者的《明代文官恤典研究》梳理了明代获得丧礼辍朝待遇的文官群体，制作了详细的数据表。[2] 另有学人进行隋唐宋金辍朝制度研究，如夏晓臻《唐代辍朝制度考述》[3]、朱振宏《隋唐辍朝制度研究》[4]、刘钟《宋朝辍朝制度研究》[5]、汤巧蕾《金代辍朝制度初探》[6]。多篇论文关注了丧礼属性的辍朝，指出此举显示了朝廷对人才、功臣的重视，而强大的中央政府以及有效的行政体系可以使辍朝的褒奖之意得以充分表达。

本文拟通过对众多文官丧礼辍朝事例梳理与分析，同时参考其他朝代辍朝制度，力图勾勒出此项制度在明代的发展状况及其顺应时代变迁所展现出

---

[1] 王伟：《明代的因丧辍朝》，《古代文明》2011年第4期。
[2] 宋继刚：《明代文官恤典研究》，东北师范大学博士学位论文，2015年。
[3] 夏晓臻：《唐代辍朝制度考述》，《陕西师大学报》1989年第3期。
[4] 朱振宏：《隋唐辍朝制度研究》，《文史》2010年第2期。
[5] 刘钟：《宋朝辍朝制度研究》，河北大学硕士学位论文，2007年。
[6] 汤巧蕾：《金代辍朝制度初探》，《东方博物》2005年第4期。

小事件中的大历史——金元明清史杂谈

的独特意涵。

一、文官丧礼辍朝概况

获得辍朝示哀的明代文官之中,既有当朝执政的宰辅枢臣,又有退休居家的元老重臣,皆是为国为君建立过大功勋之人,而他们的履历、功业亦各有精彩之处。

永乐初年,户部尚书郁新过世,明太宗率群臣为其举行辍朝仪式,① 使郁新成为明代首位获此殊荣的文官。第二位也是永乐朝名臣——太子少师姚广孝,法名道衍。太宗尚是藩王之时,道衍即供奉左右,促成了靖难之役和燕王登基。面对如此功臣旧部的离世,皇帝亲自撰写神道碑文,命君臣共同辍朝两日,② 这是明代文官丧礼辍朝时间最长的一次。

宣德时期,掌管户部诸事的太子太师郭资病故。郭资历仕五朝,尽心尽力,本以年老致仕修养,而因新帝下旨还朝主政,再管户部,寒暑不辍,卒于任上,时年73岁,"上(明宣宗)悼惜之,罢朝一日"③。正统朝,内阁重臣杨荣在靖难之时有归附之功,在洪熙、宣德、正统三朝勇于任事,官拜工部尚书,以谨身殿大学士入阁,加衔少师,以70岁高龄身故。"讣闻,上(明英宗)哀悼,辍视朝一日。"④ 景泰朝,兵部尚书仪铭出身郕王藩邸,郕王登基,旧臣受到重用,屡上直言获得嘉奖,"深见奖纳,推恩三代皆如铭官"⑤。

---

① 张廷玉:《明史》卷150《郁新传》,北京:中华书局,1974年,第4158页。
② 焦竑:《国朝献徵录》卷6《公二·追封·御制推忠报国协谋宣力文臣特进荣禄大夫上柱国公姚广孝神道碑》,《续修四库全书》史部第526册,上海:上海古籍出版社,2002年,第217—218页。
③ 杨士奇:《明宣宗实录》卷107"宣德八年十一月甲寅"条,台北:"中央研究院"历史语言研究所,1962年,第2396页。
④ 孙继宗:《明英宗实录》卷69"正统五年七月壬寅"条,台北:"中央研究院"历史语言研究所,1962年,第1331页。
⑤ 孙继宗:《明英宗实录》卷243《废帝郕戾王附录第六十一》"景泰五年七月丙寅"条,台北:"中央研究院"历史语言研究所,1962年,第5289页。

当其亡故,"上(明代宗)为嗟悼再三,辍视朝"①。成化时,历任五朝的大学士李贤去世。其执政期间敢于弹劾权臣石亨、曹吉祥的不法之事,在曹钦叛乱中不屈于淫威,明英宗称其忠勤可嘉,新皇帝亦多番任用。最终,李贤在59岁时卒于任上,"上(明宪宗)震悼,辍朝一日"②。

弘治时,留心西北边事多年且屡有军功的兵部尚书余子俊身故。"卧病公署,犹手削奏稿陈御盗弭灾之术,疏三上未得请而卒,上(明孝宗)辍视朝一日。"③嘉靖、万历两朝有多位名臣亡故,数十位文官得到辍朝示哀。最有名的就是万历首辅张居正,辅政十年,"海寓肃清,四夷詟服",国库粮米可供数年之开销,内府钱款多达四百余万两,功勋卓著。当其亡故之时,"上(明神宗)震悼,辍朝一日"④。另一位首辅王锡爵,尽管曾与明神宗在立皇太子问题上有分歧,但皇帝惜其才干仍委以重任,获悉其于家中亡故的消息后,对其人品高度评价,并辍朝一日,同时下令丧葬仪式皆从厚赐予。⑤

股肱重臣离世无论对皇帝还是整个文官行政体系而言都是重大损失,在世者亡故是直接的行政损失,而致仕在家者尤其是先朝老臣亡故在一定程度上宣告了一个过往时代的终结,留下无限的唏嘘感叹。当朝君臣回顾死者往昔的功业,以隆重而庄严的辍朝仪式表达对功臣耆旧们的尊敬与哀悼,天子的眷顾、臣僚的情谊也在君臣共同参与的仪式中得到了展现。

敲定辍朝日期之后,礼部官员要在首都的长安左、右门张贴告示宣布不

---

① 陈循:《芳洲文集》卷7《故太子太保兼兵部尚书赠特进光禄大夫左柱国太师谥忠襄仪公神道碑铭》,《四库全书存目丛书》集部第31册,济南:齐鲁书社,1995年,第223—224页。

② 刘吉:《明宪宗实录》卷37"成化二年十二月甲寅"条,台北:"中央研究院"历史语言研究所,1962年,第737页。

③ 李东阳:《明孝宗实录》卷23"弘治二年二月辛亥"条,台北:"中央研究院"历史语言研究所,1962年,第534页。

④ 顾秉谦:《明神宗实录》卷125"万历十年六月丙午"条,台北:"中央研究院"历史语言研究所,1962年,第2335页。

⑤ 王锡爵:《王文肃公全集》卷14《光禄大夫少保兼太子太保吏部尚书建极殿大学士赠太保谥文肃荆石王先生行状》,《四库全书存目丛书》集部第136册,济南:齐鲁书社,1996年,第487页。

小事件中的大历史——金元明清史杂谈

日将行辍朝礼,如此可以令官员们有所准备,① 不致因穿错服装而受到责罚。正统时期,"通政使司通政使李锡于辍朝日服绮绣,纠仪御史周文盛劾锡,上(明英宗)宥之"②。这里面牵涉了一些私人恩怨,不是本文论述的重点,但李锡在辍朝之日穿着华服确实不妥,也为怨己者提供了证据。《明会典》规定辍朝仪式当天,鼓乐设而不作,没有鸣鞭之声和仪仗,百官身穿浅淡色服装,腰带为黑角带,前往奉天门进行朝拜。③ 君臣尊卑有别,不能强求皇帝为臣僚服丧、着重孝,而个别皇帝若能身着素服以示哀悼,会带给臣僚家人无上的荣耀。永乐时期,明太宗为户部尚书郁新举行辍朝仪式,亲着素服,另予郁新一系列优待,"士大夫咸以为荣"④。按照儒家丧仪,儿子为父母之丧要先穿黑色的丧服,一段时间后改为白色的素服,最后改穿浅淡色服装。守孝三年结束,回归正常生活,可以饮酒吃肉,身着华服。明太宗能够为臣僚穿上白色的素服,向世人展现了郁新在皇帝心中的重要地位。

二、文官丧礼辍朝的特点

梳理明代文官丧礼辍朝的众多事例,可大体总结此类辍朝的如下特点。

(一)仅针对京官

获得丧礼辍朝的主体是京官,地方官不在赐予之列。京官之中亦需官至二品如六部尚书、都察院都御史者,死后方有此等待遇。三品侍郎死后得辍朝者罕见,仅有两人。⑤ 同时代的武官及勋贵若想有此待遇,也需要官至一

---

① 申时行:《明会典》卷44《礼部二·朝仪·辍朝仪》,北京:中华书局,1989年,第313页。
② 孙继宗:《明英宗实录》卷42"正统三年五月乙未"条,台北:中央研究院历史语言研究所,1962年,第2698页。
③ 申时行:《明会典》卷44《礼部二·朝仪·辍朝仪》,北京:中华书局,1989年,第313页。
④ 解缙:《清毅集》卷14《资善大夫户部尚书郁公神道碑》,《景印文渊阁四库全书》集部第1236册,台北:台湾商务印书馆,1986年,第809页。
⑤ 宋继刚:《明代文官恤典研究》,东北师范大学博士学位论文,2015年,第137—142页。

二品，爵达某国公，三品武官和侯爵一概免谈。① 以上说明，丧礼辍朝是一项针对京官、贵胄的仪式，不具备普遍意义。

文官能够官至二品、执掌朝政，本身必有非凡的功业。官员宦海浮沉多年方可由小官一步步成为当朝大员，这一过程少则二三十年，多可在四五十年，② 大半生时光耗费于此。功勋傍身是一路升迁、执掌国政的大前提，但即便如此，也并非功臣、能臣死后皆有辍朝之赐。辅国名臣夏原吉历仕三朝，执掌户部；内阁"三杨"中的杨士奇③、杨溥④为当时人杰，虽然死后皆获得了朝廷多项优待，却未享受辍朝示哀待遇。

（二）多赐予致仕者

揆诸常理，在朝官员佐天子理万机，须臾不可离，值其亡故则辍朝以示哀悼。但根据相关数据，文官中得辍朝的84人中，致仕者49位，几近六成。其中，正德一朝的辍朝全是为致仕官而举行，嘉靖、万历时期致仕官得辍朝的事例亦大量出现。⑤ 为何出现这种状况？原因在于明朝中期以后，君臣关系发生了微妙的变化，一些年长的托孤重臣、辅国股肱面对新皇帝的特立独行或者不作为，常以年老体衰为由请辞，希望以此点醒皇帝行事要合乎规矩，但是皇帝往往批准其退休申请以便真正掌握朝政。另外，君臣意见相左之时，执政大臣有时把退休离朝作为抗争手段。此风在晚明愈加强烈，李佳明⑥、吴琦⑦认为，此时的政治权责结构出现失序状况，朝廷乃至皇帝对士人群体的控制力日趋减弱，文官也以群体性的主动退休手段孤立皇帝，希

---

① 张卤：《皇明制书》，北京：书目文献出版社，1998年，第184—185页。
② 佚名：《皇明条法事类纂》，北京：科学出版社，1994年，第293页。
③ 孙继宗：《明英宗实录》卷114"正统九年三月甲子"条，台北："中央研究院"历史语言研究所，1962年，第2302页。
④ 孙继宗：《明英宗实录》卷143"正统十一年七月庚辰"条，台北："中央研究院"历史语言研究所，1962年，第2829页。
⑤ 宋继刚：《明代文官恤典研究》，东北师范大学博士学位论文，2015年，第137—142页。
⑥ 李佳明：《万历朝官员"乞休"现象分析》，《求是学刊》2009年第2期。
⑦ 吴琦、马俊：《"乞休"与"挂冠"——晚明弃官现象与政治文化嬗变》，《安徽史学》2012年第2期。

望建立新的君臣关系。而正德以前，这种不合作状态尚不明显。皇帝为表达对于离朝者的重视，会赐予他们交通方面的优待，比如允许他们及其家人仍可以享受官方驿站提供的服务，而这是只针对在职官员的待遇。

皇帝在自我形象塑造上着实下了一番功夫。优待前朝耆旧和当朝重臣是彰显自己重视功德、念及旧情的重要手段，而辍朝示哀就是针对死者的一项内容，彰显了皇帝的恩情，尤其是对那些曾经与自己意见不合的官员仍赐辍朝，更在形象上突出了皇帝的大度。弘治初年，佞臣万安执掌朝政，在明孝宗的即位诏中不许言官风闻纠劾大臣，引起舆论哗然。御史汤鼐指出，万安为求自保，假托皇帝名义压制言路，将罪过归于君主，"无大臣体，奸邪不可用"。其他官员也交相弹劾，万安被迫去职。但当其亡故之时，皇帝下旨"辍朝一日，赠太师，加特进、左柱国，谥文康，赐祭葬如例"①。明世宗对大学士石珤不甚喜爱，因此在赐谥方面不予美谥，②但在辍朝上不曾吝啬，以辍朝一日的方式表达了对往昔重臣的悼念。③

(三) 一日为限

文官丧礼辍朝的时限绝大部分是一日，只有永乐时期姚广孝曾得两日，而后无论是正德首辅李东阳还是万历首辅张居正等名臣、重臣，辍朝示哀皆在一日之内完毕。需要指出，《国朝献徵录》记载，嘉靖朝致仕太子太保吏部尚书闻渊过世后，明世宗为其辍朝三日，但此种说法并无其他佐证；且考诸史料，闻渊在嘉靖一朝的功勋地位并不突出，却受到长达三日的辍朝优待，似乎不太合理，姑且列出存疑。④ 与其他群体相较，文官丧礼辍朝时长确实有限。帝、后、太子之丧乃国之重丧，要全国哀悼，皇妃身故也要举行

---

① 李东阳：《明孝宗实录》卷24"弘治二年三月己巳"条，台北："中央研究院"历史语言研究所，1962年，第544页。

② 沈德符：《万历野获编》卷13《南礼部恤典》，北京：中华书局，1959年，第344页。

③ 唐执玉：《畿辅通志》卷107《碑·明·大学士石公神道碑》，《景印文渊阁四库全书》史部第506册，台北：台湾商务印书馆，1986年，第613页。

④ 焦竑：《国朝献徵录》卷25《吏部二·闻庄简公渊传》，《续修四库全书》史部第526册，上海：上海古籍出版社，2002年，第293页。

五日辍朝。①洪武时规定，亲王身故辍三日，②甚至王妃也一度获得辍朝三日之待遇。③《礼部职掌》记载，公侯身亡，辍朝时限为三日。如果属于在外过世，朝廷闻讣后辍朝一日，灵柩返京，辍三日，落葬，再辍一日。④永乐时期，"征讨安南总兵官征夷将军成国公朱能讣闻，上哀悼，辍朝五日"⑤。

考虑到官员虽有位极人臣、执掌国命者，但仍是臣僚身份，其丧礼不可比肩于帝后与勋贵。另外，只有身在京城的官员参与辍朝仪式，不需要帝后大丧之时的天下齐举哀。因此，文官丧礼辍朝一日足矣。

（四）政务不废

辍朝并非君臣休假、政府停摆，而仍要保证基本的政务运作。王伟曾以《明史》中的"辍朝不废务"来概括明代辍朝的特色，⑥但经笔者考证，该提法本义是指皇帝在帝、后忌辰之日，亲自前往陵寝进行祭祀，⑦与文官丧礼辍朝事宜无关，似不宜直接引用。辍朝当日，君臣共同举哀，但并不终止常规的政务处理。御门听政是明代政务处理的重要方式，皇帝坐在奉天门门洞之中，听大臣上报朝务。若举行辍朝仪式，则须将听政地点改为西角门。⑧明中期以后，为保证日常政务处理不受多人多次辍朝的影响，改为同一天为多人辍朝，辍朝的具体对象由礼部集中上报，"郡王及文武大臣丧，年终类辍朝一日"⑨。隆庆初

---

① 孙继宗：《明英宗实录》卷354"天顺七年七月辛亥"条，台北："中央研究院"历史语言研究所，1962年，第7085页。

② 胡广：《明太祖实录》卷256"洪武三十一年三月己未"条，台北："中央研究院"历史语言研究所，1962年，第3705页。

③ 胡广：《明太祖实录》卷106"洪武九年五月癸亥"条，台北：中央研究院历史语言研究所，1962年，第1765页。

④ 张卤：《皇明制书》，北京：书目文献出版社，1998年，第184—185页。

⑤ 张辅：《明太宗实录》卷60"永乐四年十月丙午"条，台北："中央研究院"历史语言研究所，1962年，第875页。

⑥ 王伟：《明代的因丧辍朝》，《古代文明》2011年第4期。

⑦ 张廷玉：《明史》卷72《职官一·礼部》，北京：中华书局，1974年，第1749页。

⑧ 张辅：《明太宗实录》卷20上"永乐七年七月甲戌"条，台北："中央研究院"历史语言研究所，1962年，第1007页。

⑨ 申时行：《明会典》卷44《礼部二·朝仪·辍朝仪》，北京：中华书局，1989年，第313页。

年,"礼部奏各王府及大臣辍朝一日……上以其言多切时弊,令该部勘议以闻"①。万历初年,明神宗率臣僚举行辍朝仪式,"上辍朝,从礼部类请也"②。对于进京向皇帝谢恩或者历京到地方赴任的官员,如果遇到辍朝,可以不用改易服饰,③ 按常例谢恩辞行即可,这些都是为了确保政务的基本运转不受辍朝仪式的影响。

三、文官丧礼辍朝的意义

文官丧礼辍朝是明代君臣共同参与的一项隆重仪式,加之接受赏赐的对象极为有限,所以在文士的笔下成为特殊的恩典,发挥着独有的作用。

首先,辍朝与死者的尊贵身份相连,只有朝廷重臣才能在死后获得辍朝示哀。尚书、都御史是中枢之臣,其中兼内阁大学士入阁参与机务者,在实际权力和政治地位上已然接近宰相,左右着其他的朝臣,尤其是嘉靖以后的首辅们"赫然为真宰相,历制六卿矣"④。不管他们在多年以后是否遭到了皇帝的清算,而值其亡故,君臣为之辍朝却是不争的事实,展现了他们的尊崇地位。

其次,辍朝对应着显著的功业,是对往昔功劳的一种赏酬和褒奖。宰辅重臣佐命天子,理顺朝政,其功在文,以军功见长且身至廷臣者亦不在少数,其功在武。因军功显赫而生获高官死得辍朝者有 11 位:正统朝徐晞,景泰朝仪铭,天顺朝杨善、王骥,弘治朝余子俊、王越,嘉靖朝张瓒、刘天和、王以旂,万历朝张佳胤,天启朝冯嘉会。⑤ 张佳胤以文职涉军事,先后

---

① 张居正:《明穆宗实录》卷 15"隆庆元年十二月壬寅"条,台北:"中央研究院"历史语言研究所,1962 年,第 419 页。

② 顾秉谦:《明神宗实录》卷 57"万历四年十二月丁丑"条,台北:"中央研究院"历史语言研究所,1962 年,第 1314 页。

③ 申时行:《明会典》卷 44《礼部二·朝仪·辍朝仪》,北京:中华书局,1989 年,第 313 页。

④ 张廷玉:《明史》卷 72《职官一·礼部》,北京:中华书局,1974 年,第 1730 页。

⑤ 宋继刚:《明代文官恤典研究》,东北师范大学博士学位论文,2015 年,第 137—142 页。

平定安庆卫乱军和浙江兵变，于温州大破倭寇，总督蓟辽，擒斩蒙古、女真诸部首领及兵士，功成身退，死后得君臣辍朝一日。① 武功与文治的相辅相成，既为朝政运作提供了一个稳定的外部环境，也为军功著身的文臣赢得了生前身后名。

最后，丧礼辍朝是一项可以流传久远的荣誉，每有此类恩典，文士即在各种文本中大书特书。《明实录》仅仅记载了35例，而明人文集中记载了不见于《明实录》的53例。② 对荣誉的渴望及关注，使得明代士人详细地记录每一项恩典和每一处细节，在行状、墓志铭、墓表中展现出来，希望传之于后世，以供时人与后人瞻仰与怀念。

在与其他朝代辍朝制度进行比较后，明代文官丧礼辍朝亦展现了独有的历史地位。明代此项制度在时限和授予对象上较之以往朝代相对严格。唐代针对官员身份、功业的差异，以三日最为常见，功勋卓著者可达五日或七日。③ 宋代相对缩短，一二日不等，重臣可得三日或五日，甚至权责不重的光禄卿也一度在死后获得辍朝。④ 金代对重臣的辍朝亦是三日为上限，⑤ 通常为一日。⑥ 明代从实用角度出发，无论文臣官阶多高、功勋多大，全部定为辍朝一日，永乐朝姚广孝独得两日乃为异数。另外，明朝还为多位官员包括宗室、勋贵集中举行辍朝仪式，一日之内皇恩遍沾。

四、结　语

明代君臣借鉴历史经验，结合时代特色，从实用角度出发，在保障政务

---

① 张佳胤：《居来先生集》卷65《明光禄大夫太子太保兵部尚书赠少保居来张公行状》，《四库存目补编》集部第51册，济南：齐鲁书社，2001年，第733页。

② 宋继刚：《明代文官恤典研究》，东北师范大学博士学位论文，2015年，第137—142页。

③ 朱振宏：《隋唐辍朝制度研究》，《文史》，2010年第2期。

④ 脱脱：《宋史》卷124《礼二十七·凶礼三》，北京：中华书局，1977年，第2094页。

⑤ 脱脱：《金史》卷5《海陵本纪》，北京：中华书局，1975年，第105页。

⑥ 脱脱：《金史》卷83《张浩传》，北京：中华书局，1975年，第1864页。

小事件中的大历史——金元明清史杂谈

处理不受影响的前提下,将文官丧礼辍朝的时限定为一日,受众仅限于重臣、功臣,且发展出一日之内为多位死者辍朝的方式。尽管朝廷各项丧礼优待的授予对象是已故文官,但制度本身面向的是更多的在世文官及其家属,通过褒奖、赞扬、悼念死者的方式来使在世者对朝廷乃至皇帝产生强烈的认同感,完成忠义行为的传递与再生产。虽然与前代相较,获赐人数有限,时间也较短,但规定越是严苛,获恩者越显得尊贵与重要。另外,从当时与后世文人对辍朝的极力推崇来看,该项制度在巩固君臣关系方面发挥了不可替代的作用,亦证明文官丧礼辍朝在实践上取得了成功。

(原文刊于《长春师范大学学报》2016年第11期,注释有调整)

从堂子祭祀的演变看清代的多文化交融

堂子（满语词，罗马拼音写为"tangse"）是满族及其先祖女真族摆放牌位、档案用以祭祀上天、神灵及祖先的地方，在堂子内举行的一系列祭祀被称为堂子祭，又称诣堂子、拜堂子，满文本《满洲实录》把努尔哈赤祭堂子的活动写为"tangse de hengkilere de"①，乾隆时重修《实录》改为"tangse de genefi hengkilefi"②，核心词"堂子"（tangse）不曾变化。后金（清国）③ 建立后，堂子祭成为国家典礼的重要组成部分。堂子祭最初有多重功能，如祭天、祭祖、盟誓、出征祈福、凯旋还愿，清军入关之后，面对新的政治、军事、文化形势，堂子祭的功能也发生了变化以应对不断变化的局面。

国内外对于堂子祭祀的研究在 20 世纪上半叶即已开始。孟森的论著《满洲开国史讲义》④（20 世纪 30 年代）及论文《清代堂子所祀邓将军考》⑤（1935）均认为堂子祭祀的对象绝不是天或天神。20 世纪 40 年代至今，国内

---

① 祁美琴、强光美：《满文〈满洲实录〉译编》，北京：中国人民大学出版社，2015 年，第 79 页。

② 觉罗勒德洪等：《满洲实录》，北京：中华书局，1985 年，第 91 页。

③ 从努尔哈赤开国奠基到顺治皇帝定鼎中原，由女真（满族人）建立的政权经历了三个阶段，分别是金国（aisin gurun）、清国（anban dacing gurun）和清帝国（dulimbai gurun），对应着割据东北一隅的政权、统治东北地区及蒙古高原东部的政权，以及入主中原后的大一统政权。

④ 孟森：《满洲开国史讲义》，上海：上海古籍出版社，1992 年。

⑤ 孟森：《清代堂子所祀邓将军考》，《国学季刊》1935 年第五卷第一号。

小事件中的大历史——金元明清史杂谈

外学者对于堂子的研究成果层出不穷,现举其要。莫东寅《清初满族的萨满教》认为,祭祀堂子的地位要优于祭祀祖先;① 郑天挺《满洲入关前后几种礼俗之变迁》认为,皇太极时期"堂子"一词尚无确当汉译;② 傅同钦《清代的祭堂子》分析入关后祭堂子仪式、频率、内容的变化,认为入关后的祭堂子多流于形式,失去原来的重要地位,渐趋于汉族的各类祭祀活动;③ 富育光《清朝堂子祭祀辨考》认为,"堂子"一词是由满语 Tangse 演变而来,汉译为档案,堂子是恭放阖族谱牒及氏族神祇、神谕、法器、祖先影像之所;④ 杜家骥《从清代的宫中祭祀和堂子祭祀看萨满教》指出,堂子祭祀的具体内容虽然还残留一些原始祭拜的痕迹,但已演变为国家祭祀大典,礼仪隆重,可视为涵化的一种表现;⑤ 姜相顺《清宫萨满祭祀及其历史演变》提出,堂子祭祀具备三重含义:国祭、爱新觉罗氏的家祭、满族的族祭;⑥ 张晶晶《从满族堂子祭天到天坛圜丘祭天——试论清朝入关前后祭祀观的演变》关注祭天地点的变化,指出入关之后满族的祭祀观从表现民族特色发展成熟为具有统御天下的大王朝视角的祭祀观;⑦ 李斯娜《简论满族入关前的堂子祭祀》认为,堂子祭祀是满族爱新觉罗家族为加强皇权而利用的宗教平台,堂子祭的发展也与爱新觉罗氏的崛起同步;⑧ 葛兆光《堂子或祀邓将军?——正月初一日所见之大清宫廷秘事》关注了朝鲜使臣对于清代堂子祭

---

① 莫东寅:《清初满族的萨满教》,莫东寅《满族史论丛》,北京:人民出版社,1958年,第190页。
② 郑天挺:《满洲入关前后几种礼俗之变迁》,郑天挺《清史探微》,北京:北京大学出版社,1999年,第38页。
③ 傅同钦:《清代的祭堂子》,明清史国际学术讨论会秘书处论文组《明清史国际学术讨论会论文集》,天津:天津人民出版社,1982年,第269—284页。
④ 富育光:《清朝堂子祭祀辨考》,《社会科学战线》1988年第4期。
⑤ 杜家骥:《从清代的宫中祭祀和堂子祭祀看萨满教》,《清史研究》1994年第1期。
⑥ 姜相顺:《清宫萨满祭祀及其历史演变》,《清史研究》1994年第1期。
⑦ 张晶晶:《从满族堂子祭天到天坛圜丘祭天——试论清朝入关前后祭祀观的演变》,中国史学会清宫史研究委员会编《多维视野下的清宫史研究——第十届清宫史学术讨论会论文集》,沈阳:现代出版社,2011年,第321页。
⑧ 李斯娜:《简论满族入关前的堂子祭祀》,《许昌学院学报》2011年第1期。

祀神秘性的记述。①

欧美日学者从不同角度研究堂子祭祀与满族的密切关系。欧美学者从堂子祭祀所需的萨满神辞入手，辅以人类学、社会学知识来分析满族的发展过程。意大利汉学家 Giovanni Stary（乔尔万尼·斯达里）在 "A Textual Analysis of the Oldest Manchu Shamanic Prayer" 一文中关注了 tangse 汉译文从"庙"到"堂子"的演变过程；美国学者 Nicola Di Cosmo（狄宇宙）在 "Manchu Shamanic Ceremonies at the Qing Court" 一文中指出，堂子中举行的萨满教仪式是满族独特的民族文化，舍弃这种文化就意味着隔断与过去政治的联系。② 日本学者石桥丑雄专著《关于北平的萨满教》③（1934）和村田治郎论文《堂子》④（1935）对清代北京皇宫汇总堂子祭是规格、内容、程序都有不同程度的探讨，石桥丑雄认为，至太宗以后甚至晚至清世祖时期，满洲人才使用"堂子"一词；⑤ 井上以智为《清朝宫廷萨满教祠殿》（1950）考察了堂子祭祀所祭神灵的名称、场地；⑥ 石桥崇雄《清初祭天仪礼考——特に『丙子年四月〈秘录〉登ハン大位檔』における太宗ホンニタイジの皇帝即位记录にみえる祭天记事を中心として——》[《清初祭天仪礼考——以〈丙子年四月（秘录）登汗大位档〉中太宗皇太极即帝位记载所见的祭天记事为中心》]指出，以皇太极登皇帝位为契机，作为清朝官方"公"的祭天典礼场合，从萨满教的堂子移向传统中国的天坛，满族原来的信仰萨满教堂子祭祀从国家性祭祀更换成旗人各家的"私"的祭祀⑦；楠木贤道《清太宗

---

① 葛兆光：《堂子或祀邓将军？——正月初一日所见之大清宫廷秘事》，葛兆光《想象异域——读李朝朝鲜汉文燕行文献札记》，北京：中华书局，2014年，第165—178页。

② Nicola Di Cosmo ed., Manchu Shamanic Ceremonies at the Qing Court, in Joseph P. McDermott ed., *State and Court Ritual in China*, Cambridge: Cambridge University Press, 1999.

③ 石桥丑雄：《关于北平的萨满教》，东京：外务省文化事业部，1934年。

④ 村田治郎：《堂子》，《满蒙》1935年1—3月号。

⑤ 石桥丑雄：《关于北平的萨满教》，东京：外务省文化事业部，1934年。

⑥ 井上以智为：「清朝宫廷萨满教祠殿」，「羽田博士颂寿纪念东洋史论丛について」，東京：東京大学，1950年。

⑦ 石桥崇雄：「清初祭天仪礼考——特に『丙子年四月〈秘录〉登ハン大位檔』における太宗ホンニタイジの皇帝即位记录にみえる祭天记事を中心として——」，石桥秀雄《清代中国の若干问题》，東京：山川出版社，1995年，第57—92页。

小事件中的大历史——金元明清史杂谈

皇太极的太庙仪式和堂子——关于满汉两种仪式的共处情况》认为,皇太极虽然积极导入中华王朝式的仪式,但根本上还是以满族政权的现实需要为主,且并未刻意使满汉仪式融合。①

本文从堂子祭祀的地位及职能演变入手,力图展现满族统治者对多种文化的吸收与融合是后金从割据东北一隅的地方政权向大一统王朝迈进的重要原因。

一、族祭与国祭

堂子祭祀从族祭逐渐变为国祭,体现在参加堂子祭的人员变动上。努尔哈赤创业时期,常聚集族中权贵在堂子中进行祭祀祈祷活动,随着疆土扩展、人口增多,蒙古族人、朝鲜族人、汉族人不断成为后金国的臣民,各民族的权贵也被允许参与原属女真(满族)的堂子祭祀。天聪九年(1635)正月,适逢正旦,天聪汗皇太极率领众臣前往堂子进行祭祀活动。"汗率诸贝勒大臣至堂子拜天,焚化楮钱,行三跪九叩头礼毕,汗还家拜神。"②而后举行庆贺元旦大礼,诸贝勒大臣分班站立,皇太极坐于黄色椅子之上,接受大臣们叩拜。

八旗和硕贝勒等率众台吉、新降总兵官尚可喜,庆贺元旦,行三叩头礼。次嫩科尔沁部土谢图济农巴达哩、卓礼克图洪台吉吴克善,各率本部诸贝勒大臣叩拜。次敖汉部杜棱济农索诺木率察哈尔、喀尔喀诸贝勒大臣叩拜。次阿鲁翁牛特部东戴青率诸贝勒大臣叩拜。次阿鲁部塔赖达尔汉、鄂木布布达尔汉卓礼克图率诸贝勒大臣叩拜,此喀喇沁、土默特部众塔布囊叩拜。次超品一等功额驸扬古利率正黄旗诸大臣叩拜。次马兵固山额真梅勒章京达尔汉额驸率镶黄旗大臣叩拜。次固山额真梅勒章京叶克书率正红旗诸大臣叩拜。次固山额真大章京阿山率正白旗诸大臣叩拜。次固山额真大章京叶

---

① 楠木贤道:《清太宗皇太极的太庙仪式和堂子——关于满汉两种仪式的共处情况》,《清史研究》2011年第1期。
② 中国第一历史档案馆编:《清初内国史院满文档案译编》(上),北京:光明日报出版社,1989年,第130页。

臣率镶红旗诸大臣叩拜。次固山额真、梅勒章京伊儿登率镶白旗诸大臣叩拜。次固山额真费扬古阿哥率镶蓝旗诸大臣叩拜。次固山额真觉罗勒率正兰旗诸大臣叩拜。次汉军固山额真大章京石廷柱率众汉官叩拜。次翼军旧蒙古二旗诸大臣叩拜。次新降先归附察哈尔诸大臣叩拜。次后归附察哈尔诸大臣叩拜。次儒、僧、道三教儒官道官叩拜。叩拜时,礼部启心郎祁崇额立于右侧,每次叩拜,告诉各大臣职名、唤"某大臣率众叩拜汗"。唤时一言不差。礼部承政觉罗萨弼翰赞跪赞叩。①

庆贺元旦大礼的参与人员与参加堂子祭祀的人员有重叠,大抵每一行礼环节的领头人便是参加堂子祭祀的王公大臣。从人员构成上可以看到,蒙古王公占据着重要位置,反映出蒙古贵族在后金国朝堂上的尊崇地位。"崇德元年定,每年元旦,皇帝亲率亲王以下副都统以上,及外藩来朝王等诣堂子上香,行三跪九叩头礼。"② 出于其他目的的祭堂子,还可以允许朝鲜世子进入堂子祭拜。顺治初年,新帝年幼,因入关作战的需要,以多尔衮为首的满蒙汉朝各族权贵一并祭堂子。

(顺治元年,甲申,夏四月丙寅)摄政和硕睿亲王多尔衮同多罗豫郡王多铎多罗武英郡王阿济格、恭顺王孔有德、怀顺王耿仲明、智顺王尚可喜、多罗贝勒罗洛宏、固山贝子尼堪博洛、辅国公满达海、吞齐喀博、和托和托、续顺公沈志祥、朝鲜世子李□暨八旗固山额真、梅勒章京诣堂子。奏乐。行礼。又陈列八纛。向天行礼毕。统领满洲蒙古兵三之二及汉军恭顺等三王、续顺公兵。声炮起行。③

从上面的引文中可以看出,参与人员有满族亲王、郡王、八旗汉军亲王、满族多罗贝勒、固山贝子,朝鲜世子,八旗固山额真、梅勒章京。允许

---

① 中国第一历史档案馆编:《清初内国史院满文档案译编》(上),北京:光明日报出版社,1989年,第130—131页。
② 尹泰等:《钦定大清会典》卷92《礼部·祠礼司群祀三·堂子》,台北:台湾文海出版社,1995年,第6145页。
③ 觉罗勒德洪等:《清实录·世祖章皇帝实录》卷4"顺治元年四月丙寅"条,北京:中华书局,1986—1987年,第52页。

小事件中的大历史——金元明清史杂谈

其他族人参加满族的堂子祭祀，祭拜满族信奉的神灵，表明了其他族人对满族的臣服与认同，这是专制权力在信仰层面上的表现。富育光在《萨满教与神话》一书中引用满族说部《两世罕王传》的内容，建州女真部王杲曾拜谒东海女真窝稽部的堂子，海西女真各部及建州女真部首领曾拜谒海西女真哈达部的堂子，[1] 这种行为均有政治层面的含义。

满族进入中原地区，满族文化身处在儒家文化的海洋之中，满族固有的文化受到了冲击，清帝在积极吸收有利于统治的儒家文化同时，开始强化满族身份，加深民族认同感。康熙十二年（1673）定汉官不随诣堂子，[2] 而后蒙古王公的参与资格也被取消，这些变化均是基于文化上的差异。需要指出的是，日本学者石桥崇雄认为，堂子祭祀从国祭又变回了族祭，甚至演变成旗人各家的私人祭祀，这种改变在关外清国时期已然发生，这与国内学者普遍认为爱新觉罗贵族垄断堂子祭祀的观点有所差异。[3]

二、堂子祭天与南郊祀天

清朝诸帝较为严格地执行南郊祭天于圜丘和北郊祀地于方泽，顺治皇帝认为堂子祭天的对象与南郊祀天的对象并不一致，而且对于南郊祀天的重视程度远大于满族传统的堂子祭天。顺治十三年（1656）十二月丁酉"礼部奏元旦请上诣堂子。得旨：既行拜神礼，何必又诣堂子？以后著永行停止。尔部亦不必奏请"。[4]

---

[1] 富育光：《萨满教与神话》，沈阳：辽宁大学出版社，1990年，第134页。

[2] 嵇璜、刘墉等：《清朝文献通考》，台北：台湾商务印书馆，1987年，第5219页。

[3] "我们必须注意两点：第一，如对堂子及祭神定例做出规定的《登汗大位档》崇德元年（天聪十年）六月十八日的记载中所看到的，宣称堂子中的祭天典礼与新开始的在天坛的祭天典礼是相同的。由此可以看出，在谋求满族原有信仰萨满教的祭祀与中国式祭祀并存的同时，又有将堂子中的祭祀从国家祭祀转化为旗人各家中的私人祭祀的意图。"见石桥崇雄：「清初祭天儀礼考——特に『丙子年四月〈秘録〉登ハン大位檔』における太宗ホンタイジの皇帝即位記録にみえる祭天記事を中心として——」，石桥秀雄《清代中国の若干問題》，東京：山川出版社，1995年，第89页。

[4] 觉罗勒德洪等：《清实录·世祖章皇帝实录》"顺治十三年十二月丁酉"条，北京：中华书局，1986—1987年，第819页。

顺治十五年（1658）一度停祭堂子。"其诣堂子，著永行停止。"① 顺治年间，堂子相关事宜归礼部管理，出现了专职守卫堂子的人员，并且有品级，"七品官二人，八品二人"，而且"由礼部选补"②，看守堂子的官员正式进入国家官员系统，这也是堂子祭祀从一家一族的祭祀变为大一统王朝祭祀活动的重要表征。

《明史·礼志·吉礼》云："每岁所常行者，大祀十有三：正月上辛祈谷、孟夏大雩、季秋大享、冬至圜丘皆祭昊天上帝。"③ 故而顺治皇帝认为，已经在南郊祭过上天，不必再去堂子祭天了。注重郊天之礼而忽视堂子祭天之礼，顺治皇帝在努力塑造一个儒家文化传承者的形象，刻意突出他是全天下人的皇帝，而不仅仅是满洲一族的领袖。为了继续强化这种理念，顺治十五年（1658）下令"其诣堂子，著永行停止"。至少在祭天的礼仪上，顺治皇帝完全倒向了儒家礼仪，而且对太庙祭祀十分关注。顺治十三年（1656）六月"甲辰，谕礼部：致祭天地、太庙、社稷，不可不虔。嗣后凡祭圜丘、方泽，朕于五鼓出宫；祭太庙、社稷，于黎明出宫。尔部先期一日奏闻。永著为例"④。顺治十五年（1658）谕礼部："祭祀关系大典，必执事人员通晓娴熟，始克肃将诚敬。近见太常寺乐舞生，声容仪节，多有未谙，皆该衙门平日教演不精，以致如此。今后须责令勤加肄习，务俾精通，不得仍前玩忽。尔部即遵谕严行申饬。"⑤ 其后世子孙对元旦堂子所祭的"天"解释为具体的"天神"。乾隆皇帝认为，"堂子之祭，乃我朝先代循用通礼。所祭之神，即天神也"⑥。

原始先民皆有对上天的崇敬，但天在先民时代仅仅是众多崇拜对象之

---

① 觉罗勒德洪等：《清实录·世祖章皇帝实录》"顺治十五年戊戌春正月壬寅"条，北京：中华书局，1986—1987年，第891页。

② 托津等：《钦定大清会典事例》，台北：台湾文海出版社，1992年，第6906页。

③ 张廷玉：《明史》卷47《礼一·吉礼一》，北京：中华书局，1974年，第1225页。

④ 觉罗勒德洪等：《清实录·世祖章皇帝实录》"顺治十三年丙申六月甲辰"条，北京：中华书局，1986—1987年，第793页。

⑤ 觉罗勒德洪等：《清实录·世祖章皇帝实录》"顺治十五年戊戌春正月丙午"条，北京：中华书局，1986—1987年，第891页。

⑥ 觉罗勒德洪等：《清实录·高宗纯皇帝实录》卷339"乾隆十四年四月丙午"条，北京：中华书局，1986—1987年，第687页。

小事件中的大历史——金元明清史杂谈

一，与风雨雷电、山川树木共受牲享，并非后世儒家思想中抽象的唯一的天，仅仅是一种具有神性甚至鬼性的神灵，只是在神灵排序上居首。天的重要地位体现在多数情况下，天最为高远，不可触及，故而在人们心中产生了一种神秘感。正因如此，先民时代的祭天活动较之后世庄严肃穆的祭天仪式显得简单随意。上至部落首领，下至普通部众皆可祭祀天神以求其保佑人生之福祉。儒家礼仪规定，平民没有资格祭祀上天，只有皇帝才有资格。而满族上至皇帝下至平民都可以立杆祭天，"至于祭天之礼，满洲人等于所至之地皆可举行。但寻洁净之木以为神杆，或置祭斗，或缚草把，购猪洒米以祭"[1]。

虽然氏族部落经过艰难的发展进入国家阶段，原始初民的习俗仍占据主流，难以骤变。随着国家制度的逐渐完善，尤其是祭祀典章制度的逐步拓展与完善，"天"进入了礼仪体系中，从前的"天"开始逐渐礼仪化、规范化、严谨化，其神性和鬼性被抽离出来，成为一种终极的、合理的崇拜对象。

满族人钮祜禄氏对于旁人尤其是汉族士大夫对满族不分尊卑皆可祭天的疑问做出了回应："即如满洲祭祀之次日祭天之礼，不知事之人即曰天子始祭天地，尔等何得滥祭？殊不知次日之祭，乃祭天神耳。在天者为神，在地者为祇，统言之祭天，原系报本不忘之意，又何敢僭越以祭天乎？"[2]乾隆朝《大清会典》规定南郊祭天之礼为：

> 先祀一日，乐部设中和韶乐于坛下，分左右悬。銮仪卫陈法驾、卤簿于午门外，玉辇于太和门阶下。巳刻，太常卿诣乾清门，奏请皇帝诣斋宫，皇帝御龙袍、衮服，乘礼舆出宫。前引内大臣十人，后扈内大臣二人，豹尾班执枪佩刀侍卫二十人，佩弓矢侍卫二十人，翊卫如仪。至太和门阶下，降舆，乘辇。驾发，警跸午门，鸣钟，大驾卤簿前导，不陪祀王公文武各官，咸朝服跪送导迎，鼓吹设而不作。銮仪卫校鸣斋宫

---

[1] 允禄总办：《满洲祭神祭天典礼》卷1《汇记满洲祭祀故事》，永瑢、纪昀《文渊阁四库全书》第657册《钦定满洲祭神祭天典礼》，台北：台湾商务印书馆，1986年，第630页。

[2] 索宁安：《满洲四礼集》卷首钮祜禄氏《满洲祭天祭神典礼》序，续修四库全书编委会《续修四库全书》第824册《满洲四礼集》，上海：上海古籍出版社，1994—2002年，第744页。

钟。皇帝入坛西门，至昭亨门外，降辇，赞引太常卿二人，恭导皇帝由左门入诣皇穹宇，于上帝列圣前上香，毕，行三跪九拜礼。两庑从位遣分献官上香，行礼。皇帝诣圜丘，视坛位诣神库，视笾豆并视牲牢，毕，由内壝南左门出，外壝南左门至神路右。升辇，诣斋宫。陪祀王公百官咸采服分班集斋宫门外。恭皇帝入，乃退。①

这只是南郊祭天的一小部分仪式，后面还有更为复杂、烦琐的仪式，堂子祭祀仪式无法与之比肩。堂子祭祀中祭天的功能已经被南郊祭天取代，只保留了元旦祭天的仪式，而且并不严格执行。

三、堂子祭祖与太庙祭祖

入关之前，满族统治者在盛京的堂子中进行祭祖活动，另外，亡殁多年的祖先被认为是神灵，可以保佑子孙繁荣昌盛，因此，祖先和多种神灵置于一处，共同享受祭拜和贡品，并不像中原王朝立太庙作为专门祭祀祖先的场所。皇太极崇德年间，仿照中原王朝制度，在盛京修建了太庙，并举行盛大的祭告仪式，用以安放神主：

> 遣超品公额驸扬古利、固山额真谭泰、宗室拜尹图、叶克书、叶臣、阿山、尹尔登、宗室篇古、达尔哈、石廷柱、马光远及外藩贝勒下官员卜库台吉、得格类扎尔固齐、孟库孙、杭哈尔、阿尔珠海、泥堪、内院官希福、刚林、罗硕等，捧祝文，以营建太庙事，祭告太祖山陵。其文曰：孝子嗣皇帝皇太极敢昭告于皇考神位前曰：臣敬遵典礼，表扬皇考妣功德，肇建太庙，谨择吉于四月十二日，安设神位，以昭上祀之礼，又仰体皇考孝心。②

---

① 允裪等：《钦定大清会典》卷37《大祀一·南郊》，永瑢、纪昀《文渊阁四库全书》第619册《钦定大清会典》，台北：台湾商务印书馆，1986年，第292—293页。

② 觉罗勒德洪等：《清太宗实录》卷28，北京：中华书局，1985年，第362—363页。

小事件中的大历史——金元明清史杂谈

皇太极亡殁不久，清军入关，占领北京，顺治元年（1644）九月己亥"建堂子于玉河桥东"[1]。壬子，"恭奉太祖武皇帝、孝慈武皇后、大行皇帝神主，奉安太庙"[2]。祖先神位已经不再存放于堂子之中。需要指出的是，该太庙原本为明朝太庙，因躲过了李自成败退前火烧宫殿之难而幸存下来，[3] 后经清朝数次修葺，现存清代太庙仍位于故宫以南地区偏东，新中国成立后，第一次政务院会议批准，将清朝太庙改为北京市劳动人民文化宫。

《周礼·春官宗伯》云："右社稷，左宗庙"，东汉经学家何休指出："质家左宗庙，尚亲亲；文家右社稷，尚尊尊"，郑玄有云："国中神莫大于社"[4]，处于不同的考量，崇尚实际的一派与尊奉礼仪的一派对于祭祀祖先和祭祀社稷孰先孰后存在争议，但对于社稷坛和太庙的位置没有争议。从忽必烈时期的元大都开始，太庙与社稷坛开始修建在城外而不是居于城内，太庙建在城东，即"左祖"，社稷坛建在城西，即"右社"。入清以后，堂子与太庙虽然都坐落在东面，但是太庙已经取代了堂子祭祀中祭祖的功能。从皇太极在盛京建立太庙开始，清朝诸帝的祭祖活动均在太庙中进行，遵照中原传统祭祀礼仪，尤其是入关之后，祭祀相关事务归礼部负责，一如明朝旧制，"凡祀事皆领于太常寺而属于礼部"[5]。杜家骥指出："一般满洲旗人之家，所奉诸神与其祖宗牌位多同处一室，祀神与祭祖不少情况下是同时举行的。清皇室则分开，祀本姓祖宗是在奉先殿、太庙等独立的场所，这是仿行历代帝王祭祀列祖列宗的制度。其太庙是在紫禁城左侧，社稷坛在右侧，承袭中原王朝古来的左祖右社之制，它是封建帝王家天下的重要表现形式，满族皇帝

---

[1] 觉罗勒德洪等：《清实录·世祖章皇帝实录》卷8"顺治元年九月己亥条"，北京：中华书局，1986—1987年，第86页。

[2] 觉罗勒德洪等：《清实录·世祖章皇帝实录》卷8"顺治元年甲申九月壬子条"，北京：中华书局，1986—1987年，第89页。

[3] 贾福林认为李自成败退时，手下军士并未烧毁明朝太庙，贾福林：《太庙被李自成烧毁了吗？》，《紫禁城》2005年第1期；贾福林：《两朝太庙匾额风云》，《中华遗产》2010年第11期。

[4] 郑玄注，贾公彦疏，赵伯雄整理，王文锦审定：《周礼注疏》，北京：北京大学出版社，1999年，第487页。

[5] 张廷玉：《明史》卷47《礼一·吉礼一》，北京：中华书局，1974年，第1225页。

也必然要遵从这一古制,将其列祖列宗从神、祖共祭的场所分离出去。清帝祭神祭祖的典制化及其政治性,是受汉族礼制的影响,也可以视为是宫廷萨满教中的一种汉代表现形式。"①

(四)堂子盟誓与木兰秋狝

女真人处理重大事务时需盟誓取信,传统的盟誓仪式要刑白马、椎乌牛,若求婚定盟,还要筑坛,耗费甚大。② 宁古塔诸祖子孙在堂子内盟誓的仪式不甚清楚,但应属于传统的女真盟誓仪式,刑白马、椎乌牛,歃血为盟,表明同心协力,不生二心。皇太极时期,堂子盟誓仪式中出现了烧纸向上天传达意愿的内容。崇德元年八月,豪格与岳托盟誓,"上许之。岳托、豪格遂诣城隍庙(堂子)焚词誓告之"③。

在农业尚不发达之时,刑马、椎牛、筑坛,对于生产力无疑是严重的破坏。而堂子盟誓仪式将内容简化,减少了祭品的消耗。中原礼仪中的焚词告天,此时已经融入女真的祭祀活动之中,体现着文化交融。

入关后,堂子不再举行族人的盟誓活动,究其原因,从康熙皇帝修建木兰围场和承德避暑山庄开始,每年的木兰秋狝及赏赐随行满族八旗人员,成为团结满族共同体的手段。对在围场效力的新满洲索伦人也进行赏赐和赈济。"癸未,上(指康熙皇帝)命内阁学士渣克旦、副都统萨尔禅等,前往索伦赈恤。谕曰:'索伦人等效力围场,甚属年久,亦有见在出兵之人。今被水灾,朕甚恻然,令尔等前往散赈。尔等会同将军副都统,将被灾之人,逐一查明。无房屋

---

① 杜家骥:《从清代的宫中祭祀和堂子祭祀看萨满教》,《满族研究》1990年第1期。
② 明隆庆六年(1572)建州女真首领王杲与明朝订立盟约,"相与椎牛以盟"。之后蒙古"土蛮酋长小黄台吉"偕海西女真叶赫部首领仰加奴(杨吉砮)、逞加奴(清佳砮)兄弟向海西女真哈达部首领王台(万汗或万罕)求婚定盟,"是日,即筑坛刑白马,徼灵于皇天上帝"。万历十一年(1583),辽东总兵李成梁进攻叶赫城寨,叶赫部众惧怕,出降。"有如不可信,请刑白马以盟"。"即刑白马,钻刀揷(歃)血,誓称自今宁万死,不敢复入塞"。以上见瞿九思:《万历武功录·东三边》,北平:文殿阁书庄,1935年,第3、4、12、33页。海西女真乌拉部首领布占泰自知无力抵挡努尔哈赤大军的进攻,请求盟誓以存活。"布占泰与蒙古科尔沁贝勒翁阿岱合兵出乌喇二十里,望见我军,知不可敌,乃请盟。"赵尔巽:《清史稿》卷二一六《广略贝勒褚英列传》,北京:中华书局,1977年,第8966页。
③ 蒋良骐:《东华录·崇德一》,北京:中华书局,1980年,第15页。

者即给房屋，无衣服者即给衣服。务令均沾实惠，以副朕轸恤至意。'"①

清朝的盟誓活动主要是满族与其他族群或团体盟誓，地点多选在承德避暑山庄，之前也曾选在蒙古的多伦诺尔。

（五）堂子出征祈福与祃祭

关外时期，堂子祭祀与军事行动密切相关，出征之前必祭堂子。努尔哈赤时期迎击九部联军、宣告"七大恨"征明②均先祭堂子而后师行出征。崇德八年九月，清军入关作战前，顺治皇帝因年龄尚小无法亲自祭堂子，由主要将帅祭堂子，行礼后，大军西行。③

康熙年间战事不断，祭堂子的次数因军事原因而增多，誓师出征和凯旋都要祭堂子。康熙十二年（1673），三藩之乱爆发。康熙十三年（1674）正月初十日，皇帝亲率文武大臣祭堂子，祭毕，鸣号拜纛，誓师出征，讨伐各路叛军。④康熙十四年（1675）闰五月，满族将领鄂查、图海等人统率八旗劲旅征伐反叛的察哈尔部首领布尔尼。⑤康熙十四年（1675）五月癸卯凯旋，

---

① 觉罗勒德洪等：《清实录·圣祖仁皇帝实录》卷280"康熙五十七年戊戌秋七月癸未"条，北京：中华书局，1986—1987年，第740页。

② 觉罗勒德洪等：《太祖高皇帝实录》卷5"天命三年夏四月壬寅"条，"壬寅巳刻。上率步骑兵二万征明。临行、书七大恨告天……因此七大恨之故，是以征之。上拜天，毕，焚其书，随谕诸贝勒大臣曰：'此兵吾非乐举也，首因七大恨，其余小忿，不可殚述，陵迫巳甚，用是兴师。凡俘获之人，勿去衣服，勿淫妇女，勿离异其匹偶。拒战而死者听其死。若归顺者，慎勿轻加诛戮。'严谕毕，上率诸贝勒及统军诸将，鸣鼓奏乐谒堂子而行"，上海：上海书店，1989年9月，第32页。

③ 觉罗勒德洪等：《清实录·世祖章皇帝实录》卷2"崇德八年九月壬寅"条，"壬寅，和硕郑亲王济尔哈朗、多罗武英郡王阿济格统领大军，载红衣炮及诸火器征明宁远。濒行，诸和硕亲王、多罗郡王、多罗贝勒、固山贝子、固山额真、梅勒章京以上，俱诣堂子吹螺掌号。行三跪九叩头礼。树八纛，复向天行三跪九叩头礼毕，鸣炮三，大军西发"，北京：中华书局，1986—1987年，第34页。

④ "初十日乙亥……上率出征王、贝勒、都统、护军统领、副都统等，及在京诸王、贝勒、贝子、公等，内大臣、大学士、都统、尚书、护军统领、副都统、侍卫等，诣堂子行礼毕。随设大纛八杆，鸣号拜纛毕。出西长安门里许，上目送领兵王、贝勒等启行后，回宫。"中国第一历史档案馆整理：《康熙起居注》（全三册），北京：中华书局，1984年8月，第146页。

⑤ 中国第一历史档案馆整理：《康熙起居注·康熙十四年闰五月十六日》（全三册），北京：中华书局，1984年8月，第210页。

皇帝亲自诣堂子行礼，而且对平叛功臣行隆重的抱见礼。① 北疆和西北地区蒙古准噶尔部对清廷构成严重威胁，康熙二十九年（1690）七月和康熙三十五年（1696）九月，康熙皇帝发重兵两次征讨蒙古准噶尔部，三十五年（1696）九月亲自领兵出征。出征前康熙皇帝率领满蒙官员祭堂子，誓师出征，以满蒙军士为主力击败了准噶尔部。康熙时期，皇帝不再严格执行出征凯旋祭堂子仪式。康熙二十九年（1690）七月，以裕亲王福全为抚远大将军率师出征，并未祭堂子。雍正年间，两次大规模征讨准噶尔部，均未祭堂子。雍正七年（1729），以傅尔丹为靖边大将军率兵征讨厄鲁特策妄阿喇布坦，祭堂子一次。② 乾隆皇帝有开疆之志，战事频仍，但"十全武功"中只有乾隆十三年（1748）征大金川之役，皇帝祭堂子一次。③ 原因是前线战事吃紧，乾隆皇帝也对挂帅出征的傅恒寄予厚望，礼仪非常隆重，但较之康熙年间皇帝对得胜的图海等将军行抱见礼已不可同日而语。乾隆以后虽有战事，但出征与凯旋都已不再祭堂子。

---

① 中国第一历史档案馆整理：《康熙起居注·康熙十四年闰五月十六日》（全三册），北京：中华书局，1984年8月，第210页。"谕曰：'王、将军、诸大臣远行征讨，灭察哈尔国，建立大功，深可嘉悦，俱着进前，朕行抱见礼。'""上出大红门，进正阳门，诣堂子，率在京王、贝勒、大臣及凯旋王、大臣等行三跪九叩礼毕，进午门，回宫。"

② 觉罗勒德洪等：《清实录·世宗宪皇帝实录》卷82"雍正七年己酉六月乙未"条，"乙未，上御太和殿，命大学士公马尔赛、蒋廷锡，捧敕印，授靖边大将军公傅尔丹大将军，副将军、参赞大臣，及出征官员等，行礼毕，上回宫。申时，上率大将军、副将军、参赞大臣，及在京诸王、贝勒、贝子、公、内大臣、大学士、都统、尚书等，诣堂子行礼，次鸣螺，随于兵部排设大纛前行礼毕，遂御东长安门外所陈黄幄。大将军、副将军、参赞大臣等，皆佩弓矢跪辞。上亲解御用数珠，赐大将军公傅尔丹。大将军行跪抱礼，副将军、参赞大臣等，亦各以次行跪抱礼。上谕大将军等曰：'尔等此去。当和衷共济，速奏朕功。凯旋时，朕将出城亲接。尔等宜各加奋勉。'大将军公傅尔丹奏曰：'臣等蒙皇上训谕周详，务必同心协力，迅扫氛尘，仰答恩荣。'奏毕。上亲视大将军等，上马启行"，北京：中华书局，1986—1987年，第89页。

③ 觉罗勒德洪等：《清实录·高宗纯皇帝实录》卷328"乾隆十三年戊辰十一月癸丑条"，"癸丑，经略大学士傅恒出师。上亲诣堂子行祭告礼。经略大学士及诸王大臣官员等，俱随行礼。上亲祭吉尔丹纛、八旗护军纛，于堂子大门外。经略大学士及出征大臣官员等，俱随行礼。上还。至东长安门外幄次，亲赐经略大学士傅恒酒，命于御幄前上马。上还宫。经略大学士傅恒出阜成门。上命皇子及大学士来保等送至良乡。视经略大学士傅恒饭罢。乃还"，北京：中华书局，1986—1987年，第421—422页。

小事件中的大历史——金元明清史杂谈

此时虽然出现了种种变化，但是堂子祭祀在出征祈福方面仍保留着一些关外习俗：祭堂子时，兵部陈八旗蒙古画角海螺，行礼时螺角齐鸣，铙歌大乐备而不作，与其他祭祀不同。① 乾隆朝《大清会典》定出征礼：

> 凡亲征之礼，皇帝将有讨于弗庭者。既卜日，先期遣官祇告天、地、宗庙、社稷、太岁，颁行军律令。至日，遣官致祭道路之神于天安门，祭火炮之神于教场。銮仪卫陈驾卤簿于午门外，兵部陈八旗蒙古画角十有六、海螺二百于堂子街门外，西向，设御营黄龙大纛于堂子内，门外设八旗护军纛八、火器营纛八，于黄龙大纛后，均北向。所司豫设皇帝拜位于圜殿，外甬道正中及大纛前，从征王公将士，咸征衣佩刀，不从征之王公，暨满一品官，咸采服至街门内，东面。只竢礼部堂官诣乾清门奏吉时，皇帝御征衣佩刀出宫乘骑，前引后扈如常仪，驾警跸午门。鸣钟，驾卤簿前导至长安桥，八旗鸣角军鸣角，护军吹螺，驾入堂子街门，螺角止。皇帝降，礼部堂官二人，恭导由内门、中门入，就圜殿外，拜位，南向立。鸿胪官引王公于丹陛上，众官于丹陛下序立。鸣赞官奏跪拜，兴，皇帝率群臣行三跪九拜礼，毕。恭导皇帝就大纛前拜位，南向立，引王公百官，咸就拜位。皇帝率从征将士及群臣行三跪九拜礼，螺角齐鸣，礼部尚书跪奏，礼成。皇帝属櫜鞬乘骑导迎，乐作，奏祐平之章。内大臣侍卫率亲军，举黄龙大纛随行。驾由都门出，八旗官军分翼陈列郭外，皇帝出郭，三举炮，官军皆马上俯伏候。驾过，不从征之王公百官，咸采服于郊外，跪送。乃启行，军士各整伍，以次扈跸。每舍远侦候设巡警（详见兵部）如制。所过名山大川及应祀风雨之神均遣官祇告。②

乾隆皇帝将出征凯旋诣堂子之礼列入《大清会典》礼部卷，一方面提升了祭堂子在国家典礼中的地位，另一方面也体现了满族传统礼仪向儒家礼仪靠拢。

"国之大事，在祀与戎"，军事是国家政治生活中的大事，礼仪庄严肃

---

① 郑天挺：《满洲入关前后几种礼俗之变迁》，郑天挺《清史探微》，北京：北京大学出版社，1999年7月，第39页。
② 允祹等：《钦定大清会典》卷35《礼部·仪制·清吏司·军礼·亲征》，永瑢、纪昀《文渊阁四库全书》第619册，台北：台湾商务印书馆，1986年，第274—276页。

穆。出征及凯旋祭堂子是为了求得上天庇佑，反映了满族先民对上天的崇拜和对不可知力的敬畏。顺治年间，满族初入中原，前明疆域内局势瞬息万变，清王朝的前途充满未知之数，此时满族统治者更多向上天和先祖寻求福佑，坤宁宫日祭的频繁进行即是为此。当满族确立了对全中国的统治后，堂子祭祀的军事功能分离出来，逐渐演变成中原王朝传统的军礼——祃祭。①明朝洪武年间即已严格规定祃祭内容："祃祭。于国南群神祠设旗纛，皇帝服皮弁，备牲犊币帛，行三献之礼。"② 堂子出征仪式中的列纛、吹螺、皇帝率群臣行三跪九叩头礼等内容与此基本相同，而且更为严格和烦琐。虽然没有祃祭的名目，但是实际功能已经转变为祃祭。

满族独有的堂子祭祀不断吸收儒家文化，使堂子祭祀的许多原始功能从原有的仪式中分离出来，新的专门机构行使堂子祭祀分离出的功能。祭祖功能被太庙祭祖取代，盟誓的功能为木兰秋狝活动所取代，出征前祈求上天保佑的功能为祃祭所取代，凯旋礼为传统的凯旋仪所取代，③ 最能代表满族特色的堂子祭天实际上为南郊祀天所取代，只留下了元旦诣堂子祭天的仪式。种种变化也表现了满族不断学习吸收儒家文化以改造自身原始文化，不断适应新形势以获得更大发展。

结　论

堂子祭祀作为清代满族宫廷萨满教祭祀的代表，它的变化见证了满族共

---

① 郑天挺：《满洲入关前后几种礼俗之变迁》，郑天挺《清史探微》，北京：北京大学出版社，1999年，第39页。

② 申时行：《大明会典》卷53《亲征·祃祭》，续修四库全书编委会《续修四库全书》第789—790册，上海：上海古籍出版社，1994—2002年，第342页。

③ "崇德间，王等凯旋，上率贝勒、贝子公等及文武各官，出征门十里外迎接……上率凯旋王、贝勒、贝子、公、大臣等谒堂子，行三跪九叩头礼毕。上还宫。众皆退。"顺治年间皇帝不再亲迎，改为"王等凯旋日，上升殿行礼毕。颁赏有差。""（顺治）十三年题准。王、贝勒、贝子、公及大臣等凯旋。遣王、贝勒、贝子、公等内一人或大臣出城迎。""康熙元年议定，凡大兵凯旋次日，上升殿。将军等行礼毕。免进前行礼，免用桌席，止宰牲筵宴。"以上内容见伊桑阿等：《钦定大清会典》卷45《礼部·仪制司·凯旋仪》，《近代中国史料丛刊》三编第73辑，台北：文海出版社，1980年，第2206—2209页。

同体的形成、发展、壮大以及与其他族群融合的历史过程。萨满教信仰的种种变化与清朝的政治形势与国力消长关系密切。清帝在国家命运前途未卜之时多寻求于祖先神灵庇佑，而统治日渐稳固后则将注意力转向现实的人事，对曾经是满族文化根基的萨满教进行变革、规范，使之能够更加适应满族一跃成为中国统治民族的新形势。

满族善于学习，在其发展过程中主动吸收了多种文化而逐渐壮大，满族原始的萨满教信仰也不断扩充，因其具有较大的包容性，将不同的神灵整合在一起，在整合过程中出现了神灵的转借，使神灵带有较多的模糊性，扩大了新形式萨满教的信仰基础。

萨满教与八旗制度相表里，将分散的明代女真诸部整合在一起，产生了满族。新形式的萨满教信仰实际上是在满族古老信仰的基础上融合了蒙古文化、儒家文化等，使得祭祀仪式更趋于中原传统仪式，但这并不意味着对满族传统的否定。堂子祭祀由包含多项功能到仅存元旦祭天仪式，印证了满族不断接受外来文化以改造原来文化的过程，这也是满汉、满蒙文化融合的一种表现。堂子元旦祭天仪式的保留表明满族统治者虽然接受了中原传统的郊天仪式，但仍力图保持民族特性，以堂子祭天来区别中原传统的郊天。

随着明末辽东女真从氏族发展为国家，堂子祭祀完成了从氏族祭祀到国家祭祀的转变。在爱新觉罗氏成为占统治地位的氏族后，堂子祭祀又从国祭逐渐回归到爱新觉罗氏的族祭，最后演变为皇室专有的家祭。这些转变具体表现在对参加堂子祭祀人员身份的限制。顺治时期，参与人员有满族亲王、郡王、八旗汉军亲王、满族多罗贝勒、固山贝子，朝鲜世子，八旗固山额真、梅勒章京，外藩蒙古王公也有随祭资格，可称为国祭。康熙十二年（1673）取消了汉官的随祭资格，而后蒙古王公的参与资格也被取消。伴随外族人随祭资格的取消，堂子祭祀回归到爱新觉罗氏的族祭。而后，堂子祭祀活动中的立杆祭天和挂纸开始出现对祭祀者身份的限制，满族亲王、贝勒、贝子等宗室才有资格，甚至规定非八和硕贝勒的后裔即所谓不入八分公的贵族亦无权进行上述活动。至此，堂子祭祀彻底演变为皇室专有的家祭。

（原文刊发于《萨满文化研究》第五辑，2018年，第154—169页）

清末长白山地区赈灾活动的启示

长白山是清朝钦定的圣山，受到了朝廷的特别优待，清代的长白山地区在吉林、奉天二将军辖区内，名山大川纵横其间，众多民族繁衍于兹。清末以前，关外封禁，满族人在此居于主导地位，一旦遇到灾荒，朝廷通常会拨款放粮，及时赈济。古代中国社会的赈灾举措有着悠久历史，古人称之为荒政。清人在总结大量前人经验的基础上，结合本朝实际情况，制定了明确的赈灾举措，希望用严格的规章制度和发达的行政体系达到及时报灾、勘灾、赈灾的目的。例如，鼓励商民运送米粮前往灾区贩卖，以平抑灾区高昂的物价；通过政府开展的大型土木工程为灾民提供工作，让其得以糊口；对因灾荒而流落他乡的灾民予以抚恤，或给予钱粮送其回乡，或就地安置。清代中期发达的行政体系和雄厚的经济实力为赈济活动提供了保障。清朝末年，大量外来人口不断涌入长白山地区，这些人多来自关内地区，改变了原有的人口与经济结构，使得清政府的赈灾活动开始针对不同群体，制定更加细致的措施。

作为龙兴之地的东北在清代备受重视。即使到了清朝末年，国力衰退，清政府对于长白山地区的赈灾仍是不遗余力。《宣统政纪》记载，宣统年间（1909—1911），针对吉林省的几次水灾，清政府多次予以赈济，地方大员也积极开展救灾工作。最高统治者特别拨付帑银，命令东北地区的督抚大员委派稳妥官员前往灾区赈灾，切实将救灾款发放给灾民，不令其流离失所，并传达朝廷挂念灾区民众之心。1909年，吉林巡抚陈昭常针对吉林省水灾，向朝廷申请三项赈灾措施，移民、工赈和再放续赈。《清朝续文献通考》记载，1910年，吉林省江水暴涨导致林业局存放在江边的官商木材被尽数冲没，有人将得到的部分木材或搭棚居住，或劈柴生火，或私下贩卖用于糊口。尽管当时的林业局和地方政府出面收拾残局，但木材只追回一半。吉林巡抚陈昭常申请将这部分损失纳入政府开销，由政府予以补偿。

通过上述材料可以看出，清政府以拨款赈灾、派员发放、免除租税、以

小事件中的大历史——金元明清史杂谈

工代赈、灾损归公等方式对长白山地区受灾民众予以赈济。

长白山地处东北边疆,而当时的俄国、日本等外国势力出于侵略中国的目的,大肆非法招揽各族民众,强行越界屯垦,冲击边疆地区的地方行政机构,并刻意挑起中国境内民众之间的冲突,给东北边疆地区的稳定带来负面影响。对于清政府而言,大量灾民居于边疆,影响了边疆的安定,但大量人口的出现也给清政府开发边疆、巩固边防提供了条件。如果能够妥善安置这些外来人口,组织各类生产劳动,不仅可以稳定边疆,增加财政收入,还能对邻国的觊觎之心和侵略之举进行有效遏制。因此,清政府对长白山地区的赈济活动具有济民、安边、御外三重功效。

为便于管理民众,同时有效抵御外国侵略势力的渗透,清政府在长白山地区先后设立了一系列行政机构,以与内地府厅县相同的行政建置来管理长白山地区的各族人民。在建置民政机构之前,清末东北地区的各级军政机构就启动了一系列改革措施,既新建了一批行政机构,又对部分已有的行政机构予以升格,促进了从军政府到政府的转变。可以说,清末的赈灾活动成为东三省行政系统改革的动力之一。为充实新行政单位的人口,清政府还积极从关内招徕移民,让"闯关东"之人获得合法身份,使边疆地区的民族分布呈现合理化,缓和了不同民族之间的矛盾。

在长白山地区的政府赈灾活动之外,也出现了一些民间力量的自我救援。每逢水灾、瘟疫发生,总有一些富户出钱出粮,一些医生甚至亲自前往灾区为灾民医病施药,《辽宁省志》《海城县志》《辽阳县志》这三部成书于晚清时期的地方志记下了他们的光辉事迹。

总之,清末长白山地区的赈灾活动从实际效果上看,经过多方互动、齐心协力,使得长白山地区厅、县受灾民众得到了较为妥善的安置,生产生活也及时恢复。官方力量的积极施救和民间力量的自我救援都发挥了重要作用,二者缺一不可。清政府在该地区以赈济活动为契机的行政系统变革,妥善安置了受灾民众,使边地的民族分布趋于合理化,做到了真正的"移民实边"。清末长白山地区的赈济活动,一方面体现了中国古代荒政思想和政策在边疆地区的有效实行;另一方面展现了中国近代东北地区行政系统改革的积极成果。赈灾活动兼具保障民生与巩固边防双重性质,为后世边疆治理提供了宝贵经验。

(原文刊发于《中国社会科学报》2019年10月30日)

综 述

近十年明代宫廷史研究评述

明代宫廷史既是明代史的分支，又是中国古代宫廷发展脉络上的一环，同时也是外国宫廷史研究的参照系。在前近代中西交流和亚洲内部交流的大背景下，明代中国在时间和空间上的特殊性，使得明代宫廷史研究从一开始就具备了国际视野。宫廷史的研究范围是宫廷这个特殊场域，研究对象是宫廷中的人物、事件、器物、建筑、制度以及它们反映的独特文化。因为明代宫廷史作为明代史分支的属性，所以在相当长一段时间内并未获得学界的持久聚焦，导致有关宫廷政治、宫廷文化、宫廷人物等被置于整个明代史的大框架中叙述。尤其是在家国一体话语模式下，宫廷对人们而言既熟悉又陌生，且充满了各种想象。2005年，故宫博物院引领的明代宫廷史研究正式启动，经过前几年的探索和最近十年的发展，宫廷不再是叙述的背景板，学者们强调宫廷这个场域的特殊性以及于此存在和发生的有别于他处的人、物、事。近十年在引入与深化新理论、发掘新材料、扩展新视角、开拓新领域方面进步较大，改变了原有的"拼盘式"研究，在研究框架下形成了分工明确的研究体系，各部分互通有无，彼此借鉴，使各研究分支保持稳定的学术成果产出，无论在数量还是质量上，与探索期（2005—2010）相比，皆有较大提升。

一、近十年研究的新动向

2005—2010年处于探索期，而近十年（2011—2021）则是发展期。探索期成果分散、理论杂驳、方法不一，而发展期的成果则克服以上缺点，呈现出体系化特征，围绕不同议题形成持续的研究。

（一）学科交叉、视角转换使学术研究有了创新

其一，是以宫廷建筑为对象，通过建筑学、考古学及政治空间理论分析

小事件中的大历史——金元明清史杂谈

不同的宫廷建筑以及作为整体的紫禁城在国家权力架构中的地位。探索期对学科交叉进行了尝试,孟凡人的《明代宫廷建筑史》(紫禁城出版社,2010年)不仅囊括了北京、南京和中都三座都城,还将天坛、十三陵的建筑纳入宫廷建筑的范畴。关于其具体的研究方法和取向,施劲松的《建筑与考古学的相遇——读〈明代宫廷建筑史〉》(《江汉考古》2019年第2期),认为该书对于明代宫廷建筑的研究,让建筑物被赋予了更多历史、科学、艺术、文化的价值和意义,从"人造的物"上升到了"人文作品"。

日本学者妹尾达彦的《長安の都市計画》(講談社,2001年)以唐代长安城为例,展示了皇权在都城空间和建筑中的具体展现。这是国外较早的关于首都城市布局与政治关联的学术解读,近十年国内的明代宫廷史研究者与日本学者可谓殊途同归,均强调了建筑的政治意涵。紫禁城因其居住者是皇帝,因此居住的舒适性让位于政治象征性,森严的等级制贯穿其中,宫殿布局处处体现着当时礼仪制度的完备,学者的论述也由此展开。柏桦、黄伟特的《紫禁城建筑的政治内涵》(《故宫学刊》2011年第1期)从建筑的超高规格、令臣民压抑的环境气氛以及不断涌现的象征手法,强调了君权至上性和神圣性,影响了政治权力结构的形成。李燮平的《明代的紫禁城——外朝规划体现的等级与礼仪制度》聚焦紫禁城的外朝部分。此外,还有李燮平的《明至清初时期的养心殿》(《紫禁城》2016年第12期)、王子林的《元大内与紫禁城中轴的东移》(《紫禁城》2017年第5期)等。

具体到每个宫殿上,其用途变化也是由于皇帝政治诉求改变所导致。华彬的《明代宫廷画院建制机构"文华殿、仁智殿、武英殿"设置考辨》(《美术学报》2016年第5期)从明代三殿的使用研究分析明代画院体系的运营。该文不纠结于明代画院在美术史脉络上是否"名亡实存",而是转换角度,从具体运营情况证明它确实存在。

其二,以宫廷人物的具体活动为对象,时刻把握政治权力对于活动的影响。因为皇帝本人拥有国家最高统治者的身份和地位,在宫廷中的各种行为皆可对政治产生不容小觑的影响。赵克生的《明朝嘉靖时期国家祭礼改制》(社会科学文献出版社,2006年)设专章《嘉靖时期宗庙祭礼改制》论述明世宗为提升皇权而在宗庙祭祀上进行的大变革,进而影响了政局,对国家经济和社会稳定也产生了不利影响。近十年延续此种思路,对皇帝的丧葬和宗教活动展开新的论述。刘毅的《明宪宗与昌平皇陵改制》(《紫禁城》2016年第11期）指出,明宪宗开启了多后祔葬、贵妃从葬皇陵的制度,这并不是明初礼法的正常延续,而是皇帝个人喜好对于政治的直接干预,最终体现在礼法之上。皇帝的宗教活动不单纯是信仰,也是皇权在精神层面的扩张。王熹的《明宪宗与道教方士》(《故宫博物院院刊》2012年第1期）指出,明宪宗出于对长寿的渴望和对道士真心报效的回馈,不惜以扰乱官制、败坏朝政、靡费国财为代价,最终导致宫廷乌烟瘴气,国家危机四伏。

明代的宫廷教育以皇太子教育为主,这一特点直接导致了明代宫廷教育强烈的政治意味,讲读官不再只是教师角色,作为能够出入内廷的重要官员,他们直接参与未来新朝的政治建设,与太子形成了政治合作关系。以前的研究看到了讲读官的作用,但多集中于皇帝本人的经筵日讲而较少涉及皇太子教育。近十年的研究则聚焦皇太子教育,在君臣关系框架下论述文人士大夫在皇家教育中的深度参与。陈时龙的《讲读官的羽翼之功——嘉靖朝的皇子教育与朝局》(《紫禁城》2019年第8期）指出,圣君教育是宫廷教育的核心,讲读官群体与皇位继承人结成了深度的合作关系,并能在朝局危急之时相互扶持,最终,优秀的讲读官成为新朝的栋梁和新帝的臂膀。谢贵安、谢盛的《太子师的品格——明代太子教育官宦的选择标准》(《紫禁城》2019年第8期）指出,科举出身、道德高尚、严肃、博学、认真、外貌好、表达强等因素制约了东宫讲官的产生,教师的高标准、严要求直接对应着对未来高素质皇帝的强烈期许。

宫廷女性以不同方式参与宫廷政治,承载宫廷文化,享受宫廷生活,尽管都处于皇权的附庸地位,但仍有一定的自我意识和清醒认知。以前的研究仍围绕压迫女性而展开论述,近十年研究以彭勇、潘岳的《明代宫廷女性史》(故宫出版社,2015年）为代表,开辟专章《明代的后妃与宫廷政治》,论述后妃在不同历史时期对于政治的深度干预,尤其是在皇帝暂时缺位时,太后成为稳固朝局的重要力量,不应被消弭在深宫怨妇的叙述之下。肖晴的《明代后妃刊印佛经论略》(《五台山研究》2017年第3期）关注了仁孝徐皇后、慈圣李太后、神宗王皇后和郑贵妃等人借助刊印佛经而参与政治活动,影响朝局,崇佛虽是个人信仰活动,但具有更多的政治活动意味。如果从普通宫人的经济条件切入,与民间贫苦生活相比,她们的生活呈现出不同的景象。邱仲麟的《明代宫人的生活与生命历程》(《故宫学刊》2016年第2期)指出,以往对宫人生活幽怨的负面描述,更多是一种出于"男性中心论"的士大夫想象,从宫人的实际生活配给上看,除例行工作外,基本上较民间安稳许多。

宫廷消费与国家财政直接相连,每一项支出都离不开政治,特权阶层的正常消费与非正常需索都深深影响了国家财政。以前的研究已经注意到了宫廷财政的独立性及过分扩张的危害性。近十年研究进一步展现了在皇权操弄下的非理性宫廷消费对财政与民众造成的巨大伤害。赵克生的《明代宫廷礼仪与财政》(《东北师大学报》2012年第4期)关注宫廷礼仪的巨大开支,指出嘉靖、万历朝的礼仪开支偏离理性轨道,与国库空虚、国运下坠有直接关系,指出礼仪之灾有时甚于兵祸。香料消费是观察明代社会生活变化以及政治走向的一个重要标示物。刘祥学、林枚的《明代宫廷香料来源与消费述论》(《故宫博物院院刊》2017年第6期)认为,这是特权阶层的消费,尤其是明朝中后期斋醮活动的巨量消费,是统治者沉迷方术、怠于朝政的现实反映。宫廷消费的总体支出更是受制于国家财政情况,从宫廷财政视角分析张居正改革的实际效用同样是视角转换的有效尝试。以往研究多将张居正改革放在整体明代政治史脉络之中,强调改革在初期取得的一系列成就,并以此为基础论述张居正猝然离世和万历皇帝秋后算账导致的明代衰微,对张居正以赞扬为主,对青年万历皇帝以批评为主。王慧明的《万历初期宫廷财政视角下的张居正改革》(《故宫博物院院刊》2019年第2期)通过梳理张居正当国秉政时期的宫廷消费,发现张居正并未在撙节宫廷消费上取得成功,也没有让年轻的皇帝养成俭朴美德,史书中充满溢美之词的抑制宫廷消费并未真正落地,在张居正死后,宫廷财政恶性膨胀难以遏制。

宫廷娱乐活动往往需要大量的人员参与,君主的个人喜好及政治权力可以高效地组织起各项活动,而娱乐也处处体现着礼制等级。高寿仙的《明代宫廷的休闲娱乐》(《文史知识》2012年第1期)展现了宫廷娱乐不仅时间较多,而且方式精致奢华,个别皇帝甚至以军事操练取乐。这与美国学者鲁大维的《全球史视野下的明朝尚武展示》(《故宫学刊》2017年第1期)认为,明中期以后军事大典具有很强的娱乐性和宣传性,有异曲同工之妙。宫廷生活的一个面向是水上演乐活动,它不仅仅是一项娱乐,还与皇帝的治国理念紧密相连，体现了一种对于礼制的追求。

其三，以宫廷画作、器物等艺术品为对象，在欣赏其艺术价值的同时，展示宫廷艺术背后的权力架构和运行，以及所产生的繁荣的宫廷文化。以往研究多从艺术史或工艺史角度阐释宫廷艺术品，而近十年研究紧紧围绕政治权力与等级制展开，克服单一的艺术欣赏维度，将艺术品置于政治、历史之中而非仅摆放于展台之上。曾诚的《从〈明宪宗元宵行乐图〉看成化皇帝的新正吉服》(《紫禁城》2018年第1期)从绘画中的人物服饰出发，结合文献记载和陪葬服饰，展现明中期皇帝、后妃、内官的宫廷着装，指出元明时期的中国服饰极大地影响了朝鲜王朝上层的穿着风尚。白瑶瑶的《从宫廷画作〈出警入跸图〉窥探明代仪仗服饰》(《中国美术研究》2021年第1期)从画中服饰入手，分析了明神宗、军队将士、内官、文武大臣、仪仗随从在服饰制度下呈现出的礼制思想和尊卑观念。

宫廷器物研究尽管仍延续工艺分析的传统路径，但注意把握时代背景，避免碎片化分析，探寻不同类型宫廷器物出现的原因，突破了以往或工艺或美术单维度分析，进入了礼制研究的范畴。张燕芬的《明代内府金银器的制作机构与作品风貌》(《故宫博物院院刊》2018年第3期)指出，尽管皇帝个人喜好会直接影响内府金银器的纹饰，但总体而言，内府金银器体现的是端庄雍容的庙堂之美，而从材质到装饰的递减直接服务于辨"亲亲之杀"和明"尊贤之等"。柳彤的《龙凤辨微——从首都博物馆藏金银器上的龙凤纹样看明代宫廷的等级规制(上、下)》(《收藏家》2019年第5、6期)虽以明代墓藏出土的带有龙凤纹样的金银器为对象，但着眼点在宫廷的等级规制上，指出宫廷的政治权力在纹饰上体现着尊卑高下。

精品宫廷器物的大量涌现、高端工艺的集中呈现都是宫廷文化繁荣景象的重要表征，而繁荣的宫廷文化不仅是皇帝个人喜好的引导所致，更是政治、经济、军事、风尚诸多因素共同作用的结果。赵中男的《宣德朝宫廷文化的繁荣及其原因》(《故宫博物院院刊》2014年第5期)指出，宣宗父子对宫廷文化的兴趣和对奢华享乐生活的追求，宣德时期相对宽松的文化政策，宫廷财政对于宫廷文化的大规模投入，上升和平时期的明朝宫廷对典雅高端艺术的大力追捧，中外宫廷文化与民间工艺的交流、融合，北京建都后装修的需要，以及相对稳定的社会环境等，上述诸项都是宣德时期宫廷文化繁荣的重要原因。

（二）新材料的出现拓展了研究领域

发掘新材料过程中值得一提的是学界对于兵部《武职选簿》的巧妙使用，尤其是从《武职选簿》中找寻明代宫廷画家及其家族的相关信息。传统研究中《武职选簿》为分析明代卫所制度及军人世家提供了一手材料。研究宫廷画家群体，则多从画作、地方志、文集、传记中找寻有关的信息，但如果了解历史背景，明代宫廷画家经常出入内廷服务皇家，皇帝特许其挂职锦衣卫等武官职衔以便入宫，并在兵部造册入档，因此，研究者可以在《武职选簿》中爬梳出一批挂职武官的宫廷画家之详细信息。赵晶的《〈武职选簿〉所载部分明代宫廷画家史料辑考》（《故宫博物院院刊》2017年第5期）通过挖掘《武职选簿》的信息，对画家存世作品的创作时间、明代是否有画院制度、宫廷画家来源等进行了考订，并订正了以往明清画史中对于部分画师信息的错误记载。赵晶的《明代宫廷画家钩沉》（《美术研究》2017年第4期）也是从《武职选簿》中发现了谢环、倪震、徐政等诸位宫廷画家的详细信息，新增的宫廷画家为理解宫廷画作的画风及演变、画院制度的转变提供了佐证，扩展了研究的视野。

明代佛教壁画、绘画、雕塑、织绣等也成为理解宫廷宗教与宫廷政治影响力的新材料。以往研究多将其置于美术史或工艺史范畴，并未从宫廷政治影响力扩散的角度予以分析，探索期大致延续此法，近十年以艺术作品为基础，结合宫廷政治变动及宗教活动，分析出艺术品背后体现的政治理念与文化倾向，指出皇室对于佛教尤其是藏传佛教的推崇使得宗教在宫廷内外产生了深远影响，这并不是宗教本身发展所致，而是政治运作的产物。王瑞雷的《密集金刚于明代宫廷的传播——以山西右玉宝宁寺十六罗汉水陆画中藏文写经为中心》（《美术研究》2021年第1期）指出，宫廷宗教信仰在政治权力的运作下直接影响到了边疆地区。郭丽平的《明宫廷画家商喜及其画风再探》（《故宫博物院院刊》2012年第6期）指出，宫廷画家商喜及其助手所绘的《真禅内印顿证虚凝法界金刚智经》全106幅彩绘插图不仅有汉地绘画艺术风格，还融入了西藏艺术风格，而如此巨幅画作与皇室的宗教需求密不可分，并非画家本人的个人喜好所致。

（三）关注宫廷中的外籍人士和外赐物品在对外交流中的作用，以此展

现明朝的国际影响

对明代宫廷中的外籍人士，察其言，观其行，以中国人的标准重新审视他们在对内对外关系中的作用，体会中华文化对于他们的影响甚至同化。探索期已经开始对宫廷中的外籍人士予以关注，这些特殊群体在政治、生活中的参与程度及影响力是了解国际局势的一个路径。近十年研究关注了生活于明朝宫廷却能影响明朝以外地区的朝鲜籍宦官、贡女及其家属，以该群体在不同时期的境遇，呈现明代皇权在东北亚地区的辐射情况。千勇的《朝鲜籍宦官与明鲜关系述论》(《社会科学战线》2016年第11期)关注了朝鲜籍宦官作为明朝外派人员对明鲜关系产生的负面影响。叶群英的《永乐、宣德朝的朝鲜籍"皇亲"与明鲜关系研究》(《故宫博物院院刊》2014年第4期)从明朝与朝鲜两国关系亲疏关系的变化看宫廷中众多朝鲜籍女子的亲族，这是宫廷政治的一种外延。韩国学者林常薰的《明代朝鲜贡女问题初探》(《河北学刊》2021年第3期)指出，朝鲜贡女虽在明宫身份不尊，但其亲族却在朝鲜国内享受尊位，成为明朝国际影响力的一个表征。

外事活动中，明朝对外国的赏赐不仅是财富和审美的象征，更重要的是表达由中国确立的一系列规矩、制度在向外扩散。吴美凤的《大明盛世的绚烂折光》(《紫禁城》2014年第10期)以永乐、宣德时期对外赏赐的宫廷家具为对象，指出这些朱红彩妆戗金家具在中日关系史而不是贸易史中的重要作用，多批次、大量的来自明代宫廷的"唐物"成为日本社会有权有势者炫耀身份与品位的标志。李理、邵桂花的《从中、朝宫廷器物相似性看中华文化的东传》(《故宫学刊》2008年第1期)强调中国宫廷文化对于更广泛区域的辐射作用。

二、总结和展望

(一) 已有研究的局限

近十年明代宫廷史研究虽然取得的成果比较可观，但是仍然存在较大局限或制约。

第一，强行创新导致个别研究偏离正轨，武断结论削弱学术成果权威性。创新要基于一定的学术积淀和技术经验，明代宫廷史研究需要深厚的历史学、文献学、考古学、文物学积淀，因此学者在各自熟悉的领域取得了较多成果，并能寻求理论创新和突破，其中，改换研究视角和发掘新材料成为创新中较为便捷的手段。上节已述，故宫博物院器物部、建筑部的专家通过文献、实物与科技三结合，对故宫博物院藏部分文物和宫殿进行了重新断代，美术史研究者也对织绣做出了新的论断，这是创新得出的成果。

但是，强行创新存在理论错置和强行比附，这点集中体现在强行使用社会史理论处理宫廷这个特殊场域上。赵轶峰的《故宫学的明清庙堂政治文化视域》（《故宫博物院院刊》2012 年第 5 期）和 2018 年"《中国宫廷史研究概要》研讨会"的发言中指出了乱用理论的危害性。宫廷日常生活起居及文娱活动与宫外民间生活有很大不同，"社会史"很大程度上是作为区别于"政治史"的研究进路发展起来的，而宫廷里的"社会"却是政治权力高度集中的场域，因而宫廷生活研究是政治、社会视角结合的研究，最后，"宫廷社会史"这个概念需要特别加以界定。当下，并未有以社会史理论指导且名为"宫廷社会史"的论著问世，只有展现宫廷生活不同面向的"生活史"论著，分析宫廷生活与政治的密切关联。安艺舟的《明代的内市与灯市》（《历史教学》2015 年第 2 期）展示了朝廷控制力强弱与宫廷及周边商品交易繁荣与否的关联。

另有一类强行创新是迎合市场的畸形需求或猎奇心理所导致。年轻的技术人员积极参与故宫文创产品，取得了一定的成果，这点值得肯定。周丽的《单霁翔：博物院教育要用青少年喜爱的打开方式》（《教育家》2021 年第 40 期）指出，故宫近些年的发展创意成功"破圈"，使"高冷"的故宫获得了年轻一代的喜爱，也拓展了故宫博物院的教育功能。但是也要看到，为了吸引年轻人，某些文创产品过于注重宫廷文化在形式上的嵌入，脱离了宫廷文化符号应有的历史背景，使得文创产品不伦不类，现代气息过浓，且以清宫文创覆盖明宫文创，造成明代宫廷文化在此领域的缺位。

第二，宫廷文化的庸俗化呈现干扰了学术研究的正规化发展。宫廷史研究中正确价值观的传递尤为重要，以民主文化为旗帜的故宫博物院不应该宣扬传统文化中早已被批判、被唾弃的部分，这种所谓"原汁原味"的宫廷文化，其影响是恶劣的。李文儒的《故宫学研究中的价值观问题》（《故宫博物院院刊》2013 年第 2 期）指出，宫廷文化在当代社会的传播要从审美角度开展，而非是向皇权下跪，向腐朽奢侈生活看齐，如果将帝制、皇权对于公众的暴力侵犯视作应当传承的传统文化，那么便是传播者和研究者的失败。影视剧、网络文学对于宫廷的庸俗化表达也对正规宫廷史论著的出版产生了不利影响。刘霆昭的《宫廷文化的负面影响不容小觑》(《党员文摘》2019年第5期）批评了影视剧展现所谓皇族生活方式，强调其负面作用。这些负面表现在专业研究者看来，并不是真正的宫廷文化的具体呈现，只是现代人对于古代社会的臆想，而种种猎奇窥私与崇奢夸富却对真正的宫廷史研究者及正规出版物产生了负面效应。

第三，常规发表渠道有限，不利于进一步扩大学术影响。《故宫博物院院刊》《故宫学刊》《紫禁城》是由故宫博物院主管的国内知名学术期刊，十年来刊载了不少明代宫廷史的新成果，涉及政治、经济、文化、技术、理论等多个领域。但是，相对于十年来19次学术会议提交的数百篇明宫史论文来讲，能在三刊上发表的论文绝对数量仍非常少。

（二）对推进未来研究的思考

近十年的明代宫廷史与之前相比，已经在理论、方法、内容上取得了较大进展，应继续强化研究体系、丰富研究内容、拓展研究视野、凝练研究理论。除上述之外，故宫博物院还要依托藏品、人才、地域、科技等优势，推进围绕明代宫廷史研究的四大建设。

第一，数据库建设。充分利用现代高科技将明代宫廷史相关文献、文物、建筑等进行拍照、扫描、录像，整理成数据库以供研究。首选便是故宫博物院藏万件明代文物，可制作高分辨率的图片和视频，并对某些特殊藏品进行虚拟成像，让科技直接服务于学术研究。王宇新的《浅谈文物摄影数字化技术的发展趋势》(《中国文物报》2010年9月10日第7版）很早就指出对文物进行数字化处理的两大优点：一方面包含更多的物理特性、历史背景、人文信息；另一方面不受时间和空间的限制，便于使用。文物的三维重建也是未来文物保护与研究的新趋势。2020年9月10日至11月15日由故宫博物院举办的"丹宸永固：紫禁城建成六百年"展览即运用各种技术复刻了许多明代文物，使观赏更加直观，研究更加细致。

第二，刊物建设。2016年"中外宫廷史对比"会议上，故宫博物院院长单霁翔倡议为响应国际宫廷史研究的新形势，应创办《宫廷史研究丛刊》，收录最新成果。未来要进一步推进和落实新刊物创建和旧刊物"宫廷史"研究专栏的开设,如在《故宫博物院院刊》《故宫学刊》《紫禁城》增加明宫史成果刊发比重,联系其他知名期刊,定期开辟宫廷史研究专栏,吸收更多科研成果。

第三,公众号建设。在已有"明代宫廷史"微信论坛(始建于2018年)的基础上,建立并运营专属微信公众号,及时发布会议动态和新书、新刊出版信息;在保护作者版权的前提下,及时公布最新研究成果,包括文字和视频。新传媒平台既克服了以往纸质载体的限制,提升了成果发布量,又以其及时、高效、便捷扩大了受众群体。

第四,人才库建设。自2019年起,故宫博物院与北京地区知名高校开展合作,以授课和讲座两种方式在高校中介绍宫廷史最新研究成果,得到了良好的反馈,许多历史学、考古学专业学生表达了对于明代宫廷史的浓厚兴趣,并愿意参与其中。应继续扩大合作高校的覆盖面,利用视频交流、线上会议等方式突破地域限制,惠及更多的高校学生,培养研究生力军。

总之,近十年的明代宫廷史研究既有优点,也有不足。期待故宫博物院继续发挥领头作用,引导方向,整合资源,海内外学者积极参与,在框架、理论、内容及表现形式上不断创新,同时建立有效的宣传平台,扩大成果发布途径,使明代宫廷史能够走出去,获得更大的国际影响,共同推进下一个十年的研究。

(原文刊发于《中国史研究动态》2022年第2期)

中外宫廷史研究的国际视野

2016年12月15—16日，故宫博物院主办了"中外宫廷史对比国际学术研讨会"，会议主题是"14—19世纪的中外宫廷史对比研究"，来自海内外的数十位专家学者聚焦东西方国家在不同历史时期的宫廷，通过政治人物、社会事件、权力架构、宫廷建筑、皇室藏品等多方面展现人、物、观念与宫廷史之间的密切关系，从人类的权力欲望、精神追求、物质享受等角度来探究宫廷人物对宫廷史的影响和东西方文化交流的作用。

故宫博物院院长单霁翔、副院长宋纪蓉指出，近年来欧美一些国家的帝国比较史研究渐成趋势，故宫博物院作为国际知名的宫廷博物馆希望开展中外宫廷史对比研究，大体构想有三：第一，以此项研究在学术领域内落实习近平主席"一带一路"的倡议，将共建"一带一路"国家的宫廷史纳入对比研究范畴，发掘宫廷史层面的文化交流；第二，促进宫廷博物馆的学术发展，发掘多国宫廷博物馆本身的文化价值，联合宫廷文物藏品较为丰富、宫廷史研究实力较强的国家，发起成立相当于"国际宫廷史学联合会"的学术群体，加强不同领域内的交流合作；第三，将研究视野拓展至中外交流之前各国宫廷自身的发展情况，归纳宫廷演变脉络，对已然发生的中外交往，重点探寻宫廷因素对交流所起的作用，将宫廷差异与文化交流的研究结合起来。创办《宫廷史丛刊》，收录各项科研成果，推动和促进这项研究乃至整个中国宫廷史的研究进程。

赵中男在《关于中外宫廷史对比研究的几点浅见》中指出，俄、法、中在17—18世纪专制体制增强、专制权力高涨背景下，以各国帝王为首的宫廷权力集团对于文化、精致生活等方面的追求，导致了宫廷文化的发达，这些相似之处在一定程度上影响了世界近代史的进程。台湾文化大学吴美凤的《十七八世纪中外皇帝的后宫》一文，关注中、俄、法、西等国的继承人选

小事件中的大历史——金元明清史杂谈

定过程,指出专制体制对皇权唯一性的认定以及权力带来的地位、声望、财富等才是引发各种势力角逐的原因,不可因清初争斗仅限高层、底层民众波及较小,而欧洲常引发大规模战争而武断判定中外制度的优劣。南开大学柏桦的《凯旋门与午门献俘之政治内涵比较》关注中欧宫廷在军事典礼方面的差异,欧洲百余处凯旋门及其上面的战争雕塑展示了败者的耻辱,中国明清两朝午门献俘仪式则通过降者不杀来进行感化,当宫廷文化中的军事理念落实成为对内对外国策之时,既体现了强势人物个人的价值取向,也在一定程度上形塑了国家文化与民族性格。复旦大学陈玉芳的《阿克巴与康熙宫廷的耶稣会士比较述略》一文指出,印度阿克巴大帝与中国康熙帝均是在满足自身权力欲望、扩大统治范围等现实应用层面来看待甚至利用耶稣会士和天主教。荷兰阿姆斯特丹国家博物馆王静灵的《"异国趣味"的返影——中国与欧洲王侯的宫殿陈设》、英国巴斯东亚艺术博物馆蒋得庄的《收与藏——东西方宫廷收藏、视觉与展示之间的关系》、长春师范大学宋继刚在《唐皮和骨——论平安时期日本宫廷对中国文化的选择性吸收与平安日本形象的建构》分别从宫廷藏品、宫廷活动等展现东西方宫廷差异,特别指出平安时期日本宫廷文化的核心仍是神道,而非是隋唐宫廷文化的简单翻版。

与会专家就宫廷史研究的未来展开热烈讨论。南开大学刘毅认为,中外宫廷史对比要围绕比什么和怎么比两个主题,前者要准确选择研究对象,后者要关注中外宫廷史各自的独特之处,还应关注明清故宫与前代宫廷的延续性。多位外国学者建议故宫举办主题鲜明的宫廷文物展览,与其他国家的文物进行对比研究,促进国际学术交流。美国学者鲁大维指出,大英博物馆举办的1400—1450年世界大航海时代文物展览可作为重要参考。故宫博物院余辉、赵中男指出,可先以宫廷存在时间长、文物遗存多的欧洲宫廷作为对比对象。中国政法大学林乾认为,对比研究要服务于现实,例如学习各国如何保护宫廷及怎样实现宫廷的文化价值。南开大学柏桦、故宫博物院张淑娴、山西社科院高春平都指出,与欧洲宫廷注重舒适度相比,中国明清宫殿的建筑更侧重于政治含义。黑龙江大学胡凡提出,要关注中外宫廷的精神文化,欧洲宫廷芭蕾舞剧、莫里哀的宫廷戏剧、康熙时期的宫廷戏曲都可纳入对比范畴。台湾东吴大学著名学者徐泓指出,近代以来中国屡败于西方,使得国人过于强调文化中落后的一面,晚清宫廷被视为腐朽落后的代表,而西方宫廷则十分美好，但是，就宫廷财政独立、合理选拔官员诸方面而言，古代中国要比同时代的西方成熟很多，应看到中国宫廷文化和制度先进的一面。

  本次会议是国内首次以"中外宫廷史对比"为主题举办的国际学术研讨会，与会者进行了有益的思考，探讨了未来宫廷史对比的研究方向、方法和具体研究内容，结合吸收了国内外多学科、多领域的先进方法与理念，取得了阶段性成果。本次会议是一个起点，希望故宫博物院及海内外其他宫廷博物馆，将来能够举办更多以中外宫廷史对比以及"一带一路国家宫廷史对比"为论述主题的学术研讨会，加强国际合作，共同促进中外宫廷史对比研究的继续深入。

（原文刊发于《中国史研究动态》2017年第5期）

第四届利玛窦与中西文化交流国际学术研讨会会议综述

2016年12月2日至4日,由中国社会科学院明史学会、广东省社会科学界联合会、肇庆学院和中国明史学会利玛窦分会共同举办的第四届"利玛窦与中西文化交流"国际学术研讨会在广东肇庆召开。研讨会以"互视:中西文化交流中的他者"为主题,结合历史事实和前沿学术动态,探讨了明清以至当下,中国人如何看待西来文化,而西方人又是怎样认知中国,历史上的观点碰撞与文化融合对于当下的中西交流又具有怎样借鉴。此次会议有40余位中外学者参与讨论,重点集中在"利玛窦等西方传教士研究""西方传教士眼中的明清中国""明清时期的西学传播""两广总督府与中西文化交流"等几个领域,既具备了国际视域,又突出了地方特色。

中国社会科学院沈定平教授指出,罗明坚和利玛窦在传教过程中对西、葡式武装传教及先前依傍佛教的路线予以摒弃,亲近知识阶层,进行学术性传教,这些实践活动为推动适应儒家思想的传教策略之转变奠定了基础。福建师范大学林金水教授探讨了利玛窦、艾儒略与明末福建士大夫的交往,突出利玛窦对于士大夫的直接影响,同时指出士大夫在籍贯、亲缘、信仰、仕宦方面的同一性决定了他们对外来文化看法和认知的一致性,也使得利、艾二人在事业上得以薪火相传。意大利学者米凯拉·冯塔娜(Michela Fontana)教授指出,利玛窦借助地理学、数学、天文学等科学知识结交中国上层士大夫,希望以此为基础传播基督教,之后身怀科学技术的耶稣会士大体延续了利氏路径,尽管传教过程波折不断,但科学知识已然成为沟通中西方文明的重要媒介。德国学者考兰妮(Claudia Von Collani)教授通过分析南明永历朝廷中瞿安德、卜弥格的传教与政治活动,对比清政权中卫匡国等人的相似行为，指出他们虽然服务于不同的政权，但都在为罗马教廷意图使全中国都皈依基督教的宏愿而身体力行。法国学者梅谦立（Thierry Meynard）教授指出，利玛窦排斥宋明理学而推崇早期儒学，龙华民不认可儒学，而卫方济虽遵循利氏之法，却将宋明理学纳入解释基督教的思想资源之中。中山大学王慧宇指出，龙华民对于儒家的定位虽然更准确，但这种准确性导致了传教过程中的强烈排他性，而利玛窦的含混处理弱化了"自身"（基督教）和"他者"（儒学）的强烈对立，有利于不同信仰、文化之间的共存与发展。

淮阴师范学院李德楠的《利玛窦眼中的京杭运河》通过分析利玛窦对京杭运河船只、闸坝及邻近的城镇、商业、官民生活状态的记述，指出这些内容成为构建中国形象的重要素材。湘南学院范大明的《新航路开辟后西方人眼中的肇庆》通过现存明清时期西人之地图、文献、插图等资料展现了西来传教士所记录肇庆地区的繁荣景象，指出曾经的肇庆是中西文化交流的重要前哨。肇庆学院李朝军的《西方来华游历者视域中的近代中国形象——以英文游历文本为中心的考察》通过梳理西人游历中国所留文本来分析近代中国在西人眼中的形象，指出此时的中国形象已与明清传教士介绍的中国迥然不同，负面因素居多。

西方的知识、科学技术等随着传教士的东来在中国得以传播，中国人也在以自己的方式理解西来的人与物。中南大学谭杰和中山大学薛灵美都关注了高一志的《修身西学》，一是从来源论述，一是从中西伦理学比较入手，认为其融合了西方哲学论著《可因布拉评论》和天主教伦理学论著《神学大全》，并在传播中主动结合利玛窦的中文著作，使得西方哲学、伦理学能够在华人信徒中顺利传播。郑州大学张民服教授介绍了明清时期伊斯兰教、基督教、犹太教等西来宗教在中原地区的传播，认为明末河南宗室、高官对于传教士的关照促进了基督教传教事业在中原地区的开展。民间学者宋爱军的《法国耶稣会士与康熙〈皇舆全览图〉测绘》指出，康熙时期法国耶稣会士白晋、洪若翰参与全国地图测绘，在技术和理念上贯通中西，制作出精准的地图，为巩固边疆、构建藩屏提供了数据支撑。郑州大学吴志远教授以明清时期河南地区取得的科技成就为切入点，审视耶稣会士带来的西方科技对于当时中国科技界的影响。

刘晓生的《总督刘继文改利玛窦"仙花寺"为奉祀吕洞宾之"仙花观"

小事件中的大历史——金元明清史杂谈

考》认为，利玛窦离开肇庆之后，两广总督刘继文将天主教堂改作祭祀吕洞宾的道观，而非先前流行的改为王公生祠和变为寺庙。旅意学者宋黎明指出，由于早期来华天主教徒被中国人谣传成拥有化汞为白银、炼眼成宝石能力的神秘人群，引发了部分贪官酷吏的觊觎之心，两广总督刘继文、肇庆知府王泮也牵涉其中，使部分中国信徒蒙受了牢狱之灾，此类冤案亦反映了当时传教事业的举步维艰。民间学者刘明强指出，明末在地方官员王泮的支持下修建的崇禧塔公园融合了佛、道、儒、天主多种文化，其建筑展现了 16 世纪中欧文化碰撞与交流的原始状态。

与会学者指出，研究历史上的传教士及中西文化交流具有重要的现实意义。北京行政学院余三乐教授回顾了北京利玛窦及外国传教士墓地数十年的变迁，指出国内对于传教士研究、评价的演变展现了中国正向着尊重历史、尊重科学、尊重宗教信仰自由和日益具有亲和力的方向发展，墓地已成为镜子和历史的见证者。美国学者魏扬波（Jean-Paul Wiest）教授介绍 20 世纪 60 年代以来北美学术界对于利玛窦的研究成果，指出当前研究者已经从单纯的宗教学者扩大到研究世界历史的史学家，而探寻以利玛窦为代表的耶稣会士的传教活动与成就有助于理解全球化背景下的文化交流方式。中国西部边疆安全与发展协同创新中心曾豪杰研究员认为，利玛窦在传教过程中尊重当地文化及上层人士，以语言和科技为媒介，注重不同文化之间的会通交融，使传教事业取得了显著成效，这些经验为今天中国政府"一带一路"建设提供了丰富且有效的历史资源。

明史学会会长商传教授、明史专家张显清教授、林金树教授、肇庆学院教授赵克生还探讨了来华久居中国传教士的身份定位问题。大家一致认为，国外学者将利玛窦视作中国人的观点对于研究明清史非常有启发，在一定程度上，西儒利玛窦、西来孔子艾儒略已经不再是他者，而是一个真正的明朝人，他们已经成为中国历史不可分割的一部分。商传教授还指出，嘉靖朝肃清东南沿海倭寇与隆庆朝完成与蒙古的议和保障了国家安全，也使明朝进行了有限的开放，这些都是利玛窦等人得以顺利来华并开展传教活动的大前提，不能武断地把闭关锁国作为明清时期中西文化交流的背景。

总体而言，本次会议在中西文化交流的大背景下分析传教士的言行及中国各阶层的回应，既回溯过往，对中西文化交流史、明清史、基督教传播研究具有推动作用，又立足现实，为当下的文化交流及政策制定提供有益的帮助。

（此文精编版刊发于《中国史研究动态》2017年第6期，题目改为《第四届利玛窦与中西文化交流国际学术研讨会召开》）

小事件中的大历史——金元明清史杂谈

"世界大变迁视角下的明代中国"
国际学术研讨会会议综述

2011年6月27日至29日,由中国社会科学院历史研究所明史研究室、东北师范大学亚洲文明研究院、教育部世界文明史研究中心、明清史研究所联合主办的"世界大变迁视角下的明代中国"国际学术研讨会在东北师范大学召开。30多位海内外专家学者提交了会议论文,并就一些重要问题进行了深入研讨,新意颇多。

大会主题突出了明史研究的全球史视野,在此视野下,发生于明代中国的地区性事件就具有了世界性意义。中国社科院历史研究所万明的《晚明海上世界的重新解读——商品、商人与秩序》质疑将明代官方朝贡贸易与民间走私贸易分开的研究模式,从世界大变迁的视野把晚明中国的海上力量看作官方与民间力量的整合状态,提出晚明中国从海上与世界联系在一起,货币白银化、月港开海等一系列中国本土社会变迁与世界历史发生重大变化密切相关,晚明海上力量在与西方海上势力角逐中,毫不逊色。北京大学赵世瑜的《时代交替视野下的"北虏"问题》突破了将明代"北虏"问题仅仅放在明蒙冲突关系中加以探讨的研究视角,注意到所谓"北虏"蒙古与明朝以外地区如新疆、中亚、西亚乃至更远的欧洲诸国间的联系。他从明、蒙之间的互市问题入手,提出蒙古通贡开市的需求有可能是要重新开辟由它所控制的欧亚大陆贸易体系,蒙古开市代表了亚洲内部城镇化的趋势,将业已存在的民间走私贸易合法化,纳入国家体系之中。东北师大刁书仁的《十六世纪中叶朝鲜使臣赴明的白银私贸》关注16世纪中叶白银匮乏的朝鲜,一些赴明使臣何以携带大量白银到中国进行私人贸易,认为白银主要来源于日本,通过将白银作为通货与商品,构建了一个朝鲜—明朝—日本的贸易网络,日本鼓励贸易，希图建立一个以日本为中心的日式朝贡体系。澳门大学汤开建的《徐光启与利玛窦之交游及影响》利用葡萄牙文材料，梳理徐光启与利玛窦交往的总体脉络与细节，提出利玛窦向徐光启介绍了西方科学知识、神学思想，使得徐光启成为一个虔诚的基督徒，全家信仰基督教，徐光启对于传教事业十分热心，甚至关注对交趾、占城、朝鲜的传教活动。南京大学夏维中的《南京大报恩寺及其琉璃塔在海外的影响》主要通过约翰·尼霍夫的《荷兰共和国东印度公司大使晋谒中国皇帝——鞑靼大汗》这本游记在西方世界产生的影响来探讨中国明朝南京琉璃塔在海外的影响，考证了南京人把琉璃塔称为"世界第八大奇迹"的信息来源。南开大学庞乃明的《环球大视野与晚明新思维》论述自16世纪全球化以降，晚明知识阶层的环球视野初步显现，由此引发的新思想、新观念开始生发并不断成长，其中包括呼吁向西方学习、质疑中国独尊地位、警惕来自欧洲的非传统威胁等。韩国学者金暻绿的《明初洪武帝对朝贡制度的整备及以明为中心的朝贡体系的成立》认为，明初洪武帝重新规定朝贡制度，以礼制为原则确立以明朝为中心的朝贡体制，才出现了所谓国际关系。礼制之"礼"有权力和义务两层含义，过去认为朝贡体制下宗主国具有绝对的权力是不符合史实的。东北师大刘晓东的《谢杰与〈虔台倭纂〉的形成》探求明代江西省作为一个内陆省份，倭患程度远不及东南沿海地区，何以编写了一本详细介绍日本情况的《虔台倭纂》，其知识从何而来，涉及了明代中国关于日本知识体系的构建与传播问题。中央民族大学彭勇的《从"文献郑和"到"文化郑和"——近十年国内外郑和研究评述》总结了近十年来国内外对于郑和的研究，提出郑和形象有二：一为"文献郑和"，这是从文献中梳理出的历史上真实的郑和以及他的基本事迹；一为"文化郑和"，这是时代赋予郑和文化使者等意义，从而构建出的文化郑和。

　　本次研讨会的另一个议题是在较长时段的历史变迁角度下对明代历史的重估。南开大学南炳文的《过去、当代、未来三个角度看明史》在总结了前人对于明史或褒或贬的评价之后，结合当时的历史条件与国际背景，总体上以肯定明朝为主，特别针对过去将西方的科学理论优于中国作为明朝落后于西方的论点，提出在当时的条件下，西欧的先进科学理论要转化成实际应用还是有一定困难的，所以明代中国在技术层面上还是领先于世界的。江西师

小事件中的大历史——金元明清史杂谈

大方志远的《明朝百年启示录》梳理了明朝前一百年的发展历程，注重明中期在明代历史进程中的作用，提出随着经济的恢复和发展，做官、财富、文化三种价值标准在明中期交错在一起，使明中期的发展脉络迥异于前代。韩国学者吴金成的《社会变迁视角看明中期史的再认识》同样表现出对明代中期历史的兴趣，呼吁学者关注明中期社会变迁。中国社科院历史研究所商传的《晚明国家权力异化的历史思考》考察了晚明时期国家权力的实际作用以及民间产生的新情况，提出在社会变化和社会利益重新组合的大背景下，国家权力的异化使得国家更多的是对于社会利益的侵夺。东北师大赵轶峰的《明清帝制农商社会论纲》以"帝制农商社会"概念来概括明清时期国家、社会、文化总体形态，指出其基本特征是皇帝—官僚—郡县体制与农商混合经济形成具有一定稳定性的共生态。

更多的论文内容属于个案研究，涉及政治、外交、军事、经济、建筑、祭祀、移民、学术思想、地方社会等诸多方面。关于明朝边疆问题的论文有：黑龙江大学胡凡的《明蒙朝贡体制与明代农牧文化融合》指出，明蒙之间的朝贡体制的发展经历了一个长时段，几经波折，直到隆庆年间俺答封贡才真正确立；北京大学李新峰的《明初辽东战争进程与卫所设置拾遗》以明初辽东史料为例，从三个方面尝试拓展明初史料的利用空间，即严格取舍原始史料，发掘不同记载的互补效能，区分概念所指以解读貌似矛盾的原始记载；中国社科院历史研究所赵现海的《明前期西北中国的边缘化与河套周边的经营》通过对于河套地区自西夏至明数百年历史的梳理，分析了明朝对于河套地区管理较为薄弱的历史原因。明初沿袭宋代的边疆政策，将河套居民驱逐到河套以北，形成无人区，建立军事防御地带，试图修正后人把明中期以来的套虏问题归咎于永乐帝迁徙边疆卫所的传统看法；厦门大学刘婷玉的《内无应援，未有能立功名于外者——由俞大猷抗倭期间的得咎、起复谈起》由抗倭名将俞大猷在王江泾大捷之后的获罪、起复事件，揭示了以徐阶为代表的东南沿海地方势力在此事件中发挥的作用。

社会经济方面。故宫博物院赵中男的《明代宫廷新政初探》通过对于明朝新皇登基颁布的诏书以及虽无明诏但已实际执行的一系列宫廷整改措施，探讨明代宫廷新政的性质、作用和局限性。东北师大罗冬阳的《明代两淮盐政变迁中的国家、资本与市场》通过对万历四十五年确立的两淮盐政纲法的剖析，提出在万历时期袁世振盐政改革中，国家、大资本、小商人、边镇文武官员与市场间的利益达到一种新的均衡，而这一切是明代绅商社会内在的行为逻辑，虽然受到了外来白银的影响，但中国社会自身的发展是主要原因。北京行政学院高寿仙的《"行会"抑或"役籍"？——关于宋代"团行"和明代"铺行"的性质与功能》通过对行会的历史与定义梳理，指出无论是宋代的"团行"还是明代的"铺行"都仅仅是官府强制编置的、功能单一的赋役组织，甚至不能算是一种实体，根本算不上工商合作组织。清华大学余清良的《明代"铺""境""社"含义考辨》考察了明代基层乡治组织"铺""境""社"具体含义与功能。中国社科院历史研究所张金奎的《明初山东枣强移民小考》指出，枣强籍移民大量迁入山东的时间在明朝嘉靖、隆庆、万历年间，并非"洪武二年移入"。其原因是，明中期以后政府欲控制人口，下令迁徙之人返回原籍，但迁徙之人不愿离去，故虚构出自洪武二年就已经迁入此地的先祖来证明本族移入已久，以求长居此地。

社会思想与文化方面。吉林大学王剑的《明懿文太子陵陵祭逾制考论》试图揭开南京明懿文太子陵一年九祭皆用太牢这种超越常规的祭祀礼制的形成过程，以及隐藏其中的政治动因。东北师大李媛的《塑像与木主：明朝祭孔形象的变迁》关注明代孔子祭祀使用塑像还是木主的问题，剖析明代统治者思想变化以及地方的回应。中国社科院历史研究所陈时龙的《明人对书院的态度——以明代方志的书院记载为考察对象》以明代方志中的书院记载为基本参考资料，举出士人对于书院的三种态度：书院非制、属于官方学校的辅助、书院是祭祀先贤之地。中国社科院历史研究所解扬的《晚明经世类书编纂的使用追求——以冯琦（1558—1603）〈经济类编〉为中心》考察冯琦所编纂《经济类编》内容，通过书中收录材料的选取、分类、编纂来分析冯琦的编纂指导思想与书籍应用。东北师大赵克生的《从"木铎宣诵"到"乡约会讲"——明代地方社会的圣谕宣讲》在历史变迁的背景下探讨了明代圣谕宣讲不同模式的演进，即由明初的"直言叫唤"发展为嘉靖以后的"阐明事理""讲行合一"，呈现出迥然不同的新境界，圣谕演绎之学渐趋形成，不同风格的圣谕讲本广泛传播。天津人民出版社张献忠的《救亡压倒启蒙——晚明至清初思想的演变路径及其阐释》借助李泽厚对于中国近现代思想史发展脉络的概括"救亡压倒启蒙"来分析总结晚明至清初思想的演变路径，提出

小事件中的大历史——金元明清史杂谈

晚明思想属于启蒙思想,具有近代性、内生性的,源于中国自身的发展。中国社科院历史研究所张兆裕的《〈崇祯长编〉的佚文述记》对《行水金鉴》《钦定续文献通考》及四库本《明史》所附《考证》三种清代史料中摘引的《崇祯长编》内容归类整理,部分还原了《崇祯长编》的佚文。

值得一提的是,本次研讨会上专家学者之间的讨论一直洋溢着肯定与批评的热烈气氛,既深入研讨了学术问题,又弘扬了良好的学风。

(本文与导师赵克生教授合写,署名第二,刊发于《中国史研究动态》2012年第2期)

"地方史研究的新视野：中国古代边疆的开发与治理"学术研讨会综述

2014年4月25日，《中国史研究》杂志社与西江历史文化研究院共同主办的"地方史研究的新视野：中国古代边疆的开发与治理"学术研讨会在广东肇庆召开。研讨会以中国古代边疆的开发与治理作为切入点，拓展地方史研究的视野，将以地方社会为主体的地方史研究与以王朝政府为主体的边疆史研究相结合，探究王朝政府与地方社会的互动。此次会议有20余位学者参与讨论，其重点集中于岭南和西南边疆，体现出浓郁的地方特色。

中国人民大学王子今教授的《秦汉"五岭"交通与"南边"行政》认为，秦始皇设置"新道"改善陆路交通、开凿灵渠拓展水利交通，对于岭南地区的征服与开发极为重要，在技术上也领先于世界其他地区。汉代文献中在"北边"概念之外，出现了"南边"概念。从秦至汉，"南边"范围的不断推进与交通条件的改善密切相关。汉武帝征服岭南之后，对广大的区域进行跨岭而治，桂阳郡的治所在湖南，而下辖县却在广东，说明当时的交通条件足以支撑这种治理方式。也就是说，逐步向南扩展的"南边"地方的行政效率的保证，也离不开交通建设的努力。

中山大学曹家齐教授的《政和时大理贡使经广西入宋原因考》从交通史角度探讨了宋代边疆经略问题。在宋代，大理国与宋朝之间的交通路线主要有两条，一条经四川，一条则经广西，但经广西之道路在北宋前期不甚畅通。徽宗政和六年（1116），大理贡使入宋，却从广西经荆湖南北路而达汴梁。大理贡使入宋及路线之变化，看似平淡，却反映出宋代中国西南地区政治秩序之变动及宋朝对西南经略问题之复杂性。让大理贡使从新辟的广西和荆湖南北"蛮区"内道路经行，亦反映出宋徽宗向大理国夸示武威和文治的

小事件中的大历史——金元明清史杂谈

意图。

广西民族大学唐晓涛教授认为，广大边疆地区虽纳入王朝版图，但并非均质化，其政权组织形式和经济结构亦不相同，明清时代不断将边地纳入管治范畴，改变了原来的羁縻状态。以大藤峡地区为例，明代对于广西行政区划的修订导致了曾经属于广西的重要盐道海北地区划归广东，实际上改变了广西大藤峡地区的主要经济来源。明朝廷在大藤峡地区无视当地瑶民的利益，将他们世代居住耕种的土地指为无主荒地，强行推进里甲编排，征收赋税，改变了瑶民的生产生活方式；当遭遇抵抗时，又错误地引入广西其他土司武装予以弹压，在无法支付军饷的情况下，再把大藤峡土地许诺为军饷换取土司武装的支持，"以田换兵"牺牲了大藤峡当地土著的利益，而卫所官兵及狼兵的入驻及胡乱作为引发了大藤峡地区的矛盾，造成了持续不断的瑶变。

暨南大学刘正刚教授以"明清时期对于广东海岛的开发"为主题，联系自宋至清的地理变迁对国家海疆政策的影响，指出在清雍正时期，国家对于海疆的观念发生了根本性变化，海岛成为一个标志，边疆从陆路向海洋扩展并得以巩固。明清时代对于海岛的开发由近及远，先开发近海岛屿，而后不断向远海岛屿推进。许多广东沿海岛屿在明代仍荒无人烟，而至清代雍正朝已经有村庄。清代在海疆开发方面出现了从单一设立军事据点到设立文官政府的转变，从雍正朝起，清政府对于海岛的行政管理逐渐强化，编户齐民，申报海岛上的人户总数。这标志着海洋已经成为正式的行政区域。

中山大学温春来教授以"清代矿业与西南边疆社会"为题，考察了与中央王朝较为疏离且自身传统极其鲜明的西南非汉人社会及其矿业的发展变化。清代最大的铜厂主要集中在云南东川府，而东川长期处于彝族土司统治之下，随着雍正四年改属滇省，解决了东川远离成都，难以遥制的困局，云贵总督鄂尔泰借此加强了对营长、伙目的约束，开垦东川田土并整顿矿业。归滇后，东川可享受云南的放本收铜、主动招商民开采等积极发展矿业的政策，大体解决了矿业发展所需的资金；最后，通过雍正五年乌蒙、镇雄二土司的改流，基本消除了两处土司对东川的骚扰与威胁，再经雍正八年的军事行动，消除了营长、伙目的力量，彝族传统的政治制度就此彻底瓦解，为包括矿业在内的整个经济的发展提供了保证。这一政治上的变革与清王朝对国

"地方史研究的新视野：中国古代边疆的开发与治理"学术研讨会综述

内铜矿需求的剧烈增长虽然没有直接的因果关联，但很巧合地发生在同一时期，云南铜矿业就此进入了迅猛发展时期，东川地方社会也因之发生了巨大变化。

东北师范大学赵轶峰教授从清朝初年的三次"迁海"入手，认为政府以强力推行的旨在防备台湾郑氏的政策，对于广东地方经济和地方社会产生了严重的破坏，而实际上郑军并未登陆过广东沿海。梳理史实，提出了几个需要反思的问题：清初迁海对击败台湾郑氏的作用究竟如何？清代官方史书为何对迁海语焉不详？联系到明末清初广东地区的积极抗清及清军攻占广州之后的屠城，是否可以顺延为清政府将迁海也当作一种对广东地区民众的报复？在反迁海的背后，是否有可以议论的政治社会观念？如民本思想。国家对边疆开拓经营的合理性、合法性的基础是什么？有无限度？

关注北部边疆问题的有首都师范大学学报杂志社李华瑞教授，他的《北宋治河与边防》一文指出，自宋太宗伐辽惨败之后，北宋朝廷形成了一种恐辽心理，即使签订了澶渊之盟亦因广阔的河北大平原无险可守而使国都汴京时刻暴露在辽军攻击范围之内，为防止契丹骑兵南下，北宋实际上破坏了盟约的条款，在边界以种植水稻为名，广置塘泊水网，形成人工水长城。是年黄河决口，在河北平原分出一支北流，对宋朝苦心经营的水长城造成了严重威胁，北宋当政者力图以人工的力量使黄河回归故道，保存水长城以阻挡契丹骑兵。但在技术问题无法彻底解决之时，强行推行改道工程，造成了资源的大量浪费，并未给边疆地区的经济发展带来多少有利因素。

对中国古代边疆发展特点与趋势作总体性探讨的有中国社会科学院边疆史地中心厉声教授的《中国与中国边疆历史发展的环境和特点》，该文通过梳理中国边疆的演变过程，并以地理环境的特点为参考，概括中国古代边疆的发展与大一统局面形成之间的密切关系。历史上中国与中国边疆的大一统分为前后两个过程：首先是不同地方区域的局部整合与统一，其次是从不同地方区域的局部统一到华夏境域的整体统一。其间中原王朝与边疆少数民族群体的"逐鹿"互动推进了这一整合过程。中国古代对于边疆的界定，对于边疆的治理，传统的"宗藩体制"等对于今天仍有重要的借鉴意义，在没有国际法的时代，古代中国处理与边疆地区及周边国家的冲突时所遵循的原则及具体措施皆是先民留下的宝贵遗产、经验和教训。

小事件中的大历史——金元明清史杂谈

广西师范大学刘祥学教授通过梳理古代文献记载中对于边疆地区的描述及想象,联系具体史实,认为从中原王朝的角度出发,往往对于边疆地区的认知带有一种歧视性。在古人的记载和描述中,边疆是一个有形象的实体,虽然不甚真实,但展现了当时人们对于未知领域的认知。

苏州大学教授臧知非、山西大学教授赵瑞民、肇庆学院教授赵克生等还讨论了地方史研究与边疆史研究相结合的意义。大家一致认为,边疆史和地域史研究在方法上存在主体的不同,边疆史的主体是朝廷,朝廷力图将中央制定的政策贯彻于边疆地区,而地方史研究的主体不是朝廷,它以当地人为主体,强调当地人的利益诉求,研究视角上略有差别。二者的结合会让我们看到更加丰富、多样的关于边疆或地方的历史。《中国史研究》杂志社彭卫研究员作总结发言时指出,边疆开发与治理虽然随着国家的发展,不一定是一个永恒的话题,但仍是一个长期存在的课题。边疆的开发体现着人与自然的交流,人的价值观、伦理观甚至人的尊严都在一次次的交流中得以展现,其中不乏种群、族群甚至国家之间的冲突,而这种展现是否必须要以损害那么多人的利益作为存在的前提,这是一个值得深思的事情。对历史的研究要有更深入的认识,要站在历史的高度关注现实的问题。

总的来说,本次研讨会既有深入的学术讨论,又敏锐地关注现实问题,立足地方,加强区域史的探索,对岭南和西南地方史、边疆史研究无疑有重要的推动作用。

(本文与导师赵克生教授合写,署名第二,刊发于《中国史研究动态》2014年第5期)

中国宫廷史研讨会暨《中国宫廷史研究概要（草纲）》座谈会纪要

2020年9月24日—25日，由故宫博物院举办的"中国宫廷史研讨会暨《中国宫廷史研究概要（草纲）》座谈会"在建福宫召开，来自中国社会科学院、北京大学、清华大学、中国人民大学、中国政法大学、中央民族大学、南开大学、厦门大学、华东师范大学、华南师范大学、北京联合大学、首都师范大学、北京行政学院、安徽理工大学等多所高校及科研机构的专家学者参与会议，与会专家学者围绕《中国宫廷史研究概要（草纲）》（以下简称《概要》）的撰写工作提交、宣读了相关主题的论文，并就宫廷史研究的相关领域进行了热烈的讨论。

一、《中国宫廷史研究概要（草纲）》的撰写建议

故宫博物院闫宏斌副院长代表都海江书记和王旭东院长致辞，表达了故宫博物院党政领导对于本次会议及以往学术研究活动的大力支持，表示今后仍将继续助力中国宫廷史研究。中国宫廷史是近年兴起的重要学术课题，而国内外学人对于宫廷史普遍缺乏全面、系统的研究，而宫廷史的某些分支如政治、生活、文化、财政、艺术、教育等也存在理论不足的情况。尽管由故宫举办了多次宫廷史主题的学术会议，出版了明代宫廷史研究丛书，在学术领域产生了影响，但对整个中国宫廷史来说，仍需改变相对分散、琐碎的研究方式，继续汇聚学术力量，进一步整合故宫文化资源。故宫博物院希望《概要》一书的撰写和出版活动，能够探索出宫廷史研究的新理论和新方法，

小事件中的大历史——金元明清史杂谈

开拓新领域,借鉴国际宫廷史研究的理论成果,确立中国宫廷史在国际学术界的特殊地位,进一步扩大故宫博物院的学术影响力。

故宫博物院任万平副院长指出,故宫是一个特殊的空间,是明清两朝的政治中心,政治汇聚于此,而政治中心要分出一大部分归于宫廷,因此研究明清历史多数要与宫廷史紧密联系。宫廷史与空间直接相关,在这个特殊的空间,由特殊人物形成了特殊的社会关系,也构成了特殊的机构,产生特殊的功能,发生的很多事件,其功利色彩特别鲜明。有些事虽然发生在宫廷,却也属于国家问题。《概要》一书应该纳入明清以前的多个朝代,同时邀请多领域专家协作,这样才能深入研究,避免分析和表述流于表面。学者们一定要重视前期论证,论证清楚以防事倍功半,进展受阻。

故宫博物院《故宫学刊》主编赵中男教授针对《概要》章节设计进行了介绍,指出宫廷作为特殊空间展现了极大的特殊性,以往的研究分类如果直接移植到宫廷史则难免会削足适履。比如宫廷陶瓷,尤其是宣德时期的蛐蛐罐,此类工艺品与宫廷财政关系紧密,也直接反映了宫廷生活,只归入艺术类则无法反映全貌。又如宫廷文学中的颂词,不全然都是大臣违心的夸大之词,有一部分是通过对比前后皇帝功业大小而发自内心的赞叹。宫廷典制与宫廷政治在很大程度上是相互独立的,而典制规定的重大礼仪活动必须由皇帝主持,这又是彰显皇权的政治活动。明武宗常住豹房,世宗居于西苑,清朝康熙、雍正、乾隆诸帝也常在园林办公,但不管这些地方和政治活动如何重要,都代替不了紫禁城的中心地位。虽然皇帝在哪里,行政中心就在哪里,但紫禁城的主体地位不可撼动,在紫禁城举行的重大礼仪活动也具有绝对的权威性。

宫廷文物和文献的定义还存在争议,比如宫廷遗迹,北京之外,南京、开封这类古都也存留着非常多的遗迹,以国家历史博物馆为代表的各级博物馆拥有大量的藏品,涉及时间更早的出土文物和传世文献,关键在于鉴定其年代和性质,哪些属于宫廷,哪些属于民间,然后以明确的宫廷藏品展开宫廷史多个领域的论述;宫廷园林和建筑之间的关系也很复杂。清代乾隆年间修建了有高度机械化技术的畅音阁,既是建筑也是园林的一部分。之前多位社会史专家在中国社会史研究领域汇总的理论和方法,不能完全套用在宫廷这个特殊场域中。仅从生活细节如服饰、取暖等来看,似乎前后的变化性远

中国宫廷史研讨会暨《中国宫廷史研究概要（草纲）》座谈会纪要

不如其延续性，而这种延续或变化是否一定需要学术理论予以分析，有待商榷。关于宫廷司法，宫廷中有数量庞大的人群，一定要有规矩，但或许《大明律》《大清律》的具体条文并不适用于宫廷人群，加之皇帝凌驾于法律和规矩之上，又使得具体情况更加复杂。宫廷典制和宗教既有关联，也有区分，典制由国家规定，具有强制性，而宗教则体现了灵活性，比如宫廷人员上到皇帝下至宫女、杂役，其宗教信仰都可以更改。概言之，宫廷由于其独特性，使得它包含的林林总总不能全然与宫廷之外的相似形式等量齐观，而在理论建构层面更要慎之又慎。

对于具体章节分布，任万平副院长提出园林和建筑在宫廷史中不应该并列，大建筑史研究中，园林是作为建筑的一个分支进行阐述。宫廷礼仪和宗教是两件事，前者强调仪式化，体现的是一种庄严，宗教则更多是一种思想上的信仰。艺术史和工艺史也不宜并列，因为艺术的范围更大，可以包括文学、戏曲、乐舞、书画、陶瓷、织绣、家具，故宫丰富的藏品可以直接体现宫廷艺术。戏曲表演所需的建筑、服饰也是研究的一部分。

中国政法大学林乾教授认为，《概要》所列宫廷史架构中凡是能够独立成章的内容，如服饰，具体而言以龙袍为例，要尽量独立，避免杂驳而无序的情况。即有章节对于陵寝与宫廷的关系论述不够，宫廷的范围应该包括陵寝，因为明清陵寝完全是按照宫廷的规矩进行管理，属于宫廷的一种延伸，现在清代宫廷史学会已经将东陵、西陵纳入宫廷的范畴。前代学者杨宽的《中国古代陵寝制度史研究》早已认定陵寝的宫廷属性，可作为参考。

中国人民大学杨念群教授指出，中国宫廷史研究丛书较之明代宫廷史研究丛书，工程更为浩大，而《概要》一书是方向性和理论性的指导书籍。如果单纯从资料分布看，明清尤其多，前代非常少，导致单纯以史料对应《概要》的章节分布，往往使得内容无法平衡。明清资料过多，会导致表述上挂一漏万，而前代资料太少，无法完成基本论述。

二、宫廷史研究的理论创新与范式突破

中国社会科学院左玉河研究员代表院外专家学者致辞，表达了院外同人对于宫廷史研究的支持与协助。中国社会科学院历史理论研究所及负责期刊

小事件中的大历史——金元明清史杂谈

《史学理论研究》长期致力于理论探讨,宫廷史研究作为一个新兴的研究领域,尤其是在新形势下,更需要一套理论对于研究进行有效的把握和指导。史学工作者在利用历史材料来构建历史事实方面比较擅长,但在深入解读即历史解释方面则较为不足,不仅是宫廷史研究,整个历史研究都存在这样的短板。希望在描述历史现象之后,还能够揭示现象背后丰富的历史内涵和文化内涵。

赵中男教授指出,《概要》并不是想要涵盖所有内容,而是侧重于宫廷史分类的主干部分和理论问题。鉴于宫廷中某些领域,如生活细节并未发生大变化,取暖、服饰延续性强,变革较少,因此不需要特别的理论进行阐述。宋史学会会长包伟民,北京大学魏晋南北朝史专家陈苏镇教授,清华大学李伯重教授,这些知名学者的加入丰富了研究的领域,也为宫廷史研究的理论提供了学术基础。

安徽理工大学柏桦教授指出,在研究中国宫廷史时,要尽量减少西方的学术用语,因为中国的事情体现了一种人学,不能简单套用某种西方的范式。

杨念群教授指出,对于中国宫廷史系列丛书,可以尝试多卷本撰写,哪个阶段的宫廷史成熟了就先行出版,作为标杆,其他时段相继推进,也可以取长补短,最为关键的就是突出理论指导的这本《概要》。线索、问题、特点,这三样是撰写过程中要着重突出的。线索与书的结构相关,问题与材料的凝练相关,特点与解释模式相关。书籍最怕写成一个拼盘式的综述,没有线索,不同的专家学者各自负责擅长的领域,但汇总之后却不成体系;问题意识是处理众多材料的出发点,将有价值的观点提炼出来,形成问题意识,并以导向性问题牵引材料;特点要突出,中国宫廷史不同时期以及与中西方宫廷对比体现出独有的特色,如清代的园林和宫廷二元理政模式,与明相比,既有延续又有区别,其宫廷生活与同时代凡尔赛宫对比,也存在一些内在外在的联系。

北京行政学院高寿仙教授指出,由于宫廷的特殊性,使得研究其他地区的理论或方法不能简单移植到北京宫廷乃至北京社会上,如国家与地方的两分法不适宜北京地区。皇帝和住在皇宫中的其他人属于国家还是地方?从体制上讲,皇帝是国家的象征,无疑属于国家,但他在北京发挥作用的时候,却是属于地方的,而且还是地方的破坏者,北京各种强有力的势力都是皇权

中国宫廷史研讨会暨《中国宫廷史研究概要（草纲）》座谈会纪要

派生出来的。明人王世贞所言的京师大气魄指的就是京城的贵族勋戚对于封爵一事根本不在乎，而南方若有人封了爵位则是大事一件。相较而言，北京少文学侍从之士，尽管都是科举取士，但这些人到北京发挥的作用是官员而非文士，且客居他乡，没想过与北京地方社会进行融合，一旦回到南方，回到家乡，他们则成为士绅，成为不可或缺的一股地方势力。有关明清宗教的研究，以往学者多从正祀和淫祀角度分析，正祀代表国家，淫祀代表民间。但是，在皇帝参与的正规国家典礼之外，帝后真正喜欢的恰恰是淫祀，比如碧霞元君，该信仰并非正祀，但由于皇太后虔诚信仰，由此引发了北京周边祭祀碧霞元君的兴盛景象。

概言之，以往学者惯用社会史理论来分析国家和社会关系，分析国家典制与民间信仰的关系，在北京这个特殊的地方社会则需要做一些变通，甚至重新思考。皇帝本身具有二重性，他既是国家的象征，代表正统，却又是一个活生生的个体，其信仰中的烟火气更接近民间。皇帝有其自身的利益范围，如皇庄、皇店，他的亲戚也在经营相关产业，从这个角度讲，皇帝是北京地区最大的地方势力，而且与民争利不遗余力，导致明代北京凡有赚钱营生，皆把持在皇权及派生势力手中，如牙行、店铺、西山煤矿都掌握在勋戚和宦官手中。宫廷不是孤立、封闭的存在，不是高悬于北京社会之上且与本地无关，应该在研究中将它时时刻刻放在北京社会中来理解，却又不能落入西方社会史研究的范式窠臼。

三、宫廷史范围再思考

安徽理工大学柏桦教授指出，宫廷史不能局限在一个皇宫之中，要看到皇宫的辐射面，经济和法律层面都有体现。皇庄、皇店，都打着皇帝的旗号，皇帝的亲戚、奴婢们经营着这些皇庄、皇店，他们犯了法不能由地方司法机关处理，要约请宦官会同地方官一起审理，如宗人犯罪，宗人府一定要参与审理，宦官的奴仆犯法，宦官也要参与审理。重大罪责，要经过法司，一般犯罪，直接由宦官处理。宦官们的家奴也应纳入研究范围。家奴分三种，第一是家生奴，世世为奴，改变不了身份；第二类是犯罪、战争掳获、买卖导致成为奴，是受奴役者；第三类是卖身投靠。卖身投靠者又与国家税

小事件中的大历史——金元明清史杂谈

收制度息息相关，实际上侵占了国家税收。

宫法的适用范围实际上可以锁定宫廷史的研究对象，宦官、宫女、奴隶，合起来应有百万人口，这在七八千万人口的明朝是非常大的数字，应引起重视。

以宫廷司法所涉及的人群为例，皇帝的司法行为不能算作宫廷司法，如果把皇帝司法纳入宫廷，就相当于将整个明朝法律纳入宫廷史范围，这是错误的。皇帝勾决人犯，应归入国家司法体系。后蜀时期已经出现了遍布四川地区的情报网络，单线联系，人数众多，信息汇总到宫廷中的宦官那里，最终报到皇帝，明清两朝的特务系统都是这样的组织架构。但是，如果把这个网络及相关情报人员也纳入宫廷史范畴，则不太妥当。这些人背后是宦官，他们犯了事，有宦官撑腰，会有部分人出现在宫廷司法史当中，但不应将研究范围扩大到这个群体，冲淡宫廷主题。

浙江大学青年教师赵晶指出，明代有一些宫廷画家就是宦官的养子、义子，建议纳入宫廷史范畴。

柏桦教授认为，中国古代一个特点就是以血缘为纽带的宗法关系和以婚姻为基础的裙带关系一直在古代政治中发挥重要作用，导致了一人得道鸡犬升天，也促成了一人犯法阖家株连。宦官的养子、义子算是奴婢的一种变态形式，高级形式。当然，在司法审判上，奴婢算作不知情，可以正常依法定罪，而养子被认为是知情者，需要罪加两等甚至更高。

高寿仙教授在《明代宫廷与北京地方社会》一文中指出，北京的宫廷不是孤立的，它是社会当中的宫廷，北京地区可以纳入宫廷的辐射范围。但是，现有社会史研究的几大特点在某些程度上无法让宫廷研究得以施展。首先，重农村轻城市，"进村找庙"模式忽略了城市生活的重要性；其次，重南方轻北方，这确实存在南方地区保存资料多从而产生了地域优势，但华北地区研究的确相对滞后；最后，重边缘轻中心，由于受到人类学方法的强烈影响，关注边陲地区，强调皇权渗透程度不高的地域，而对浸透着皇权的京城着眼太少。

文中提及的北京师范大学赵世瑜教授认为，北京是一个"皇权在场"的地方，因此北京的社会受到宫廷或皇权非常大的影响。以北京的空间设计为例，就是为了凸显皇权，以紫禁城为中心向四周扩展。明朝人文地理学家王

中国宫廷史研讨会暨《中国宫廷史研究概要（草纲）》座谈会纪要

世贞曾论述南方寺庙即使再壮丽，其程度也不及北京的十分之一二，而根源就在于北京的寺庙很多都是皇帝敕建或皇太后出资兴建，其等级和规模都是其他地区不能比拟的。从园林看，自明代起，苏州园林展现其精致，但仍属于江南文人私人营造园林的特征，而北京的园林除了皇家园林，还存在大量贵族勋戚营造的高规格园林，如定国公园林占地广阔，为南方园林所难及，此即所谓皇家气魄。明朝北京的人口构成，军人家庭几乎占半数，而各色官员及宫廷服务人员都是围绕皇宫运作，这也是外地城市所不具备的。京城米价尽管便宜，和江南不相上下，但这不是经济发展的自然结果，而是由国家强制力建构的漕运体系，不考虑运输费用导致的米价低廉。因此，无论是从精神、生活还是其他多个层面，由于宫廷在北京，因此围绕宫廷的活动使得北京变成一个与其他地方不同的社会。另外，北京也对宫廷产生了其他地方社会无法企及的影响，如北京地方文化、民间文化渗入宫廷，从而影响帝后喜好。

林乾教授认为，有关北京社会与宫廷的关系，不宜将北京社会的方方面面纳入宫廷太多，会冲淡主旨。《清代宫廷政治特征探析》一文强调，对于宫廷的认知，明清之间有差别，与前代诸王朝皆有差别。新清史的很多意见应该予以驳斥，但他们强调的满族视野应该引起重视。比如对于宫廷的范围划定已经将皇家园林纳入。学者何瑜的统计材料显示，康熙皇帝一年之中有一半时间在畅春园，雍正皇帝主要在圆明园，乾隆皇帝也是在园林生活理政的时间较长。满洲旧例成了皇帝在为皇太后守丧仪式中起到调和矛盾作用的重要依凭，这些满洲旧俗和礼仪已经极大地打开了传统汉族中央王朝对国家礼制的种种限制。

四、宫廷史相关领域研究举要

宫城、宫殿以及生活在宫廷中的各色人等都是宫廷史研究的对象。北京联合大学青年教师刘少华在《正统时期北京的营建工程》一文中围绕正统时期明英宗对于北京地区的陵墓、宫殿、城墙等一系列工程营建，指出其背后的目的：一是强调自己乃天命所归，二是定都北京。由于永乐、洪熙、宣德朝的政治变化，使得英宗的即位并不顺利，因此将天寿山地区的皇帝陵寝进

小事件中的大历史——金元明清史杂谈

行修缮本身是要强调自己尊崇祖先，奉行祖制，进而表明统系的传承以及天命所归。三殿二宫（奉天、华盖、谨身三大殿和乾清、坤宁二宫）都是皇权的象征，也是尊祖的表现，对于灵济宫、城隍庙以及北京城池的大规模修缮表明了定都的决心。而后发生的土木之变，蒙古大军兵临北京却无法攻克，也与正统时期的城防加固有直接关系。

赵中男教授指出，明英宗的时代正是旧臣老去、新臣上位的阶段，新旧交替的矛盾与内外矛盾在此时充分体现出来。至于北京城三大殿被焚后长期不曾重建，与永乐时期国力透支过多直接相关，而宣德、正统时期，国力恢复，因此可以对北京城进行新一轮的"装修"，而所用木料都是永乐时期储存，因此并未大伤民力。另外，关于还都南京的争议，实际上朝廷有很强的一股势力要还都南京，反对定都北京，甚至在土木之变后徐有贞的南迁之议也是顺应当时的一股需求，并非奸臣自保，主动逃跑。

北京大学陈苏镇教授指出，宫殿的格局导致士大夫与宦官之间的关系产生异化。由于宫禁制度的存在，普通士大夫不能进入皇宫，他们只能将奏疏等文件交给宦官，待皇帝审批之后交还，皇帝在深宫之中只能与宦官商议，因此宦官得以弄权，利用制度假传圣旨。由于材料的不均衡，呈现出时代愈早，材料愈少，时代愈后，材料愈多的特点，可以选择先行撰写一本《明清宫廷史研究概要》，因为明清史料非常丰富，但在撰写时要注意明清与前代宫廷尤其在宫殿建筑上的差异。回顾明以前，尤其是魏晋南北朝的宫廷，以考古资料为主，但是考古工作者喜欢找大房子，关注夯土结构，而对于墙不太在意。明清宫殿北、东、西三面有墙，南面是门和窗，不透风，秦汉至宋朝，皇宫纬度较低，西安、洛阳、开封一直延长到日本的东京，大致在一个纬度上，气候不像北京这般冷，当时的殿南面敞开，无墙也无窗，更像是一个舞台，皇帝坐在大殿上，前方无遮拦，所以需要有一个院落，每一个殿就是一个院落，类似北京四合院，两进甚至三进的院子。前后朝代在建筑上的差异，也导致了宦官、士大夫与皇帝关系的亲疏，影响了政治走向。

柏桦教授认为，皇帝作为个体具有一定的人性，他的喜怒可以影响国家行政。为了确保皇帝的威严，不会轻易面见大臣，要营造神秘感，为了掌握皇宫之外的情况，会赋予特殊群体一部分权力，从汉武帝时期即已开始，延续到明清。虽然官员升迁取决于皇帝最后的决断，但上呈奏疏中官员的排名

中国宫廷史研讨会暨《中国宫廷史研究概要（草纲）》座谈会纪要

可以操控，出于不信任臣下的理由，皇帝通常情况下不会选择名单上的第一名，这种倾向也被上奏的官员利用，调整名单以确保定好的人员中选。

赵中男教授指出，明代宫廷中司礼监的批红，更多是要参考内阁给出的票拟内容，主要起到一个抄写功能，票拟内容很少被推翻，但是抄什么不抄什么由太监把控。一旦皇帝放权怠政，皇帝的意见或太监的意见与内阁不一致，往往内阁和宦官先行沟通，在票拟时重新起草令人满意的内容，再由太监抄成红字。外臣张居正和内官冯保的合作可视为一种工作流程上的需要，不能简单视作外臣依附内官，趋炎附势。

中国人民大学刘文鹏教授的《明清时期南苑行宫体制初探》指出，鉴于清代行宫数量特别多，可以用行宫体制进行归纳。行宫中的建筑、园林不应单独研究，否则无法体现行宫的概念。辽金时代南苑已经出现，元代继承，直到明代才用围墙把南苑围起来，清代承袭了明代的围墙和宫门，继续进行管理。天津大学团队研究指出，顺治、康熙、乾隆、嘉庆、道光、咸丰诸帝曾长时间住在南苑，南苑中的麋鹿种群的兴衰见证了中国历史。学者刘璐考证清代皇帝南巡、西巡，包括前往东陵、西陵，南苑是必经之路，是中转站角色。辽金捺钵、元代飞放泊、明代南海子、清代南苑，并不是线性发展的历史。学者刘浦江有文指出，辽金的捺钵在一定程度上弱化了都城的政治功能，新清史学者强调迁徙和多都城，但是就清朝而言，它从未形成多都城，只有唯一的统治中心。辽金时期，从南海子东一直到通州都是打猎的范围，明朝天顺、正德、嘉靖皇帝经常来南海子，而清朝皇帝来南苑是继承了明朝的行宫制度。

长春师范大学青年教师宋继刚的《从神圣空间的营建看蒙元宫帐、都城、萨满与大汗崇拜的关联》一文认为，神圣空间理论及文化外延为理解蒙元时期的宫帐移动、都城修建和萨满祭祀提供了独特的视角。蒙古统治上层通过吸收、融合多民族文化元素，打造出兼具农耕游牧多重特色的宫廷文化，其核心是对蒙古大汗（元朝皇帝）这位"黄金家族"第一人的无限崇拜与臣服。通过建立一套以大汗崇拜为核心的礼制、建筑、活动来稳固黄金家族对于优质政治资源及财富的独占，进而打造一个精神层面的网络，以大汗一人为核心牵引其他人与之同喜同悲，完成最高统治者与万民的有效联动。宫帐移动代表了游牧生活方式，都城建设代表了定居生活方式，萨满祭祀代

小事件中的大历史——金元明清史杂谈

表了原始宗教活动，三者对于新兴的蒙古汗国而言都是具有深厚历史传统的政治文化资源，如何合理地选择和利用既能体现最高统治者的政治智慧，又能直接影响国家的走向。

与会专家针对宫廷司法设计与实践展开了充分的讨论。柏桦教授认为，中国古代司法体系可以用宫、官、国、野、军五大体系来概括，宫法指宫廷司法，官法指管理官员的法，不是现代意义上的行政法，国法是关于城市的法，野法是关于农村的法，军法是关于军队的法。传说中有所谓五刑之属三千和汤刑，展现出同样的罪行针对不同群体会有不同的处置。古代法律毁失很多，清史资料丰富源于战乱期间民国政府来不及毁坏，相比之下，明代史料遭到了清朝有意识的毁坏，比如现在常见版本的《明实录》不是原来版本，是摘抄出来的，因为各取所需，所以并不完整。《明实录》被保留在宫廷之中，容易被清朝完整销毁，致使研究明代宫廷史严重缺乏资料。

按照宫、官、国、野、军五法体系看，明朝初年就有宫法，洪武五年的《宦官禁例》，同样的罪行如骂人，宦官要加等处罚。奸党罪三条之一就是交结内侍，涉及的内官要凌迟，这不是《大明律》的规定，执行的就是宫法。明代号称十万宦官，并不都在皇宫里，东、南、西、北苑，千寿山都有太监，加上各地的镇守太监和太监带着的火者，这是一个特殊的群体。因为皇帝要将自己的精神和意图贯彻到每一个地方，宦官也要承担教化，导致十万之众也不敷用。

宫廷司法史的主要研究对象就应该是宦官群体，还包括他们管辖的宫女、女官。因为明朝将女官的独立性取消，对应的事务全由宦官管理，使得前代皇后治内的情况不复存在。宫廷隐秘的事情很多，外人只能靠猜测，如关于嘉靖朝壬寅宫变就有九种说法，但考证之后，全都不对。猜测可以，但别以各种低级趣味去猜测。宫廷司法的执行具有秘密性，不公开执行，以保全其体面。

赵中男教授指出，著名明清史专家李洵先生在《正德皇帝大传》里提到国家用法来管官员和百姓，用宦官来监视官员，而用宫廷家法来管宦官。这些内容并不列入《大明律》，导致宦官有时犯错却被施以酷刑，如写匿名信状告宦官王振者最终自己被处以剐刑，因为这是触犯了家法而非国法。

柏桦教授认为，宫法绝对比一般法律要严厉很多，这就涉及在古代，法

中国宫廷史研讨会暨《中国宫廷史研究概要（草纲）》座谈会纪要

律面前不是人人平等，所谓王子犯法与庶民同罪，是来自元曲《包待制三勘蝴蝶梦》，实际情况是王子犯法，罪加几等，因为上层人知法犯法理应加重处罚。明代宦官群体在司法实践中还有禁例的存在，清代延续该名称，但是下不为例为后来的违例大开便门。明朝每位皇帝在位时都会颁布一些法律之外的例，包括榜文，但新皇登基经常在即位诏中废除前代的例，导致了例的系统不健全。正德即位时，顾命大臣想要管束小皇帝，就将弘治皇帝颁布的例定为具有法律地位的条文，却没有限制小皇帝继续颁布新例。

常州大学吕杨副教授的《明代宫廷司法的主体——司礼监、都察院和锦衣卫》一文指出，明代宫廷司法真正的主体是司礼监，而都察院和锦衣卫属于执行者。都察院承袭了汉朝刺史制度，以小制大，到中叶时候，集侦查、审判、检查、监察四权合为一，实际上分割了刑部和大理寺的一部分司法职能，加之皇帝赋予了一定司法权力，因此都察院被认为是司法机构。虽然迁都之后，南京只剩下空壳，但南京都察院仍有多种职责。锦衣卫集仪仗、御前侍卫、警备、治安、刑侦、特工、内卫、纠察、监察、工程兵于一体，体现了皇权的扩张。锦衣卫受皇帝指令执行诏狱，捕人入诏狱就是执行内廷司法的过程。廷杖由锦衣卫担任具体执行者，很多内廷司法事务也由锦衣卫处理，嘉靖朝壬寅宫变中的宫女，一律凌迟处死，但司礼监没有权力处死犯人，只能移交三法司。

赵晶指出，史料记载某些大宦官会在锦衣卫中培养自己的心腹来为自己通报情况。

柏桦教授认为，宦官和锦衣卫二者既互相监督又互相利用，都对皇帝负责，由于共同的利益，因此勾结最紧密，但皇帝怠政，不常见锦衣卫，那么权力实际上就向宦官倾斜。由于锦衣卫负责诏狱，因此研究宫廷司法，这个群体决不能忽略，诏狱相当于高等级监狱，普通犯人没有资格入狱。从现实需求角度出发，设置诏狱是非常必要的，因为这些犯人掌握国家机密，法庭式公开审理容易泄密。诏狱既是国家监狱，又是皇家监狱。

古人在处理案件的时候有大智慧，我们不能低估古人的这种智慧，他们寻找其他的切入点，达到最终的目的，虽然迂回，但保证了结果令人满意。我们只有谦卑地对待历史，才是研究历史的态度。爬梳史料之后要跳出史料，如果跳不出来，沉浸其中，就成为老学究的考据，当代学者要进得去出得来。

小事件中的大历史——金元明清史杂谈

林乾教授指出,明史提到的法外执法在明朝以前并不如此,从隋朝开始,杀人权力才收归皇帝,之前地方大员杀人很正常,但是对于宫廷人员,犯罪涉及死刑,一定要归口到刑部。刑部的职能跟隋唐大理寺不同,隋唐大理寺负责判决,而明朝时将判决权归于刑部。礼部的一部分职能就是负责外国人事务,化外人犯也属于礼部负责,清朝则归入理藩院,后来则是外务部、外交部。明代司礼监由于在决策程序上的重要性,使得外臣要与司礼监太监合作甚至勾结,才能巩固外臣的地位。清朝的《宫中现行则例》脱胎于明朝中晚期的制度,清代审查程序非常复杂,为判重罪,司法人员经常激烈辩驳。这又涉及治官之法和治民之法,古人说治官之法增多,压缩了治民之法的空间。随着强大的中央集权逐渐建构,上层需要一套法律系统来约束下层。

明代六科和都察院是两套独立的系统,这也导致了程序的繁复和行政效率低下,成为嘉靖、万历皇帝不愿上朝的原因之一。即使外敌入侵之时,官员也争吵不休。巡按要向都察院汇报,但决定权不在都察院,每一个巡按御史都是一个独立的审查机构,独立行使权力。为防止巡按御史坐大,朝廷委派太监监视他。

赵中男教授认为,皇帝派遣太监监察官员,又派遣锦衣卫制约太监,主要是因为他发现太监有些不可制,当时曾出现太监欺蒙皇帝而锦衣卫如实奏报的情况,所以要层层制约。

吕杨认为,明代宦官始终不掌握兵权,尤其是锦衣卫根本不听其调动,因此出现了轻松捉拿刘瑾和魏忠贤的情况。

在宫廷生活与风尚方面,与会专家各抒己见,围绕宫廷服饰、宫廷作息时间、宫廷音乐与表演进行了深入探讨。华东师范大学青年教师熊瑛的《明末内廷服饰风尚衍变——以〈明宫词〉为中心的探讨》指出,明代宫廷服饰在常服上受到礼制的限制较弱,受到民间风尚影响较多,通常情况下是宫廷风尚影响民间,而实际上是风尚的双向交流。《大明会典》尽管禁止民间服饰使用正色,但民间在较为浅淡的颜色中发展新的种类,内臣负责苏州、杭州、南京的织造事务,这些色彩取向被带入宫中。明朝为防止权势之家干政,在民间挑选后妃人选,她们对于服饰的民间喜好也进入宫中。《明宫词》尽管涉及很多内容,但因其诗文特质,导致细节上语焉不详。帝后的喜好主导了服饰的主要方向,后妃的选择与江南闺阁女子的喜好相通。内臣服饰以精致奢华为主，审美不是主导因素，而是对于权力、欲望的炫耀。观看明代绘画，陪伴在皇帝身边的宦官和锦衣卫都是服饰精美。

赵中男教授认为，皇帝特赐边将蟒衣，展现了皇帝的恩赐，为的是收拢人心。宦官从万历到天启、崇祯开始乞求超规格的华丽服饰，在《宪宗元宵行乐图》中，宦官服饰还是青绿色。

赵晶指出，宫廷不同的场合会看到不同的狮子，《宪宗元宵行乐图》中的狮子不是真狮子，是由人装扮的假狮子，因为有远方国家来献狮子是一件大事，所以被画入图中，但画中的狮子和牵狮子的胡人都是装扮的。

陈苏镇教授指出，清朝皇帝自诩勤政，很早就起床理政，但是汉朝皇帝比他起得还早，一天两顿饭。清朝的乾纲独断并不是一直这样，顺治时期还讲求天下大事公议公决，不能自己一个人决策，而到了雍正时期，改成大事全都秘密处理，军机大臣在军机处口承笔录，完全转述皇帝的意思。

林乾教授认为，明清时期宫廷生活中有一股重要力量，就是传教士，西学东渐，九子夺嫡都有他们的身影。宫廷管理的各种细则同样是为了防止皇权受到侵犯，规定宫女、太监出宫就不能再回来，宫中失火，救火队只能从规定的大门进入，宫廷进出人员在何处上下马以及具体出入路线都有规定。另外，《宫史》、上谕和铁牌在宫廷管理中也具有法律效力。

关于宫廷音乐，南开大学刘毅教授指出，唐代的雅乐中就有胡乐成分，而且比例不小。赵中男教授指出，清代宫廷音乐中不仅有满族乐，还有蒙古乐，典型的就是长啸，重大的典礼都需要蒙古乐人的表演。任万平副院长指出，清代宫廷中，缅甸乐、廓尔喀乐也是重要的组成部分，也体现了包容性。柏桦教授指出，古乐在当下传承中遇到的最大问题是乐谱大多丢失，只剩下一些歌词。通过文字记载，可以知晓宫廷乐舞中的剑舞等名称，但表演者的空间位置不清楚，服饰只有名字而没有具体信息，难以尽数还原。任万平副院长指出，一些有能力的音乐史学者，本身也是音乐人，正在尝试用现代的五线谱尽可能还原古代音乐，并演奏出来，促进学术交流和文化传承。

五、宫廷史研究成果总结与前景展望

故宫博物院任万平副院长指出，故宫博物院要做中国宫廷史研究的带路

小事件中的大历史——金元明清史杂谈

人，高举科研旗帜，勇于担负起这份责任。其他高校或科研院所，更多关注于社会层面，不会像故宫博物院这样切入特殊空间，研究特殊人物，加之两朝皇宫在此，故宫的研究具有得天独厚的优势。周秦汉唐的宫廷史研究存在城市宫廷建筑及文化上的断层，无法进行有效衔接和有机融合。2005年，故宫博物院已经成立明清宫廷史研究中心，力图将明清两朝打通研究，以往学界分明史学会、清史学会等，很少进行连贯性研究，实际上明清两朝很多制度和社会习俗都有继承关系，而最主要的是制度上的清承明制。故宫既然走在前列，理应保持领先。

北京大学张帆教授指出，北京大学与故宫博物院、敦煌研究院签订了三方合作协议，引起了社会轰动，为此，北京大学多次举办会议，推进合作事宜。故宫博物院的多位专家在北京大学开设选修课，促进课程建设与学术交流。北大历史系虽号称全面，学术较好，但在宫廷史方面与专业的故宫研究团队相比，并没有太多基础和优势，因为宫廷史的许多内容如果不结合具体宫廷维修和管理工作，则无法探知其真相。已经出版的明代宫廷史研究丛书在国内是具有开创性的书籍，内容丰富，涉及范围广，成果值得肯定。梳理魏晋南北朝的宫廷资料，大幅度残缺，只剩下零星碎片，需要文字材料与考古材料充分结合。普通人受传媒影响，一提到宫廷首先想到宫斗之类的阴谋诡计，实际上宫廷是古代政治的中心，从政治史、制度史的角度入手，宫廷史的研究其实大有可为。

刘毅教授指出，中国古代宫廷史的上限在哪里需要详细论证，故宫博物院利用其得天独厚的优势推动这一研究必然会取得令人满意的成就。宫廷中的政治、经济与国家政治、经济纠缠在一起，需要认清。尽管现存紫禁城是明清时期的政治中心，但某些建筑和景观还可以追溯到金元时期。另外，尽管宫廷史需要有宫廷建筑的存在，但辽金元等少数民族宫廷文化的载体与明清皇城还有所区别，也需留意。汉唐至于南朝，大王朝的宫廷资料都不太欠缺，而宋反而成了一个异类，杭州的南宋皇城经过杭州考古所与南开大学联合工作数十年，仍未能找到核心位置，和我们之前的乐观预判不太一致，如德胜宫还是处于考古边缘状态。汉唐宫殿的考古发掘成果显著，有些发掘甚至颠覆了从前的一些记载。

先秦时期，尤其是商周时期宫廷史是否存在需要仔细考量，就物质性遗

中国宫廷史研讨会暨《中国宫廷史研究概要（草纲）》座谈会纪要

存而言，有的时期存在，有的时期则出现空白，而且真正涉及宫廷典制内容的资料究竟有多少，能否搜集完全，这些都是面临的困难。有关少数民族王朝宫廷史的问题，以帝陵为例，明代皇陵的孝陵和十三陵与宋朝皇陵规制差别很大，而与辽金元皇陵在风格上有一定的延续性。如十三陵中的明楼，在宋以前的帝陵中是不存在的，明楼中的石碑，这种规制的墓碑在汉唐宋都不存在，而在房山金朝帝陵存在。明代藩王墓也有很多北方辽、金、西夏的因素，这种现象值得重新思考。有关陵墓规格，汉唐帝陵是一个城的模样，而明清帝陵则是一个宫的模样，前朝后寝，是巨大紫禁城的一个缩小版，这个模式与辽金的承接性更强。明代帝陵绝不是照抄唐宋，而是融合了多民族王朝的文化，从陵墓上也可以看出中华文明真的是多元一体。元朝帝陵中帝后并坐，这在传统汉族王朝中是不可能的，外朝官员不应该看见皇后，且正史中的后妃传也是模式化描述，文字干瘪。但是，在宫廷中，皇后的影响力不可忽视，加之死后地位是生前地位的延续，因此，对皇后在宫廷中甚至朝堂上的作用应重新考量。

赵中男教授认为，尽管朱元璋口号上要恢复汉人仪制，而实际执行中则是另一回事，明代的许多服饰、习俗，如戴的帽子和打猎的规矩，很大程度上都来自北方的一些少数民族，至于对西夏和辽的部分承继了多少可以进一步挖掘。

与会专家学者通过回顾中国宫廷的发展历程，梳理学术研究脉络，引入考古发掘新资料，不断修正宫廷史的研究范围，创新研究理论，凝练史料，突出问题意识，以此书为试点，汇聚多方力量，顺应时代潮流，进一步深化中国宫廷史的学术研究，为中华民族伟大复兴事业贡献一份心力。

（原文刊发于《故宫学刊》2021年第1期）

小事件中的大历史——金元明清史杂谈

《中国宫廷史研究概要》研讨会会议综述

2018年10月24日—25日,由故宫博物院举办的《中国宫廷史研究概要》研讨会在故宫博物院建福宫静怡轩召开。来自中国社会科学院、北京大学、清华大学、人民大学、南开大学、武汉大学等单位的多位专家学者参加了会议。故宫学刊编辑部赵中男教授主持开幕式,故宫博物院副院长朱鸿文教授、中央美术学院人文学院院长尹吉男教授、中国社会科学院历史研究所所长卜宪群研究员、南开大学社会史研究中心主任常建华教授出席开幕式并作主题发言。

本次研讨会共宣读论文20余篇,30位参会专家及青年学者围绕《中国宫廷史研究概要》(以下简称《概要》)的立意、撰写展开热烈的讨论,涉及宫廷史定义、研究理论提升、学术史梳理,并对发生在宫廷中的政治、军事、司法、艺术、典礼等进行了细致的专题论述,展现出宫廷史研究独特的宫廷意涵。

一、针对书稿的讨论

故宫博物院副院长朱鸿文教授指出,故宫博物院对于中国宫廷史已进行十余年的专门研究,召开了多次以宫廷史为题的国内国际学术会议。研究者不断拓展学术领域,从明清扩至整个古代中国,这一转变需要大量的文物、史料以及一整套研究理论来支撑,当下《概要》的撰写正逢其时。中国有3000多年的宫廷史,丰富的宫廷文化是中华优秀传统文化的重要组成部分,具有不可替代性。宫廷是权力源头,宫廷势力对于整个国家进行控制、监管和干预;宫廷是一个场域,作为国家文献的管理储存中心、礼仪实践中心、学术中心、国家高端艺术中心,宫廷内的活动对国家层面、社会层面产生了不可估量的影响。最新发现的明代正统、景泰、天顺时期的瓷器残片展现了宫廷瓷器的精美,更正了以往将这一时期定为瓷器生产空白期的错误论断,丰富了美术史和社会史的内容。

中国社会科学院历史研究所所长卜宪群研究员认为,宫廷史有广义和狭义之分,《概要》写作中应该选择狭义的一方,以宫廷为中心,而不是简单地认为宫廷与全国所有的事情都有联系,进入广义的范畴,导致失去宫廷特色。从宫廷发展的历程看,汉武帝时期的中外朝即开始从空间概念来区分内与外。宫廷史研究有物质、制度、文化三个层面。物质指宫廷的空间,制度指宫廷本身的制度,不包括外朝的制度,文化指精神文化层面的绘画、帝王教育等。

《故宫学刊》主编赵中男教授针对《概要》进行了介绍。首先是绪论,涉及中国宫廷史的基本概念、范围及演进特点;其次是上编,介绍研究综述与史料系统;最后是下编,涉及理论方法与问题架构。上下编共分为十八章,着重介绍了宫廷政治史、社会生活史、财政史、典制史、艺术史和中外宫廷比较。《概要》强调了宫廷与国家、政府之间的差异,突出了宫廷的特殊性,如皇帝通过皇权对于国家财政的侵夺造就了宫廷财政,奢侈品制作及消费促进了宫廷艺术的发展,围绕皇权的一系列活动使宫廷成为一个拥有特殊结构的社区,对内对外交流呈现出与民间社区迥然不同的状态。当然,以上分类和表述还有进一步调整的空间,本书虽然是"概要",但涉及范围广,尚需国内外多位专家学者通力合作。

武汉大学旅游规划设计院张薇教授提出,从可操作性来看,可根据现有资源撰写出一本《明清宫廷史研究概要》,之后再扩展到《中国宫廷史研究概要》。第一章为研究综述,展现当下明清宫廷史的研究主要解决哪些问题和已经取得的成果,畅想研究的前景。第二章为研究依据,涉及文献史料、文物、考古等。第三章是明清宫廷史研究本身的发展脉络,何时产生,如何发展。前三章主要谈前人研究,从第四章开始直到最后可以分成明清的宫廷生活、园林建筑、司法监察、财政等。第十四章是中外宫廷史的比较研究,最后是总结,对研究的基本理论和方法进行综合梳理。明清宫廷史研究资料丰富、议题集中,可尝试申报国家重大社科基金项目,组建团队,集中优势资源,用前期成果做积淀,抽象提炼理论,展现明清宫廷的独特之处。

香港科技大学人文社科学院李伯重教授认为,明朝重要决策几乎都在紫

小事件中的大历史——金元明清史杂谈

禁城里做出,因此明史研究离不开宫廷史。从秦始皇到溥仪,帝制未曾中断,这种中央集权帝制的延续性与其他国家不同。尽管有过分裂,但在帝制时代,有三分之二的时间是在同一个政权的管辖下,另外三分之一的分裂时期,各政权也是大体相同的组织方式。外族入侵后建立的朝廷,掺入外族成分,但总体归向主体民族——汉族的统治方式。关于中外宫廷比较,中国帝制的历史很长,没有一个欧洲国家的历史可以准确地与之比较,国外学者常用汉代与罗马帝国、南北朝隋唐中国与东罗马帝国、明清中国与奥斯曼帝国进行比较。另外,可尝试将英国都铎王朝与明清中国进行比较,英国是世界上唯一一个血统维持到今天的国家,尽管有时绝嗣导致旁支入继和女性即位,但终归血统不断,它也是唯一自行从传统王朝走向现代的国家,这种比较可以凸显中国的特色。现有《概要》中缺少一章,即对宫廷人口的论述。宫廷是一个有形的空间,但更重要的是人,内有皇帝、家属、服务人员,外有为皇帝管理国家的大臣和为大臣服务的人。全世界没有一个宫廷像中国有这么多人口,他们的数量、年龄结构、性别比例、组织方式、分工、社会等级都可以论述,也可以借鉴其他专家对于宫廷人口的研究成果,进行量化研究。

东北师范大学亚洲文明研究院院长赵轶峰教授针对《概要》提出自己的章节划分模式及依据,并针对个别议题进行了阐释。首先,要正确界定"宫廷史研究",并以此为原点展开论述。其次,关于理论和方法层面,未必所有的研究领域都能高度理论化,有些特定内容可以模糊化处理。宫廷史可尝试划分为八个领域:宫廷政治、宫廷典制、宫廷文化、宫廷生活、宫廷管理、宫廷财政、宫廷园林、宫廷建筑。一些提法如"宫廷社会史"和"宫廷司法"有再商榷的空间。需要指出,通常理解的社会生活与宫廷中的生活有很大不同,主要指民间的部分。宫廷的特殊性在于这个小社会有一个至高无上的权力在管控所有,因此这里的社会交流、商品交换、婚姻都与外面不同。《大明律》的大量条款不对应宫廷中发生的事情,难以直接进行约束和惩罚,真正具有法律效力的常常是皇帝、后妃们的旨意,是否可以上升为法?进而迈入司法领域?如何看待君主、权力与宫廷的关系?君主的办公地点可以叫宫廷,再简陋也是宫廷,宫廷作为场域可以透视君主政治。宫廷的巍峨与中央集权程度应是一个正比关系,与外国相比,并不是所有的地方都产生巨大的集团体系,国外的宫廷规模偏小对应着国家规模也小。最后,在君主个人与宫廷文化的关系方面，宫廷中弥漫着权力的气息，巨大的权力常常缔造或聚集起全社会最精细的文化与艺术，如宣德时期的掐丝珐琅、法国路易十四时代的宫廷文化。君主对人可能是暴虐的，但在文化上可能是一个推动者，这是权力集中带来的结果。宫廷也是中国君主制时代宗法精神的直接体现，它既是国家的中心，又是皇帝的家，展现着家国一体。

南开大学社会史中心主任常建华教授指出，魏晋唐代与宋代以后的宫廷有较大的变化，汉唐与宋之间的差异在于汉唐贵族势力较强，皇权有限，但宋代以后则没有什么贵族，只剩下皇权和民间社会，因此导致皇帝内库财富的增加和对艺术的垄断程度的加大。每个时代的宫廷史都有其特殊性以及不同时期的阶段性。新清史讨论最热烈的一项就是所谓"内亚传统"，它不像汉人传统非要待在宫殿里，而是喜欢出游。要认清统治方式里边哪些是汉族传统，哪些是内亚传统。在《概要》一书的写作方面，如果以制度为中心，则体现较浓的政治味道，如果以人为中心，则展现更多的社会史和生活史味道，二者兼顾当然最好。以南书房为例，过去的定位是政治机构，是从议政王大臣会议到军机处的过渡形态。但是仔细分析，南书房完全是一个文化活动的地方，康熙皇帝在此提高自己的文化素养，写诗练字，学习儒家经典。过去某些研究者根据笔记内容把南书房中的拟旨行为夸大了，实际上并非如此重要，拟旨是内阁的职责。因为角度不同，导致对南书房的定位出现较大偏差。

中国人民大学清史研究所阚红柳副教授提出，《概要》提及理论建构，传统学术常常重实践轻理论，先积累后提炼，但是，以理论指导学术无疑会推进学科发展。古人早已对宫廷予以关注，对清代宫廷的关注不是始于清帝逊位，清人此前已然在观察、记录。一些大臣有机会入宫，来华使臣入宫觐见，都记载了有清一代人们对宫廷的印象。以皇家园林为例，清代诗文中有大量吟咏园林的篇章，康熙帝赐大臣遍观畅春园、避暑山庄，大臣撰文记述，既有对荣恩的感戴与夸耀，又有对皇家园林在艺术层面的感想。宫廷是历史盛衰的晴雨表，但这只是一种宏观上的判定，具体到某个层面时又有不同。从经济角度看，以举国之力供养一个家族的生活，使得清宫生活耗费的衰减必定缓慢于经济衰退，宫廷史有自己的发展脉络和节奏，这是小世界里面的大乾坤。小世界承载的是皇帝的家国与天下，甚至超越清代的版图扩展到整个世界的范畴。宫廷史的研究不能止步于微观，而应以透视的方法来反

小事件中的大历史——金元明清史杂谈

映大视野中的大世界。

中国社会科学院历史研究所赵现海研究员针对《概要》谈了四点看法。第一，能否将宫廷史研究上升为一种视角和方法？政治史研究中将政治活动、制度、文化分开论述，但在古代，这些内容都会体现在一个人身上，不能简单分割。明宪宗幼时生在宫廷，历尽劫波，信仰佛教排解内心的苦闷，对百姓甚至罪犯有仁心，对臣僚信任、宽容，这是一种善良而非传统评论中的昏庸和懦弱。第二，明代政治史的中央集权问题，对比奥斯曼帝国诸王子争位导致的内战，明代的中央集权保证了继承人的平稳过渡，缓解了宫廷中的动荡。近代以来考量一个国家的能力就是考察它的社会动员能力，这与君主的强势有很大关系。第三，汉族政权与异族政权的宫廷差异以及文官集团对皇帝的制约。明代文官似乎有一种切断皇帝与社会大众联系的思想，将权力集中在文官手中。大多数皇帝接受但少数皇帝如明武宗进行了反抗，明世宗、明神宗选择了逃避的方式，可以理解成皇帝在文官压力下的一种个人判断，也是一种自由意志。第四，宫廷看似封闭，但最开放。城墙、护城河代表封闭，但外界所有的信息都能通过各种渠道传到宫廷里面。最后，针对以往对于宫廷在停滞、落后方面的批判，有必要注意正面积极的内容，如宫廷长时间有效地管理了如此大规模的区域、众多的族群、纷繁的宗教。

故宫博物院宫廷部副主任王子林研究馆员指出，宫廷史研究要写出宫廷味道。什么是宫廷味道？宫廷史应该有一个空间感，众多的宫殿有各自不同的功能。清代御门听政地点从明代的奉天门改成了乾清门，因为乾清门离皇帝的寝宫近。制度变化反映了权力更加集中，皇帝加班累了直接到近一点的寝宫休息。到雍正时期直接从乾清宫挪到养心殿，因为此殿前面是办公室，后面是休息室，这是政治史的一部分，如此表述才有宫廷味道。明代的司礼监在宫廷之内，魏忠贤住在乾清宫旁边，一举一动影响着皇帝睡眠的质量，百官为给魏忠贤祝寿而把衣服挤破、鞋子挤掉。这些生动的事例有助于直观地了解明代宫廷，完成角色带入。国家与宫廷之间的关系是互相补充还是服从或者说凌驾，如何协调二者的矛盾，都可展开叙述。

中国社会科学院历史研究所鱼宏亮研究员指出，宫廷史应该书写皇权荫蔽的部分，如皇帝的私人生活这些不常暴露在公众和国家视野下的内容。宫廷史不要泛化，一旦泛化就变成了一部通史。宫廷看似封闭，但全国文书信息汇总于此，上行下发，在此意义上，宫廷比谁都开放。关于清朝剃发易服的问题，通常认为剃发易服会引起社会动乱。但梳理清代宫廷画师的绘画之后，发现康雍乾三朝有大量穿戴明人服饰、中原衣冠的内容。皇帝自己就是画作中的主角，如故宫藏康熙和雍正的《耕织图》。其实中国古代发型和衣冠的变化是经常发生的，仿佛时尚的轮回，没有必要刻意用"留头不留发，留发不留头"来突出残酷性和民族压迫。晚清革命党在进行革命动员时，重构这段历史，而在明末和清初的文献中都看不见这些内容。大量的实物资料显示，官员居家时同普通百姓一样穿戴华夏衣冠。近些年，社会史、新清史模式冲击着原本由政治史建构的主体叙事模式，可是，如果在古代史研究中把政治史解构，就无法解释为什么我们现在还被政治和权力牢牢地控制在这块土地上。从古到今影响我们最大的不是小传统，而是笼罩在上面的大传统，华南学派、新清史确实对中国有一定的误解。国家开始关注历史话语权的问题，加强传统政治领域的研究，从中国本位出发关注各种题目。

科学出版社历史分社李春伶编辑从品牌打造、市场需求入手，谈《概要》在写作中的一些注意事项。中国宫廷史漫长，无论好与坏，都是中国文化的重要组成部分，帝国时代的很多问题也被带到了现在。本书的读者应该是研究者，针对受众来撰写内容。宫廷史在书写时有政治史的考量，但可以向文化史、社会史靠拢，社会上普通读者对这两方面有需求。《概要》面向研究者，而研究者在撰写具体宫廷史内容时应面向普通读者，展现古代宫廷的演变以及宫廷的生活、文化、艺术、建筑等诸方面。

故宫博物院研究室原主任余辉教授建议要充分利用智能手机上的付费知识系统，并以自己曾深入参与的"我们为什么爱宋朝"系列为例，通过视频、图片、文字和专家讲述，为观众展现通俗易懂的历史。《概要》可以参考此模式，不仅能完成学术成果的推广，也可以让研究者获得实际收益。学术一定要走到报亭和地摊才能活下去，要扩大受众，为想要了解传统文化、宫廷文化的人提供路径，齐头并进，多方受益，学术有生根的地方，才能在土壤里发芽成长。

二、针对专题的讨论

政治制度是宫廷史研究的重点，与会专家从不同角度进行了论述。南开

小事件中的大历史——金元明清史杂谈

大学社会史中心主任常建华教授指出，宫廷的等级制度是宫廷这个"小社会"在社会史层面上的切入点。德国历史学家埃利亚斯曾指出，欧洲大陆的近代文明很大程度上受法国的影响，而法国近代文明的一大源头就是宫廷。在紫禁城这个空间中，上至皇帝，下至宫女太监，都有一套机构进行约束，构成了一个社会。宫廷以往被定位成一个封闭的单位，实际上它与整个社会密切相关。从风气、风尚流布的角度看，一般都是各地看首都，首都看宫廷，宫廷看贵族，由此出发，对饮食、服饰以及其他文化具有非常大的影响。研究宫廷的日常生活，需要转换视角，如重新审视朝会制度。明清宫廷礼仪最重要的是朝会，万寿、正旦、冬至三大节皆举行朝会，不仅宫廷的人要参与，地方官府也要举办礼仪庆典，百姓参与其中，三大节有了类似法定假日的意味。方志中有很多涉及百姓过三大节的记述，而传统的社会史研究将宫廷因素排除在外，实际上民间过节受到了宫廷、官府不同程度的影响。从前多把宫廷和社会对立起来，现在应找寻二者之间的这种关联性。

首都师范大学历史学院李华瑞教授讲述了宋代宫廷制度的一些特点。从宫廷财政来看，宋朝的内库财富丰盈，既可以用于宫廷开支，又可以赈济灾荒或资助军费欠缺的部分。宋代的宫廷内部事务管理受到后世赞誉较多，对一切有可能危及皇位的人甚至骨肉至亲都借故加以限制、翦除。在宗室管理方面，建立制度，限制其权势，宗室不领兵，不拜相。公主政治上贵而不骄，无权任命官员，出嫁后要向公婆下拜，奉舅姑以孝。在外戚管理方面，外戚可以任武职高官，不得担任有实权的文职和侍从。宋朝对后妃的管理严密细致。第一，严格限制内廷与外朝的联系；第二，严格限制后宫人数，减轻财政负担；第三，精密的官僚制度制约皇帝权力，同时制约后妃权力；第四，"祖宗之法"注重抑制和防范宦官与外戚，削弱了后妃擅权的统治基础；第五，朝廷大臣干涉宫人的挑选和后妃的废立。在管理宦官方面，虽然受皇帝信任的宦官普遍参政，但宫廷并未放任他们。除此之外，理学对皇室和中高层士大夫家庭有很大影响，反映在对待妇女、宗室的限制措施上。陈桥兵变，得国不正，使得宋朝统治者有一种忧患心理，也有自检意识，较为依靠士大夫，害怕武人，担心重蹈覆辙，这种精神层面的压力影响了宫廷管理的制度。

安徽理工大学马克思主义学院柏桦教授指出，宫廷里的服务人员"宦竖"原本分开的，宦是经过阉割的人，竖是小孩子，东汉章帝之后才蓄用阉人，而后有三次宦官专权的浪潮，无不跟宫廷有关。宫廷包括两部分，一是权力，二是生活。皇帝的生活本应代表最高等级，但晋朝有些贵族生活得比皇帝还好，它代表着贵族群体生活的时尚。后妃、宫女、宦官都呈现等级，宫廷里有一个非常完整的等级结构。后宫是前朝的一个缩影，明朝规定可以有183名额定女官，模仿前朝六部设置六局进行管理。秦汉以来，皇帝财政独立于国家财政系统之外，如少府掌钱财，但朱元璋没有建立自己的独立财政，清代的内务府专门为皇家敛财。宫廷史研究一要与政治发展结合，二要与整个社会发展结合。

《故宫学刊》主编赵中男教授在《明代宫廷政治史的若干趋势及其特点》一文中，对明代宫廷政治进行了梳理。提出与前后朝代相比，明代的外戚、后妃、宗室极少干政，可见明代对贵族政治的削弱取得了较大进展；废除丞相后的宫廷政治格局中，宦官的势力逐步坐大，这些人虽然干政，但严重的程度比前代大为减轻；皇位继承整体上是平稳过渡，武力争夺的情况大为减少；内阁与司礼监的合作成为政府运作的常态，围绕这一点尤其是皇帝与政府运行的关系，宫廷内外的相关势力自然会产生联合与矛盾。总之，明代的宫廷政治不像唐代前期和清代那样更多地具有贵族政治的色彩，而是较多地具有官僚政治的某些色彩。

宫廷对美术资源、书籍的占有体现了权力对于文化、学术的影响。中央美术学院人文学院院长尹吉男教授指出，晋唐是绘画和书法上的高峰，经典众多，手抄本的时代对于真迹的依赖程度相当高，普通家庭难以收藏。宋代以后，对书法、绘画影响最大的是赝品而非真迹。回顾历史，晋、唐时期，大书法家韦述富可敌国，而两宋则无，这反映出权力关系的变化以及对于资源的争夺。五代时期，贵族普遍消亡或者解体，导致宋朝只有一个贵族即赵氏皇族，宫廷收藏的权力和能力不断增大，美术资源集中在宫廷。中国有两次金石学的兴起，都与美术资源的占有相关。第一次是北宋中后期，许多珍稀资源被吸纳到宫廷，导致民间资源匮乏。文官集团虽有书画嗜好，却苦无真迹。雕版印刷时代，书法资源以复制品为媒介来传播，解决了很多中小地主的书法资源问题。苏轼、黄庭坚、米芾、蔡襄由于个人家庭背景不同，导致看到真迹的时间不同，也造成了各自书法上的差异。苏、黄的书法，从专

小事件中的大历史——金元明清史杂谈

业角度看能找到败笔,线条不稳定是二人书法的缺点。晋唐书法传承需要代代相传,临摹真迹,练就童子功,这种模式到宋代断裂了。而米、蔡由于家境优渥,效法晋唐,没有这种败笔。金石学的第二次高峰在清乾隆时期。乾嘉时期又形成了宫廷收藏的高峰,民间资源再次匮乏,于是在金石碑刻中找文章,把拓本作为教材,翻刻阁帖。但是,翻刻本的书法力度不够,线条不清晰不精准,拓本、阁帖无法展现力度的变化,唯有在墨迹中可以直观感受。

北京师范大学历史学院张升教授从宫廷藏书研究入手,论述了藏书目录、藏书机构、藏书数量和藏书范围。元代以前的宫廷藏书目录存世极少,而且零零碎碎,希望日后把作者、卷数、藏地搞清楚。元代以前的藏书机构不如清代明晰,今后计划展现历代宫廷藏书机构的变化情况和管理制度。藏书数量要具体到卷数,统计元代以前的很困难,而且有许多虚构的数字要辨清楚,如隋代的37万卷和明初的近百万卷。宫廷藏书概念比较复杂,它与国家藏书、中央藏书的关系要厘清。明清宫廷藏书的研究思路分为五方面:收集、整理、处所、利用、流散,今后研究隋唐、元朝的宫廷藏书都可以参考。

北京师范大学历史学院副院长李帆教授从宫廷与学术之间的联系入手,指出中国古代很多思想和学术成果出自宫廷,宫廷可以引导,也可以制约。清康熙帝喜爱数学并乐于实践,但他的宫廷活动并未促进中国的科学、技术的发展。清代乾嘉汉学、考据学的兴起与皇帝倡导大有关系。从乾隆二十年(1755)的经筵讲论内容变化可以看出,对理学的批评非常多,开始表彰汉学家。欧洲的宫廷史研究有深厚的底蕴和传统,对法国路易十四的凡尔赛宫研究、奥地利哈布斯堡王朝的宫廷研究非常充分,而且善于将成果转化为公共文化,如经常出版一些介绍性质的导游手册,有助于普通人对宫廷的进一步了解。现在国家提倡优秀文化的外译,中国宫廷史也要走向世界。对外国人来说,故宫就是中国最大的文化符号,要让世界了解我们的宫廷文化、宫廷史,不仅是为学术做贡献,也是在提升中国文化的国际影响力。

有关明清宫廷中的司法,学者们论述了皇帝个人对于司法程序的干预。安徽理工大学马克思主义学院柏桦教授在《明代亲王犯罪与司法》一文中指出,明太祖朱元璋最初设计了一套体现亲亲之义的针对宗室亲王的司法条文和规章制度,但是中国传统的"五世不为亲"原则,又使得在后世,这种亲亲之义难以体现，逐渐向政府常规的司法进行靠拢。在制度运行过程中，原本存在宗室公卿对于亲王犯罪的审议环节，从正德朝以后，由法司来直接审理亲王犯罪事件。尤其是形成了镇守内官、巡抚、刑按三堂审理的模式，正规化的司法模式将初审结果呈报皇帝，再由皇帝裁决。凤阳高墙制度成为惩罚犯罪亲王的重要依托，而高墙对应的悲惨生活使得某些亲王初听判决即举家自杀，不愿受辱受罪。对于亲王犯罪的审理，明代宗正府不置可否。宗室成员犯法不能关在三法司的监狱之中，要羁押在宗正府，但是没有宗正来处理这些人犯，仍需皇帝亲自批示，划拨某个地方进行关押。从制度的发展来看，朱元璋设计的亲亲尊尊之意，在皇权面前显得不合时宜，使得人们对皇室的父子、兄弟、夫妻之间的关系不能够按照正常关系进行理解。亲王经过建文、永乐之后其权力不断被削弱，最终沦为坐食其禄且受到监督的群体。

故宫博物院研究室张剑虹博士在《宫廷司法研究——以内务府审判为例》一文中认为，内务府在处理宫廷案件的时候，不能完全脱离刑部，一些重刑如死刑、流刑还要交给刑部负责。虽然内务府和宗人府有宫廷审判的权限，但不能脱离整个清朝的司法系统。定罪时倾向于重判，其中不乏慎刑司官员将由重改轻的机会留给皇帝，成就皇帝仁慈美名的意图。内务府根据从前审理过相同或类似的案件，参照定罪，此为成案。《大清律例》是审判定罪的主要依据，但宫廷中的成案使用率非常高，甚至出现以成案来排除律例的情况。成案的来源非常多元，律例只是一个源头，而皇帝的话语发挥了很大作用。审判程序存在常规的逐级审判，但规避这种程序的情况非常多，尤其是死刑，比如皇帝特旨不予会审，将犯人直接杖毙。特别指出，乾隆皇帝精力充沛，喜欢直接干预审案，并做出详细指示，这些具体案例成了宫廷司法研究的重要素材。

与会者对元代宫殿、明代陵寝、清代皇家园林的政治作用和文化意涵进行了探究。长春师范大学历史文化学院青年教师宋继刚在《无宫殿亦君臣——试论蒙元时期的臣服仪式及其历史书写》一文中指出，在吸收、借鉴众多游牧文化因素的基础上，前国家时期蒙古人以灵活的方式来确立君臣关系，草原上祝酒、大帐前行礼、尊长前献物、以言语盟誓、以鲜血明志等简易环节的重要性不亚于在宫殿中举行的烦琐礼仪，突出了草原文化的鲜明特色。进入帝国和王朝时期，宗室诸王、东西诸国的臣服态度成为制约蒙古大汗（大元

小事件中的大历史——金元明清史杂谈

皇帝）顺利即位并行使权力的重要因素，草原游牧习俗和汉地宫廷仪式在此交织，凸显了大都、上都宫殿以及宫廷臣服仪式的重要性，成为元中期以后政治文化的一大改变，亦可视作城居生活方式对草原游牧生活习惯的一种影响。

十三陵特区研究所刘少华副研究员的《明世宗对天寿山陵区的改制及其政治寓意》关注帝王死后的居所陵寝，与帝王生时的居所宫廷相对比。通过对比嘉靖帝与前代皇帝陵寝规制，结合皇帝的信仰和个人经历，认为嘉靖帝要通过陵寝改制来塑造本人的正统地位，不仅要修建自己的陵寝，还要对前代皇帝的陵寝进行变动，圣迹亭、神功圣德碑，甚至改变庙号、谥号，为亡父兴献王在湖北再建陵墓，父母合葬，显示兴献王血脉的独立性，这一切皆服务于塑造正统，显示本人即位的合法性。嘉靖帝的改制打破了按皇位继承关系进行陵墓排序的规则，造成皇帝陵寝在十三陵地区的无序排列，影响了陵区的整体布局。

中国人民大学清史研究所何瑜教授认为，清朝人将宫廷与园囿合而为一，称之为苑宫。清朝皇帝园居理政，从康熙以后，有二分之一甚至三分之二的时间在园林里。紫禁城是大典、大朝、大宴、大祀举行的地方，祭典完毕，皇帝再回到园子居住。清代统治者与前代不一样的地方在于大中国观念。秦汉以来的汉家帝王有夷夏之防，而清帝要统治长城内外之地，完成真正的统一。清帝在统一边疆的重大问题上，常常与汉臣观点不一致，比如收复台湾、收复西藏、平三藩、征准噶尔、抗击沙俄等。这些事例反映了满洲统治者的天下观，一个大九州的战略思维。园林不能仅看成是皇帝贪图享乐的后花园，而应看成是一个有政治功能的地方。园林多处展现勤政和亲贤。勤政殿各名园皆有，而亲贤指皇帝在园林中礼贤下士。在园林中处理政务，亲近贤士，体现了一种君臣之间的融合，这种方便是紫禁城无法比拟的。

天津大学张龙副教授和刘婉琳博士在《清代北京——双中心？三中心？》一文中，针对以往学者对清代北京形成了紫禁城和皇家园林的双中心提法，又加入了南苑，以老城（北京城）、西郊（三山五园）、南郊（南苑）三中心概述清代北京地区的城市结构，进而对不同中心发挥的特殊作用予以详细论述。西郊经过辽金元明的沉淀，到清代已经成为皇家休闲娱乐的重要场所，也是进行非官方、非正式政务活动的场所。中国古代统治有一种礼乐复合模式，礼的部分在宫廷里，如太庙、天坛等，而乐的部分在园林里。清代大型的庆典活动都是依托西郊的园林举行。从面积上看，南苑比北京城大三倍，水资源丰沛，为修建园林提供了条件。南苑是整个清代皇家行宫体系的咽喉，当西郊圆明园、清漪园陆续建成后，南苑的一些活动就被剥离开了，但军事演习还在南苑举行。总之，清代北京应该是三中心，但由于南苑逐渐消亡，最终变成了两中心，也直接影响了当下北京地区的城市规划。

通过本次会议的研讨与总结，《中国宫廷史研究概要》的作者们将以凝练的话语和清晰的逻辑为读者们展现中国宫廷史研究的发展历程及各个领域的成就与不足，回顾过去，总结当下，展望未来。希望本书作为一本学术专著能够启发、引导更多关注宫廷史的研究者撰文著书，拓展研究范围，扩大阅读群体，让宫廷史成为了解帝制中国转变为现代中国的一把金钥匙。

（原文刊发于《故宫学刊》2019年第1期）

"形象史学与明清宫廷史"
学术研讨会综述

2017年4月13日—14日,由故宫博物院和中国社会科学院历史研究所联合举办的"形象史学与明清宫廷史"国际学术研讨会在故宫召开。来自北京大学、清华大学、中央民族大学、中央美术学院、南开大学、南京大学、武汉大学、东北师范大学、河南大学、浙江大学、黑龙江大学、台湾文化大学、澳门理工大学、韩国檀国大学等高校,故宫博物院、南京博物院、山东博物馆等文博单位的多位专家学者参加了研讨会。故宫学刊编辑部赵中男主持开幕式,故宫研究院院长郑欣淼致开幕词,北京大学明清宫廷研究中心主任徐凯、中国明史学会常务副会长赵毅、人民大学清史研究所所长朱浒等出席了开幕式并讲话。

本次研讨会共收到论文40余篇,50多位专家学者围绕"形象史学与明清宫廷史"这一主题,运用形象史学的相关概念、理论、方法及成果,将书画、建筑、器物、文献等作为研究对象,在历史演进、社会变迁的大背景下阐述其与明清宫廷制度、人物、事件、文化的关联,取得了丰硕成果。

一、人物形象与明清宫廷

学者们首先论述了明清时期多种载体对君臣形象的塑造以及对当时和后世的影响。武汉大学历史学院谢贵安《论皇帝形象的历史塑造——以〈明实录〉对明代皇帝形象书写为例》认为,《明实录》对皇帝形象进行了正负两面的塑造:正面形象包括天命所归的神仙、道德高尚的楷模、禀赋过人且好学的模范、勤政治国的典范,宽容刚毅的性格、雄杰奇伟的相貌;负面形象则重点突出贪玩、昏庸、荒淫等特质。但应当指出，负面形象的塑造只是主旋律中的变音和杂声，并未改变官方对于皇权大力讴歌的实质，正面形象的塑造才是《明实录》的主要使命，当时流行的英雄史观使人们视皇帝为非凡之人，对皇帝寄予厚望，史臣将皇帝塑造成历史的主宰。但过度的拔高或贬损使得形象失真，陷入了历史虚无主义的窠臼。

北京行政学院高寿仙的《圣化与魔化——图像与文字中的朱元璋形象》指出，应该从象征意义上理解朱元璋的两类画像，美丑皆非真实容貌，它们分别是神圣化与妖魔化的产物，满足了人们对于圣主形象的建构和暴君角色的想象。在文字形象的塑造方面，朱元璋的形象更加丰富。《国初事迹》《明太祖实录》和《江南野史》提供了三个不同的形象。《国初事迹》既写了朱元璋军纪严明、爱惜民力，又不避讳他以酷刑杀人，在群雄争霸的时期，这仍然是一个英雄形象。《明太祖实录》作为典型的官方史书，极力褒扬朱元璋，甚至为突出其睿智形象，将大臣的发言强加在皇帝身上。晚明成书的《江南野史》重点突出了朱元璋杀人的事迹，其刑法非常残酷，还配上很多故事，将其塑造成一个暴君。究其原因，《国初事迹》的作者刘辰是与朱元璋同时代的人，塑造的形象有血有肉，带有时代特征；官方史书《明太祖实录》是以儒家理想为参照将朱元璋神圣化；《江南野史》在承认朱元璋获得天命眷顾的同时，又通过大量负面故事将他妖魔化，塑造了一个心胸狭隘、嗜血成性的暴君形象。

澳门理工大学王熹的《真实与虚构：朱元璋的家世与官方私人著述的神化及迷信》从明代君臣对朱元璋家族世系的塑造入手，参考有关朱元璋家世的三通碑文，认为朱元璋有意神化本人，圣化其家族，先立的《朱氏世德碑》歌颂其先祖，但后立的《皇陵碑》《御制皇陵碑》则开始掺入朱元璋的个人经历，不仅谈世德，而且开始讲神佑。碑文内容强调金陵句容朱家巷通德乡是其故乡，也为后来《天潢玉牒》及官修《明太祖实录》提供了皇帝故乡的素材。解缙编写《天潢玉牒》，也参与了《明太祖实录》的二次修纂，秉承皇帝意志不断地神化朱元璋和他的家族，而朱元璋在世时通过君臣对话也在有意地透露自己与神佛道的奇特缘分，为后来的史书修纂、碑文刊刻埋下了很多伏笔，群臣揣摩种种暗示后，写下符合皇帝意愿的内容。需要特别指出的是，尽管碑文有诸多不合逻辑之处，但在研究朱元璋早期活动及家世

小事件中的大历史——金元明清史杂谈

方面仍有重要的史学意义。

东北师范大学历史文化学院王慧明的《明武宗自封官号与史书形象》指出，明武宗生前力图为自己建构一个勇武的皇帝形象，但其自封官号使得尊卑颠倒，违反了传统政治习惯，士大夫希望皇帝的举动能够符合儒家政治理念，更需要一个清心寡欲的皇帝。明武宗死后，其辛苦构建的勇武形象很快被士大夫与明世宗一同建构的荒淫形象覆盖。

台湾文化大学吴美凤的《清太祖努尔哈齐画像略考》通过对比传世的相貌略丑的努尔哈赤画像和故宫藏皇太极画像，指出二者在服饰、坐具、画风上完全相同，应出自同一门派，多半是民间画家参考了当时年画的画法，具体绘画时间限定在努尔哈赤建国后至皇太极病逝前。现存《满洲实录》中的太祖及群臣形象是在乾隆帝授意之后重新绘制而成，其容貌可能参考了古代英雄关羽和著名帝王唐太宗的画像，而服饰则以《大清会典》所载图样为蓝本。

故宫出版社宋文的《〈荷亭晚钓图〉与〈庭院游戏图〉人物身份小考》将着眼点落在清代宫廷对于皇室子女的绘画上，通过梳理清宫《陈设档》《故宫物品点查报告》内容，并分析两幅图中的人物造型、所带配饰、所处场景，对比圆明园图画提供的场景，指出图中的男女孩童并不是通常认为的咸丰皇帝的一对儿女，而是道光皇帝的长子长女，即隐志郡王奕纬和端悯固伦公主。《荷亭晚钓图》和《庭院游戏图》是故宫仅存的单幅反映皇室子女生活场景的绘画，对研究清代皇子公主的服饰等信息具有一定的借鉴意义，而随着画中人物身份的确定，该幅画作的历史价值也将得到提升，在欣赏其艺术性的同时还可以提供更为精准的历史信息，有利于这两幅文物的展览和出版利用。

南京大学历史学院范金民、张彭欣合作的《坐探·裁缝·买办——苏州织造李煦的角色》展现了清康熙朝李煦因服务皇家、管理地方而呈现出的多重角色，其中为宫廷采办各类物品及进献演员等私人行为后来在江南地区逐渐形成了一种制度。尽管李煦官运亨通，收入丰裕，但多次为皇室垫资采办与四次接驾造成了巨大的亏空，最终结局惨淡。李煦以后，织造权限受到皇帝的刻意限制，其社会角色明显淡化，地位迅速下降。

南开大学历史学院李建武的《明代内官形象探究》以"内官"称谓来代

指常用的"宦官""太监",使论述更加严谨。以塑像、图画、文字中描绘的内官容貌、服饰等内容来重构明代内官的形象,并通过内官服饰的变化如明中后期蟒衣的逐渐流行,审视从明初至明末服饰规定的变化以及社会风气的变迁。选择用图像诠释人物是基于图像可以提供直接、生动的形象,而文字描写给研究者留下了想象的空间。

二、书画器物与明清宫廷文化

故宫收藏的明清书籍画作引起了与会者的广泛关注,形象史学的相关理论、方法的引入有助于挖掘书画背后的宫廷文化因素。中国社会科学院扬之水的《"妆得肩头一担春"——关于宫制〈货郎图〉的思考》认为,形象史学的含义之一就是把形象和史学结合起来,共同反映这个时代的历史。如何对画中的图像进行解释,研究者在语言词汇方面的选择尤为重要,词汇的选择检验了研究者对形象,也包括对历史的认知程度,应该"用当时的话解释当时的画",反之亦然,当时的图画也反映了当时的语言。风俗画为我们了解历史动态、社会生活提供了方便,如宫制《货郎图》与民间《货郎图》反映的内容有所不同,宫制《货郎图》将货郎担子极度美化,担中百货也异常丰富,这样一来,图画并不能如实展现当时民间的实际生活,只是宫廷权贵与画师对于民间生活的一种想象。

浙江大学美术学院赵晶的《周全及其〈狮子图〉研究——兼谈明代成、弘时期的狮子贸易》运用艺术、文献、生物知识,推测明代宫廷画师周全并未亲自见到幼狮,所画图像是仿照成年雄狮所作。他指出撒马尔罕在维持与明朝的狮子贸易时要考量以下因素:第一,保证狮子是活的;第二,狮子要经过驯化;第三,狮子的外观要威武;第四,只进贡雄狮。前三点用以满足明朝对瑞兽的需求,而不贡雌狮是为了保证狮子贸易的可持续性,因为一旦雌狮在中国与雄狮交配繁育后代,则明廷对于撒马尔罕进贡的狮子便不再觉得稀奇,狮子贸易也会随之中断。

天津美术学院邢莉莉的《明代佛传故事画中涅槃图像考察》指出,佛祖涅槃故事的流传过程中佛母形象在图画中日渐增多,尽管宋代以后已有这样的趋势,但大量佛母图像的出现是在明代,这与佛教和世俗的儒家思想进一

小事件中的大历史——金元明清史杂谈

步融合有关。佛教美术史研究长期集中于石窟研究，但时间多为唐代以前，没有相应的文献记载，而明代佛教美术史由于有对应的文献，可以解释一些早期佛教史无法揭示的问题，如身份、等级以及宗教与世俗世界的关系。具有皇家背景的《释氏源流》刊本屡经刊刻流布，加速了明清时期佛传故事画的传播，大量的寺院皆以此书作为粉本。青海乐都瞿昙寺尽管是藏传佛教寺院，但其涅槃图像参考了汉地的粉本，完全不像藏地佛教的风格。在实际绘制过程中，尽管工匠们大多遵循粉本，但并非完全照搬照抄，会有一些内容上的变异，如保留情节设置而变异部分形象，在变异的过程中，中国的寺院绘画得以向前发展。

中国社会科学院历史研究所刘中玉的《从〈承华事略〉到〈养正图解〉——试论元明宫廷教育中形象教材的使用》以印刷术的大发展、宫廷内外政治势力的变动为论述背景，探讨形象教材对于宫廷政治的作用。宋元以来，文人对于绘画非常重视并亲自参与图像绘制、确定风格，直接影响了艺术史的走向，文人画的形成与文人在此过程中掌握主动权密切相关。元代的王恽和明代的焦竑有很高的艺术修养和鉴赏能力，可以编写出高质量的带有人物形象的绘图教材。两部书都产生于东宫预政时期，尽管当时的政治斗争非常复杂，但是王恽和焦竑都想通过进献带有儒家政治取向的教材来影响帝国未来的继承人，完成儒家的治世理想。

北京大学历史系赵世瑜的《略论明中叶以降对舆图的重视》以嘉靖、万历时期编纂的多幅地图为切入点，论述了朝野对于地图的态度及背后的动因。大学士桂萼制作了多幅配有图画的地图呈送给嘉靖皇帝，为的是引起皇帝对地图的重视，进而引导皇帝重视地图背后的东西，皇帝一旦喜欢了解天下大事，大臣就可以此为契机行政施政。嘉靖、隆庆、万历年间，明朝对东南、西南、北方的少数民族地区出台了一系列举措，如俺答封贡，这就需要政府官员对各个地方非常了解才能具体执行，所以对于地图的需求非常强烈。之前的研究多集中在以《九边图》为代表的塞防、海防图，强调一种被动性，而从蒙古山水图、嘉靖西域图、万历西域略图等可以看出，这是一种进取的走向，官方和民间面对纷扰的外部世界所引发的变革，有着积极的应对，简而言之，此时的官方与民间掀起了制图狂潮，为久居深宫的皇帝、朝堂上的官员提供了了解外部世界的渠道。

"形象史学与明清宫廷史"学术研讨会综述

故宫博物院多位专家学者围绕乾隆时期崇庆皇太后《万寿图》展开了探讨。研究室张晓玮的《崇庆皇太后六旬〈万寿图〉所见之西洋景象探微》指出，画中的西洋人物从发型、服饰、托举的旗帜、进献的礼物得以体现其西洋特质，西洋建筑则通过教堂、拱门、罗马柱、钟表、水法等这些元素予以展现，这些建筑还呈现出明显的中西合璧特色。乾隆帝通过将西洋人置于图中，展现了包罗万象、万国来朝的优胜心理，而教堂被绘入《万寿图》则是当时中西方交流政策相对宽松的一个体现。西洋元素的出现一方面表达了乾隆皇帝对于西方绘画、西式建筑有喜好之意，另一方面中西合璧的建筑风格凸显的仍然是天朝上国心态和尊孔崇儒的态度。洋风入画，一是纪实性地描绘和记录了当时的风尚；二是为乾隆二十六年（1761）创作《皇清职贡图》积累了素材，并奠定了绘画技能的基础；三是为后人研究乾隆时期中西交流提供了非常丰富的图像材料和历史信息。

刘潞、刘彧娴的《崇庆皇太后〈万寿图〉的绘制》从庆典仪式的路线入手，利用数字技术还原崇庆皇太后六旬庆典礼仪人员实际的环形行进路线，比照乾隆时期京城全图所列沿途景观，指出宫廷画师通过对关键转角处建筑和人群位置的调整，让行进队伍不出现直角转弯，从而使整个庆典尽收于百余米的长卷之中，最大程度地保持了纪实性，这是乾隆时期纪实性绘画的一大特色。该图在绘画内容上，吸取了康熙万寿盛典图的元素，模仿其卤簿仪仗，又添入了乾隆十六年皇太后六旬万寿盛典之后的一些景观，使庆典表现得更加华丽。

徐瑾的《从崇庆皇太后〈万寿图〉看清代走马技艺》指出，清宫走马技艺是重要的展示活动，清统治者一方面将其视为军事训练的组成部分，由正规的皇家禁军进行展示，皇帝定期到南海子观看走马，检阅八旗官兵的军事技能；另一方面也将走马技艺视为皇家宴会中的重要表演项目，木兰秋狝赐宴之时，在外藩少数民族首领面前展示满洲官兵高超的走马技艺。满族统治者对走马的关注并不因晚清时期国力衰微而有所减弱，仍在颐和园欣赏走马表演。走马技艺在清宫中的流行源于满族的民族特性，康雍乾三朝对于骑射的重视注定了马术表演的盛行，《万寿图》中的马术、郎世宁的《马术图》成为宣扬国泰民安的锦上添花之举，而晚清国力衰微之时，仍有120项走马表演则昭示了走马技艺已是威武不足而技艺有余，成为朝政和军备废弛的一

小事件中的大历史——金元明清史杂谈

种表现。

多位专家指出，清代宫廷画作对宣扬盛世、稳定民心的重要作用。故宫博物院资料信息中心田园的《〈石渠宝笈〉中的十骏图》指出，郎世宁所绘的骏马图像结合书法家的题注，使得图画在一定程度上起到了翔实记录历史瞬间的作用，图文结合服务于展现"康乾盛世"的所谓盛世图景。故宫博物院图书馆朱赛虹的《纪实性版画为何仅在清宫得到阶段性发展？》认为，从长卷到版画的演变是统治者出于实用性的考虑，长卷形制较大，观赏不便，而版画形制较小，可以大量复制、颁发或者售卖到各地，推广到各个阶层。在版画选题和印刷技术上，清代统治者更善于利用不同的印刷技术来表现多种题材。北京画院理论研究部赵琰哲的《茹古涵今——乾隆朝画院仿古绘画活动与仿古观念》指出，乾隆帝个人的艺术喜好使宫廷的西洋画师主动结合中国传统绘画技艺，另外也展现出清统治者对于中国传统文化强烈的认同感。南京博物馆张蔚星的《〈康熙南巡图〉绘制成员及其相关问题》考证了南巡图的作者和画风，发现康熙时期除了虞山画派传人，还有一些民间画师被征召入宫，与宫廷画师合作绘制《南巡图》。《南巡图》对山川地貌的描绘也展现了虞山画派拥有很强的写实功力，并非像通常认为的只能临古而不能写实。对比乾隆朝《南巡图》的相关内容，可以推断康熙南巡与乾隆南巡目的有所不同，康熙时期政局尚有动荡，皇帝南巡以及征召民间画师入宫绘画带有抚慰南方士人和民众的意味，至乾隆时期，统治已经稳固，不再需要通过征召民间画家入宫以示怀柔。

与会者将故宫所藏编钟、砚台、缂丝等实物置于历史大背景之中，探寻器物与宫廷人物、文化传承之间的关联。故宫博物院宫廷部孙召华的《清宫编钟制作与使用考辨》指出，从康熙五十二年至五十八年，形成了清朝大规模改造和新造乐器的高峰，金编钟成为重要组成部分。至乾隆朝又掀起了编钟铸造的高峰，乾隆皇帝热衷于复古改制，希望建立完善的国家礼乐体系，为此在圆明园、盛京、热河、西苑紫光阁分别添置了能够演奏中和韶乐的编钟，同时为凸显皇帝尊贵身份、尊崇圣贤、完备祭祖仪式，又在潜邸重华宫、天神地祇坛、热河文庙等处添置编钟玉磬，为此消耗了大量的金银铜料。当晚清国力衰微之时，咸丰皇帝将部分金钟熔化，做成钱币来发放军饷。另外，就编钟形制而言，文献记载和实物有一些不相符之处，图册只描绘大概规制，但实际使用的器物更加复杂。尽管现存编钟十不存一，但仍为历史研究提供了重要的凭证。

故宫博物院赵丽红的《清乾隆时期仿古砚制作初探》通过对比宫中所藏大量乾隆时期的仿古砚台，指出乾隆皇帝参与设计砚台的仿古制作，按照吴淞本砚谱的记载进行画样、仿制、做旧，还专门仿照苏轼砚、宋代砚、汉代砚，尽管仿古大多是照样仿制，创新较少，但由于皇帝亲自参与其中，使得清宫仿古砚恢复了一些原本已经失传的仿古砚形式，这些举动表达了他对于传统文化的认同与继承。皇帝在砚台上御笔题诗、钦定砚名，还将考证时产生的质疑一并刻上，作为砚铭，这类砚铭既丰富了砚文化的内涵，又增加了装饰效果。

河南大学艺术学院熊瑛的《重议宋款缂丝〈万寿图〉的年代与用途——以图像为中心的探讨》认为，台北故宫博物院所藏所谓宋款缂丝《万寿图》从图案展示、织绣风格、工艺等方面与宋代缂丝相比，差别甚大，却与明代定陵出土的实用织绣极为相似。图上款识亦有时间上的讹误，且官名书写违反宋代规定，推测为后人所加。有可能是明代人以新冒旧索取高价，这种行为与当时人们急切想要获得宋代缂丝的愿望相吻合。至于讹误至今的原因，多是后人对于朱启钤的《石渠宝笈》所载内容的信任，但朱启钤收藏的缂丝中欣赏品多于实用品，加之他作《石渠宝笈》之时，明定陵尚未被发掘，作者难以见到年代非常确定的出土实用品，使判定出现了偏差。从用途上看，所谓宋款缂丝《万寿图》并非贺寿专用，而是一件宫廷套服上的背补，推测应该还有一件胸补。

三、建筑与明清宫廷文化

与宫廷有关的各类建筑既是皇权的展现，也是各类文化交融的重要场所。中央美术学院遗产系陈捷的《汉藏交融化净土——智化寺神圣空间的意义塑造》指出，智化寺融合汉地佛教与藏传佛教的内容，通过建筑、造像、绘画、法器共同构建了一个佛国的净土。智化寺由明正统时期著名太监王振捐资兴建，获得御赐匾额，与宫廷关系密切，在皇权影响下，寺院的藻井和天花借鉴了宫殿的布局，而与传统佛教艺术有很大差别。

清华大学美术学院王欢的《基于清代匠作则例的宫苑建筑装修样式研究》指出，《匠作则例》大部分都是文字，在研究清代宫苑建筑时需要将文字涵盖的图像解读出来。通过对则例的考察，清代装修类型得以呈现。装修需要多工匠协作，如木作、雕作、悬作、镶嵌作，油作、漆作、画作、裱作、铜作，这些内容与要求皆散布在各种匠作则例中。对比故宫现存建筑装修及书籍所载各种样式，可以看到工匠并非如往昔认为的比图而做，他们在具体操作过程中有很大的发挥空间，以完成艺术与技术的结合。

故宫博物院古器物部金路的《祝嘏太后万寿，护佑国祚万年——寺庙同庆寿之五塔寺》认为，乾隆皇帝两次利用五塔寺为母亲庆祝生辰的原因有二：一是寺院的地理优势，它在从西郊各园回宫的必经之路上；二是乾隆皇帝和崇庆皇太后都信仰藏传佛教，在城外长河的沿岸，五塔寺是唯一一座大型的藏传佛教寺庙。乾隆皇帝在第二次为母庆寿时更换了记录和装裱图画的方式，不再重复使用长卷，特别突出了几个庆寿地点。该文通过对比五塔寺在乾隆十六年和二十六年两次大寿时期的瓦檐规制以及大额修缮支出，认为乾隆皇帝在为母祈福的同时，也盼望神灵护佑国家。

四、墓葬与宫廷文化

明清时期的墓葬保留了大量的信息，通过对墓葬雕饰、墓志、出土文物的解读，可以大致了解当时的工艺水平、审美趋势和礼仪制度。故宫学刊编辑部赵中男的《浅析田义墓藏石刻的价值与意义》通过介绍明代太监田义坟墓中的精美的雕刻展现了明万历时期的艺术风格，如蚂蚱、蟋蟀、螳螂、花草都雕刻得非常写实，墓前武士雕像也严格按照服饰规定来雕刻。对比明中叶宫廷庙宇及民间寺院的雕饰类型，指出以田义墓葬石刻为代表的精雕细琢延续了明中叶以来工艺的发展趋势，而明代宫廷作为能工巧匠的汇集之地，其工艺的发展也影响了官民等在墓葬方面如坟墓雕饰的具体表现形式。

十三陵特区管委会刘少华的《佛与日常生活：明定陵出土生活用品中的佛教元素》以陪葬品中的生活用品为研究对象，指出佛教元素大量出现在帝后的日常用品中，说明万历时期宫廷的佛教信仰已经渗透到日常生活的方方面面。这些佛教元素或独自或与其他元素结合形成各种祥瑞图案，表达了吉祥和福寿的含义。特别指出，富含佛教元素的装饰是在不违背礼制的情况下才得以使用，而且在一定程度上反映了尊卑关系。

故宫博物院图书馆周莎的《北京地区明代公主墓志初步研究》指出，北京地区明代公主墓志从形制和材料上看，墓志一般都是正方形，材质分为汉白玉、青石两种；从内容上看，公主的封号多取自古代典籍和山名，吉祥寓意的名称居多。多份墓志记载了史书缺载的公主名讳，并对北京地区山名旧称有所记录，成为研究明代皇室成员及北京地理历史的重要参考资料。个别墓志中对于公主葬礼参与人员的记载也可与正史记载的人员一一印证，成为文献文物互证的重要依据。公主墓志内容的一大特点就是日趋程式化，有些公主的墓志就是改了名字，而内容基本上一样。

山东博物馆蒋群、韩国檀国大学崔然宇、崔圭顺的《鲁荒王墓出土袍类衣服的定名及着装顺序》以中国、朝鲜史料中对服饰的记载为基础，参考朝鲜王朝国王百官服装等实物，指出鲁荒王墓中的多件袍服应该使用"衮龙袍""贴里""搭护"等专有名词重新命名，其穿着顺序从外到里依次为衮龙袍、搭护、贴里，或搭护、贴里，或单独穿贴里，三种穿着方法，其帽子、腰带、鞋子都有一定规制的搭配以符合礼法。为了更深入地了解鲁荒王墓服饰，还要对衣服的具体款式等进行深入研究，希望能把握明代亲王服饰制度的真实情况。

五、讨论环节

与会专家学者围绕如何将形象史学的理论、方法有效引入明清宫廷史研究发表了各自的看法。故宫博物院郑欣淼指出，故宫所藏文物是宝贵的形和象，器物形象有助于了解文化的发展历程。应当把形象史学作为一个史学题材，运用其独特的理念、方法使常规的形象研究产生一些突破。在具体研究过程中，一方面要加强学术单位之间的合作，如故宫博物院与中国社会科学院的通力合作，已在明史领域产生很大的影响；另一方面这项事业的推进要依靠社会的力量。明清史特别是明清宫廷史是故宫博物院学术研究的一个重点，院刊的许多研究成果紧紧围绕明清宫廷。故宫藏品不仅有制作精美、工艺上乘的精品，也有很多日常生活用品和涉及礼仪制度的器物，还有一些无

小事件中的大历史——金元明清史杂谈

法归类的文物。以往的研究多聚焦于精品，对日常生活用品关注不够，但现在的研究者开始对生活用品重点着力，进入了新文化史研究的范畴。以瓷器为例，之前聚焦精美的瓷器，有好多的瓷器可能不一定特别精美，但是它在中国瓷器史、中国宫廷史上占很重要的地位，如台北故宫博物院珍藏的泰国进贡的瓷器，反映的就不仅仅是瓷器史，还可以放在中外交流史的框架中理解。曾经不太被重视的文物，而今开始受到关注，人们开始感受到它们特殊的价值。回顾故宫博物院在宫廷史研究方面的成果，总体而言，明宫史相较清宫史要薄弱一些，但经过十多年来的研究，取得了一定的成绩，推动了明宫史的发展，特别是明代宫廷史研究丛书，已经出版了两批十几册，还要继续不断地研究、出版。故宫与海内外学术团队、研究人员的广泛交流，使得研究队伍不断壮大，课题研究的领域也在不断扩充，故宫在宫廷史研究方面的学术集成的深度、厚度和广度直接展现着故宫的学术气象，因此，引入形象史学对推进宫廷史研究非常必要。

北京大学历史系徐凯就形象史学与明清宫廷史谈了三点体会。第一，明清宫廷史已经突破了以往宫廷政治史研究的框架，向着多元化方向发展。20世纪80年代出版的《中国宫廷文化大辞典》虽然名为宫廷文化，但主要讲制度、讲事件、讲人物，对丰富的宫廷生活反映得比较少。最近出版的《清代宫廷史》尽管编者做了大量的工作，但还是偏重政治史方面的内容，谈制度和宫廷内部的斗争，对宫廷生活反映得不够。现在的宫廷史研究力图如实反映宫廷生活，研究宫廷的历史和现状，恢复它的本来面貌。第二，前些年有的研究者提出要研究历史的碎片，一份档案、一个碑刻、一个器物，或者一幅画都是历史的碎片，这些构成了宫廷史研究中的史料，过去不被重视的一些史料而今得到了充分关注，这些碎片可以填补历史研究中的一些空缺。不仅要填补空缺，还要分析这些形象在历史发展中为研究者提供了哪些独到见解，不应就碎片来讨论碎片，而是要就碎片来说明在整个构图中碎片所处的地位和所起的作用。就宫廷史研究而言，图和形、形和象提供了一个比较广阔的研究范围。第三，要看到东西方宫廷之间的差异，合理借鉴西方宫廷史研究的理论与方法，开展东西方宫廷史的比较研究，拓宽明清宫廷史研究的思路。西方的宫廷如欧洲宫廷，它是开放性的，从国外学者的著作中可以看到，皇室或者王室成员与社会贤达、名流甚至娱乐界的一些优秀人才关系非常密切,这与中国明清时期甚至更远一些的古代宫廷截然不同,中国宫廷带有很强的封闭性。在参考借鉴西方宫廷史研究理论的同时,要注意到中国的特殊性,从更高的层次来看待明清宫廷,还原其本来面貌。

故宫学刊编辑部赵中男指出,国外的宫廷史发达,其宫廷史研究也很发达,中国的宫廷史尽管很发达,但是宫廷史研究极不发达,亟须借鉴国外宫廷史研究的方法、理论、成果。对于历史碎片的研究来说,如果不把它放在整体的范围内,不涉及大的议题,不涉及大的趋势和体系,那么碎片研究是毫无意义的。以一个宫廷瓷杯为例,若仅仅将瓷器质量、结构、花纹等讲述得细致,意义也是有限的,但如果置于时代大背景中,联系当时社会的风尚、宫廷的风气,花纹图样在宫廷及宗教上有何种程度的反映,这便进入了另一个境界。另外,就形象史学而言,形象史学理论本身需要提高,它不像社会学、政治学有一套比较成熟的理论,仍需继续探索。在回顾了明清宫廷史研究的发展历程后,指出宫廷的核心是皇帝,不是固定的建筑,政治上的宫廷是随着皇帝的移动而移动的,而且,地方上也可以对宫廷斗争做出回应,从而扩展宫廷史研究的范围。

辽宁师范大学赵毅认为,在中国的明清史学术界,故宫博物院已经在崛起、壮大,成为一支不可忽视的力量。在形象史学研究领域,故宫具有得天独厚的优势,明清宫廷的藏品大部分在这里,故宫博物院也从过去单纯地保护文物变成保护与研究相结合,利用藏品开展学术研究,有助于中国的软实力建设。当下明清史学界及民间出现了众多研究会,如朱元璋、刘伯温、王阳明、戚继光、李自成研究会,多数情况下几年开一次会,无法做到像故宫博物院这样,针对明清宫廷史一年开两次会议,高频度的学术交流。在态度上切忌心浮气躁,学术研究重在坚持,几年、十几年的坚持就会有建树,就会有成就。明代宫廷史研究丛书已经出版了两批,还会有更多的成果陆续出版,为学界提供学术营养,推动明清宫廷史研究进一步发展,取得更大的成就。

人民大学清史研究所朱浒强调了档案的重要性,对比了明清史研究与其他断代史研究在材料和方法上的重大差异。明清以前的材料较少,研究者对每一条材料都要有深入的思考、分析、论辩,最终达成一些共识。而明清史材料非常多,搜集、整理和解读工作消耗了大量的精力,尽管在思考的深度

小事件中的大历史——金元明清史杂谈

上可能相对少一些,但是所面对的研究领域及对象大大扩充了,这与国际学术界扩展研究对象的大趋势相吻合。器物、图像包括文本都纳入了历史研究的范围,新文化史、新社会史的研究取向在历史研究中已经得到了越来越多的开发和应用。宫廷史不再仅仅拘泥于宫廷政治、宫廷斗争,可以运用形象史学的概念,转换视角,将从前认为的比较零碎的东西,比如单个的器物、画作、事件、人物,与更大的历史内容结合起来,众多新成果的汇聚,必然会呈现出新的历史图景。

中国社会科学院刘中玉回顾了形象史学的发展历程。2011年,中国社会科学院历史研究所文化史研究室基于文化史学科建设和学术创新的考量,在前人研究的基础上提炼出"形象史学"这一概念。所谓形象史学,是把形与象作为史料,用以研究历史的一门学问。具体来说,是指以传世的岩画、造像、铭刻、器具、建筑、书画、服饰、文书、典籍等历史实物、文本图像及文化史迹作为研究对象,并结合传统文献整体考察历史的史学研究模式。它不同于艺术史研究中侧重于符号学或阐释学的形象分析法,也不同于一般的历史图像著录,而是对形象的生产领域、传播途径和社会功能等进行综合分析,并与传统文献联结起来,构成完整的证据链,借以探讨中国文化史演进中的基本脉络。当前人类已进入一个多元文化交汇碰撞的以视觉图像为中心的时代,各种图像视像系统已构建起一个超越地域、文化、种族的视觉景观社会。在这一情境下,要克服史学研究的碎片化,提升史学研究的品质和人类认识历史的层次,发挥历史促进学术研究进步和增长文化力的功能与作用,必须改变传统的构造历史的观念和态度,重视历史全面性与发展性的特点,以平等的姿态和视野来重新审视历史生活的诸层面。要确立一种全面与发展的整体史观,重视视觉性的研究模式,拓展史学研究的"形象化"路径,或不失为一种有益的尝试。就形象史学与明清宫廷史的关系而言,应将明清时期的有形材料与文本材料等同看待。

故宫博物院副院长任方平认为,要厘清形象史学和宫廷史这两个概念。宫廷史不能完全等同于政治史,它与政治史、文化史都有交叉。还要区分形象史学和史学形象的不同,明确形象史学与图像史学之间的关系。故宫研究人员在做国家清史图录时,已经对图像史学的功能进行了定位,即以图证史、以图明史和以图补史。在以图证史过程中,有时会发现实物图像与文献记载不一样，展现了历史的复杂性和文献记载的有限性。以图明史，具体的图像可以把历史记载中比较模糊、混沌的内容清晰呈现，或让某一个细节更加清楚。以图补史，通过考古发掘的实物、图像可以补充文献记载的不足。三个功用之中，以图证史最为广泛，也相对容易，而以图明史、以图补史需要通过对于历史细节的查梳，实际操作更难一些。另外，还要注意到因时代不同而产生的差异，避免出现明显的理解偏差。在图像和文字材料使用方面，借鉴艺术史的方法，将图像作为研究对象，通过文字材料解读图像细节，不要单纯把图像作为文字的辅助。

清华大学美术学院尚刚指出，服装、图书、绘画、工艺品都是在编纂清史图录时重要的参考资料，这些形象可以对史书记载不明确或虚载的内容进行丰富和补正。不能把形象史学简单地变成物质文化史、艺术史，要关注图像、形象对于历史的三个功用，历史学者应利用对于艺术史的熟悉、对整个背景的把握，用物质文化资料、艺术史资料来研究历史，开拓新的天地。

中国社会科学院历史研究所所长卜宪群认为，关于形象史学究竟是学科还是方法可以继续讨论，不急于下结论，其与宫廷史研究的关系也可以深入探讨。从人类历史发展历程来看，先有形象后有文献，通过文字解读历史是传统史学方法，但对于形象的解读则相对弱化，王国维"二重证据法"提到的出土文物不全是文献，也有器物和形象。今天，我们对于历史的解读有所创新，是因为人们对历史的需求比前人更加全面，更加多层次，所以形象和历史之间的关系开始得到了重视。解读商周历史，某些器物的意义不低于甲骨文。就宫廷史研究来说，宫廷应该首先有一个地理概念，东汉的外戚与宦官问题与他们在宫城中的位置有很大关系，秦汉及秦汉以前的宫廷，不同人所处之区域、位置有特定的政治含义。中国古代的许多宫廷已经通过考古发掘而逐渐呈现，从先秦、秦汉至隋唐，再到明清，大量宫廷遗址提供了丰富的研究资源，也使得宫廷史成为中国古代史研究一个新增长点。

南开大学历史学院何孝荣指出，首先要界定宫廷史的含义，是以帝后为中心的统治集团在宫中的历史，它包括政治、经济、军事、文化思想、社会各个方面，又与上述的各个内容有所区别，它突出的是"宫廷"二字，紫微禁地，包括了帝后的衣食住行、卤簿、护卫等诸方面，界定得不能过于广泛，如果太广泛，就与明代政治史、经济史、军事史、文化史、清代文化史

小事件中的大历史——金元明清史杂谈

等不相区分了。明清之间的一大差别就是明代皇帝多是驻留京城，清朝皇帝多是园居理政，满族人的民族特性使得皇帝强调满语骑射，在承德建立避暑山庄，数万人举行木兰秋狝，以狩猎的方式进行军事训练，在动态的军事训练中守住大清王朝。内务府是清代的一大特色，宫中档案没有记载的有关三山五园、避暑山庄的事情都由内务府记录，清宫史不仅是宫史，它也是宫苑结合的历史。清朝统治者在园治园，在园治国，在园治天下。清朝统治者对园子的修建格外关注，新修建筑模型要上报皇帝批准，慈禧太后甚至亲自设计匾额，凸显了园子在政治、文化各方面的意义。园子有一套严格的典章制度，包括大臣的值班留守、警备护卫、传膳制度。与紫禁城不同，宫城理政场所相对固定，而圆明园中皇帝饮食起居的地方有十几处，传膳制度也非常灵活，其服务人员如太监的配置也是他处所无。所以，研究清代的宫廷史、清代的园林史，不是仅仅着眼于园林建筑，还要关注园林里的人，展现园林里的制度和园林里帝后的具体生活。

　　南开大学博物馆馆长刘毅认为，就宫廷史来讲，对明清两代的差异应给予充分的注意，特别是园居理政，清朝的园居理政对政治的影响绝不仅仅是理政场所的变化，它涉及很多方面，比如圆明园周边的很多赐园都是皇帝赏赐给诸位皇子的，涉及君臣关系、父子关系等。另外，对于美国新清史将清朝从中国历史中割裂出去的倾向，可以从中华文明多元一体的角度进行驳斥，满族皇帝对于中国文化是认同的，而前面的辽、金也一样，契丹人、女真人都在后来融入汉族了。尽管朱元璋宣称驱除胡虏，恢复中华，但是他推行的许多制度都有胡人元素，就明代制度来讲，继承宋代的并不多，反倒是北方的辽金元制度影响颇大。从陵墓、丧葬的角度来看，也可以反映中华民族传统文化多元一体的特点。对于形象或者图像与文字的关系，可以从中国古代左图右史的传统上理解，图画、地图都应纳入其中，而古人对于具体图像的使用如在历代帝王画像中将好帝王与坏帝王分开，其实也蕴含着一种褒贬好恶的理念。从明太祖两幅画像上来看，如果把美的那幅与明成祖画像对比一下，发现相似度很高，儿子与父亲相貌相似很正常，虽然也不排除儿子就是长得像母亲。丑的那幅，史料并未记载当时官方禁止它流传，民间刻书也按照丑的来刻，证明在一定程度上官方认可了这种形象，形象史学要讨论的是为什么官方认可了丑的画像。

中国社会科学出版社李春伶认为，当下多学科研究的一个趋势是使用图像，强调可视化，应该建立历史遗迹与研究者之间的对话。文字构建的形象、建筑形成的空间都是形象史学的重要内容，研究者不应仅仅局限于图像。

清华大学华商研究中心李海蓉指出，照相术发明之后，海外保留了很多晚清时期中国人的资料，通过对照片的放大，可以看到从前不曾发现的细节，照片已经成为一种重要的史料。还可以借鉴现代科技，将二维材料变成三维立体形式，对残存的陶瓷碎片进行想象复原，利用文字、实物、数码技术想象曾经的历史。

将形象史学与明清宫廷史研究相结合是本次会议在方法创新及领域拓展方面的一次重要尝试，会议主办方希望未来能够有更多的人文社科及自然科学机构参与宫廷史研究，定期召开以形象史学和明清宫廷史为主题的学术会议，加强多学科交流以及理论运用，积极引入现代科学技术，推动研究内容的扩展和理论建构的完善。

（原文刊发于《故宫学刊》2018年第1期）

小事件中的大历史——金元明清史杂谈

首届中国宫廷史学术研讨会会议综述

2017年10月19日—20日，由故宫博物院举办的"首届中国宫廷史学术研讨会"在故宫召开，海内外数十位专家学者汇聚一堂，共提交五十余篇论文，内容涉及中国宫廷史中的政治、经济、军事、文化、教育、司法等多个领域。与会者以宫廷中的人、物、事为中心，运用多学科的理论与方法，挖掘新材料，建构新的解释体系，研究对象的时间跨度上至三代，下迄明清，研究内容不仅有具体而微的宫廷史细节，还有长时段的宫廷发展脉络梳理，为未来宫廷史的深入研究夯实了基础，也为多学科交叉研究宫廷史提供了实例与经验。

本次会议的论文及发言内容大致可分为九个方向：第一，宫廷史研究的总体规划；第二，宫廷建筑及其功用研究；第三，宫廷人物研究；第四，宫廷藏品研究；第五，宫廷管理制度与机构职能研究；第六，宫廷文化研究；第七，明代内阁专题研究；第八，宫廷政治文化的外延研究；第九，宫廷史研究的成果与展望。

一、宫廷史研究的总体规划

宫廷史内容丰富、时间跨度大，如何紧紧围绕宫廷为中心进行多方面的研究？如何有效、准确利用宫廷资料解读宫廷？故宫博物院赵中男教授的《中国宫廷史研究的若干设想》认为，宫廷史的核心与突出的内容是政治史，一切宫廷事务、活动都是围绕权力展开，要关注宫廷政治权力的运作。宫廷史研究应限定在大一统王朝形成之后，秦朝以来，君主的权力突然被放大，首都与宫廷成为无与伦比的中心，与商周时期的众星捧月模式大不相同。宫廷史的研究可以大致分为政治、社会、生活、司法、财政、园林、宫廷典制、文化教育等几个大类。要关注到宫廷政治与国家政治之间的重叠与区分；由于宫廷中的专制权力不太受到制约，因此以独特的方式运行，使得宫廷成为一个特殊的社会区域；在司法及园林方面都涉及管理制度，如果没有一套完整的司法系统和管理体系，偌大的宫廷无法正常运转；典制与宗教，尽管二者有相通之处，但不能互相替代，展现了各自的独特性；宫廷文化教育有别于民间的师生授课传道，目的是建立一种皇帝与官员、内廷太监与外朝官员的密切联系；宫廷艺术凭借雄厚的财力和优秀的工匠，加之部分宗教需要，达到了民间工艺难以企及的高度。概言之，宫廷是帝国权力的中心，所有的权力、财富向其汇聚，而在汇聚之后又像灯火一样向外辐射，在不同的领域发挥作用，使其打上来自宫廷的烙印。

台湾东吴大学的徐泓教授指出，国人在特定历史时期批判帝王将相才子佳人史，宫廷史因为以皇帝、后妃为中心，自然受到了批判。但是毛泽东主席特别指出的神权、族权、皇权以及吴晗和费孝通强调的绅权，这些都是了解中国历史的必要内容，研究宫廷史就要了解中国皇帝和他的周围人和物，以皇权研究为例，故宫就是体现皇权的空间。过去由于特定的历史条件，认为皇权是负面的东西，现在的研究要尝试从正面去看，皇帝们也不全是昏聩无能之辈，也有兢兢业业之人，另外，还要考虑具体的历史环境，可能造成了皇帝勤政而国家衰亡的景象。从故宫内部的匾额名号来看，奉天、华盖、谨身等，都是从传统文化的角度来教育皇帝要奉上天之命来为人民做事，故宫中的对联内容以及宫廷名称也都是教导帝王要好好管理自己，从而为百姓来服务，做到顺天应人。如果说中国的皇帝都是负面因素，而中国帝制时代却能维持如此长的时间，这是说不通的。从中西方宫廷管理角度来看，以清代宫廷的管理为例，清宫井井有条，比西方宫廷更有秩序，这些内容值得行政管理方面的研究者借鉴。宫廷财政的管理与支出也相对有序和有效，以永乐帝北征为例，动员 50 万人的出征队伍，其后勤管理是一个非常了不得的体系。现代政府的一大明显特征就是公私分开，有皇室的国家，政府财政要与皇家财政分开，中国自秦汉开始就分开了，对比英国，在近代以前，英国的宫廷财政与国家财政都做不到明确区分。以官僚体系为例，中国的官僚体系有相对独立的体系，自成系统，且在一定程度上限制皇权，这意味着皇帝不可以为所欲为、毫无顾忌，因此，中国的皇权并非通常意义上的绝对专制

小事件中的大历史——金元明清史杂谈

皇权。从皇帝的个人活动空间和私人生活来看,以清朝为例,皇帝在宫廷中限制甚多,因此他们不愿意长期居住在紫禁城,更喜欢住在西苑和圆明园。从宫廷史的研究内容上看,通常犯规的人,因关于其事件的情节非常精彩,容易被记录下来并得以广泛传播,而不犯规、循规蹈矩之人因为言行缺乏情节性、故事性,通常得不到研究者的注意,应该学着去关注这些按规章制度办事的人,挖掘他们与制度、与宫廷之间的紧密联系。

中国社会科学院历史研究所副所长杨艳秋教授认为,宫廷史研究正当其时,中国宫廷文化丛书、紫禁城丛书的出版,故宫研究中心的成立,都是其蓬勃发展的表现。从"明清宫廷史"到"中国宫廷史",名称上的变化是一种发展,也是一种期待,多个时段的研究都开始关注中国历史上的宫廷,有助于故宫学的学科发展。尽管故宫学起步较晚,当下还不够一个学科的概念,但是,随着研究的深入,跨学科、多视角的方法已经成为一种趋势。宫廷史的研究本身就是跨学科,可以说占得先机,从先秦到明清的时间跨度,为研究视野的拓展提供了依托。在未来的研究中心要注意以下五点:第一,要从学科发展的角度审视宫廷史,正确认识宫廷史作为历史学分支的地位;第二,要有整体视野,贯通整个历史时段,将宫廷史放在历史发展的进程中予以探讨;第三,要具备大视野,北京大学明清史研究中心主任徐凯教授提出的"大明清""大故宫史"的概念值得借鉴;第四,要拥有国际视野,这与中国古代宫廷史的发展相一致,从全球的角度来进行中外宫廷的比较研究;第五,要有文化视野,认识到宫廷史是传统文化的重要组成部分。

厦门大学陈支平教授认为,宫廷史在以往传统士大夫的眼中似乎被忽视了,也导致其长期得不到研究者的重视。在故宫博物院领导的支持下,故宫的宫廷史研究发展迅速,以明宫史最为突出。清宫史资料丰富,体系庞杂,国家清史编纂委员会曾委托其做清代财政史方面的研究,尤其是内府财政史,基于种种原因,未能成行。内府财政史属于宫廷史,而研究者非常少,北京以外的学者更少,清代内府财政收支资料大多数收藏在第一历史档案馆,津京学者查阅方便,而大连、厦门、云南、四川等地的学者距离太远,难以及时获取资料,这应是内府财政研究者较少的一个重要原因。

清华大学美术学院尚刚教授认为,宫廷是中国古代工艺的核心,代表着当时的最高水平,谈论中国工艺美术史,宫廷艺术是非常重要的章节。宫廷艺术代代不同，不断出新，每个时代都有其代表艺术形式，如唐代的金银器、元代的丝绸、明清的画珐琅，各种元素融入其中，音乐、舞蹈也是宫廷艺术的重要承载体。

中国社会科学院历史研究所原副所长杨珍教授指出，宫廷满文档案是重要的研究材料，如何有效利用满汉文材料进行清宫史研究？大体而言，以汉文材料为主，以满文材料为辅，重视满文史料，发掘历史真实。具体来说，检视学术界已有成果形式，除了少数专题研究，汉文材料的运用远高于满文材料，提倡使用非汉文材料的研究者，其论述也是以汉文为主，以满文为辅。满文材料尤其是满文档案数量有限，记述的内容和方式也非常琐碎，这些特点给运用满文材料设置了障碍。清前期宫廷史的重要史事只书写在满文材料中，凸显了满文材料的珍贵性，很多青年学者致力于学习满文、运用满文，在研究清前期的宫廷史方面成果突出。

二、宫廷建筑及其功用研究

宫廷建筑有别于民居，其政治文化意涵尤为突出，自三代以至于明清，宫廷建筑的分布不仅展现了权力的架构，也承载着最高统治者的审美情趣与政治理念。河南大学历史文化学院考古文博系张立东教授的《夏代宫廷生活的考古学观察》从考古的角度指出河南偃师二里头遗址作为夏代晚期都城，已经具备了300米见方的宫城性质的小城，一号、二号宫殿已经是大型建筑，一号宫殿被学术界公认为宗庙。另有学者指出，东庑小房间为厨房，甚至可以辨识出附近的厕所类设施。尽管夏代宫廷年代久远，但考古学为我们呈现了古人生活的痕迹，这也是中国古代宫廷生活方式的源头之一。

陕西师范大学杜文玉教授的《论唐宋时期阁门与阁门司的变化及特点》选择唐宋时期宫廷中的阁门与阁门司作为研究对象，对比五代、辽、金时期宫廷阁门的设置与功能，分析唐宋时期阁门与阁门司的演变及其特征。阁门是分割内廷与外朝的重要门户，因此设有专门机构阁门司进行管理。唐代阁门并非仅限于大明宫，太极宫也有相应设置，五代沿袭唐制，在宫中置阁门。臣僚若在阁门进呈表章或皇帝欲召对臣僚需要引印，即职印和宫中的公文作为依凭，无此则受罚。宋代宫廷阁门司逐渐具备了礼仪纠弹、朝会引导、奉命出使等多项职责，这与宋代职官制度的发展及社会事务的增多密切相关。辽代阁门制度独创了勘箭之制，并一度影响到中原王朝。除此之外，在职官设置等方面大致与宋制相同。金人在阁门司及入阁之制的论述上，不提该制度与宋制的关系，反而强调是参照唐制而成，反映了金人自认为是前代中原诸王朝自然延续的心理，同时也有与宋朝分庭抗礼，不甘于在文化上落后于南宋的目的。

故宫博物院徐斌的《元大都"象天法地"规划初探》认为，古代都城修建中"象天法地"，其实质是中央集权帝国通过都城与星空的同构，为君权天授提供有力的支撑。研究者利用文献记载和现代软件技术，精确复原《大都赋》创作之时的星空布局，在前人研究基础上通过考古材料的佐证，复原当时的都城空间布局，最后确定了天文复原图与都城复原图的对应关系。星宿与地面建筑的对应，揭示了"象天法地"的建城意境与谋求天地对应的空间秩序原则，为元大都的复原研究提供了新的思路。

故宫博物院刘潞的《繁复与集大成：18世纪中普夏宫的异同》将清朝乾隆时期的圆明园、清漪园与普鲁士腓特烈二世的波兹坦无忧宫进行对比，指出中普两国在夏宫建筑的纹饰、雕饰上追求繁复，而在园林建筑的元素上力图吸取各个方面的精华，财富的积累、东西方文明交流的热络状态以及腓特烈大帝与乾隆皇帝对艺术的爱好，造成了中普夏宫繁复与集大成的建筑及装饰特点。圆明园、清漪园将中国神话故事的蓬莱仙岛等元素纳入其中，而无忧宫则参照了希腊神庙、罗马万神殿和凯旋门，还有梵蒂冈圣彼得大教堂的穹顶和方尖碑等。中普夏宫都展现了浓郁的异国情趣，将现实中和想象中的他国风情和人物保留在本国的建筑当中。乾隆皇帝与腓特烈二世的文化素养引导了宫廷建筑的风格，乾隆皇帝由于深受儒家文化熏陶，强调伦理与秩序。即便是在休闲的园林之中也要体现等级秩序，如圆明园的勤政亲贤殿尽管是皇帝的办公场所，但毕竟不是紫禁城，因此不能使用黄瓦。圆明园中特别开辟供奉祖先的殿宇，表示与祖先同在，与祖先同乐。

沈阳故宫博物院研究室李建华的《沈阳故宫寝区宫殿建筑装饰等级研究》以沈阳故宫寝区宫殿建筑的装饰为研究对象，联系清代各种制度，分析宫殿建筑在细节之处体现的等级观念与民族特色。尽管沈阳故宫不及北京故宫建筑雄伟，相对俭朴，但也体现着等级制度，从崇德五妃居所的位置和建筑细节如大木、砖瓦、内构件和彩画装饰上展现了后妃们在皇帝心中的地位。清宁宫由于其皇后居所的地位，其椽头彩画中呈现出独特的绿底黄边寿字，写法上也与其他宫殿有别，体现了清宁宫独特的地位。寝居宫殿的彩画颜色及绘法与大政殿、从政殿、大庆门、凤凰楼太庙等主要建筑相比，等级稍低，而与十王亭、奏乐亭、飞龙阁、翔凤阁等外廷建筑相较，等级又稍高一些。从现存情况来看，沈阳故宫建筑的彩画尽管保留了一部分清代早期的内容，但已不是很醒目，大部分彩画为清中期以后所绘，呈现出一种矛盾：沈阳故宫建筑本应是地方特色、民族特色鲜明，但现存彩画却是清中期以后所绘，基本上比较规范、中规中矩，无法呈现鲜明的地方特色和民族特色。

沈阳故宫博物院吕浩月的《再议清入关前沈阳故宫清宁宫的使用功能》认为，清宁宫的功能除了以往学者熟知的萨满祭祀活动，还充当着举办一系列重要仪式的场所。册立中宫、册封诸王等重大礼仪皆在此举行，清初宫廷宴会也在此举行，既有囊括诸国、诸藩使者的国宴，又有宗室、公主参与的家宴，清宁宫也是皇太极处理国政场所的延伸，召见大臣，商议国事。中原传统五礼包括吉凶军宾嘉，而清宁宫一处即体现了除军礼之外的四礼，表明满洲政权在草创时期，皇宫之中各类宫殿的职能并未明确区分。

三、宫廷人物研究

宫廷人物研究以皇帝、后妃为核心，他们的衣着服饰、为政理念、审美偏好等不仅影响着宫内的生活，也对宫外的朝局和社会风气产生直接的影响。

中国社会科学院历史研究所赵连赏教授的《从"秦始皇"衮冕图谈起》从中小学教材中所谓的"秦始皇衮冕图"入手，依托文献记载的衮冕之制、秦代冠服制度以及秦代社会文化等，指出该图是画家以唐代阎立本《历代帝王图》中的"晋武帝"为原型进行再创作的画作。首先，秦代尚黑，而画像中的服饰以黄色为主；其次，冕旒规格不符合先秦秦汉礼制，更像是低一级的爵弁；再次，人物头上的通天冠不应该用在冕服上，而是出现在礼服上，晋代以来才用于冕服；最后，通天冠上的天河带是唐代出现的。综上所述，图中人物一定不是秦始皇。考察《晋书·舆服志》的相关记载，对比阎立本《历代帝王图》之"晋武帝"，从通天冠、十二旒、天河带、赤舄等多方面进行验证，确认此图的原型是晋武帝司马炎。同时回忆了十余年前在首都博物

小事件中的大历史——金元明清史杂谈

馆与专家的交流，馆长表示尽管知道图像是晋武帝，但鉴于其距秦始皇时代最为接近，便当作秦始皇来解说了。研究本图像的意义在于破除社会上的一些错误认识，还原历史的本来面目。

故宫博物院王敬雅博士的《康熙朝贪官与内务府》将康熙朝惩处贪官的政治事件与内务府工程营建的钱款筹措相联系，指出康熙皇帝在处理贪官尤其针对满洲贵族时有刻意回护的成分。内务府诸多的工程营建需要大量钱款，官员们中的富有者成为皇帝进行摊派的主要人选，两江总督噶礼主动捐献六万八千两白银给康熙皇帝，而皇帝顾虑舆论对噶礼贪墨的指控，并未全部笑纳，而是批复命其分两批捐献，以免坐实了贪官之名。康熙皇帝对于李煦、曹寅等人挪用和亏空公款孝敬皇室的行为采取默许态度，只要事后填补上亏空就不予追究。康熙中期，皇帝开始标榜一批清官，但对于一批满洲贵族的贪墨，皇帝明知其贪腐，却因其有一些灰色收入，而还会使用这些贪官敬献的灰色收入以满足个人欲望，因此一般不在满族人群体中提清廉、为官操守之事。可以看出，康熙皇帝是一个复杂的矛盾体，他默许贪官的存在并使用贪腐银两来填补临时出现的军需、工程资金缺口，与康熙晚期吏治腐败关系甚大，这也成为雍正皇帝即位之后大力改革，以扭转颓势的原因之一。

北京社会科学院满学研究所常越男的《清高宗与清中期司道府官员的考核》考察了清乾隆时期朝廷对于司道府官员的考核情况，指出乾隆皇帝为了直接了解司道府官员的贤否，绕过了既有的考核制度，越过吏部等常规考核衙门，通过年终密考制度，命地方督抚以密折的形式直接将官员贤否上报给皇帝本人，这样有利于皇帝快速掌握地方官员的情况。由于密折的私密性，使得在呈报内容上少了程式化的评语，将涉及的心计、品行等考语列入其中。年终密考制度的建立并不意味着传统吏部考核形式的废止，二者并行不悖，相辅相成，对加强官员管理、整肃吏治发挥了重要作用，而具体的程度仍需要深入探讨。

香港中文大学文物馆陈冠男的《天子慕禊——乾隆皇帝的"兰亭"情结》以乾隆皇帝的"兰亭"情结为切入点，分析乾隆皇帝对《兰亭序》的认知和以其为主题的物件、建筑。乾隆皇帝写《兰亭即事》诗有比肩康熙皇帝之意，创作了多份以兰亭为主题的书法、绘画，命工匠用大块玉石制作了兰亭休息的图景，并且将自己写的兰亭序刻于其上，希望用自己的作品代替王羲之的《兰亭序》，与玉石一同得以隽永。"兰亭八柱"是乾隆皇帝兰亭情结的重要代表作品，特别指出"八柱"并不是《兰亭序》的八个版本，而是三种版本的《兰亭序》和五种兰亭诗。虞世南、褚遂良、冯承素的临帖被认为是内府所藏最好的三个版本，因此收于"兰亭八柱"之上。基于兰亭情结以及对"曲水流觞"的欣羡，乾隆皇帝在营建太上皇宫时特地建造了禊赏亭，禊赏也有致于宁寿之意，可以说乾隆皇帝将其作为生活中不可或缺的一部分，也将清代的兰亭之风或兰亭风尚推向了一个高峰。

中国社会科学院刘强博士的《伦理、权力、时局与诉求——再论戊戌政变后光绪帝与慈禧太后之关系》认为，慈禧太后对于光绪帝更多是从家庭伦理和政治伦理层面进行判定，二人并非简单赤裸裸的政敌关系，因此，慈禧太后用不同的方式处理不同伦理状态下的各色人等，皇帝被软禁，而"戊戌六君子"被处死。值得注意的是，慈禧太后不容许他人未经自己许可而随意侵犯光绪帝，出于自我保护的需要、伦理造就的优势和自我能力的认定，她坚持训政直至身故。由于时局变动、载沣的表现和光绪帝的配合，慈禧太后最终认可了醇亲王的支脉，也以溥仪兼祧同治、光绪二帝从而继承帝位，完成了从伦理、理性到感性的决策。

浙江大学人文学院赵晶的《明代宫廷画家郭纯的生平与绘画》介绍了宫廷画师郭纯，指出明代宫廷画家资料稀少的原因：第一，宫廷职业画师自幼学画但诗文水平有限，不同于文人画家的诗文传世；第二，宫廷画作多不署名，且晚明时期轻视职业画家，因此相关藏品较少。而郭纯由于同著名文士结交，并获得永乐、洪熙诸帝的器重，所以资料相对丰富。郭纯在青绿山水方面的造诣符合永乐皇帝对于大一统江山形象的追求，也迎合了永乐皇帝好大喜功的心理，"布置茂密"而非所谓"残山剩水"。郭纯对于青绿山水的传承起到了承前启后的作用，他与之后的戴进、石锐、文徵明、仇英等人的青绿山水共同构成了明代青绿山水的体系。

四、宫廷藏品研究

宫廷藏品众多，每一件器物都有其文脉传承，不同时期风格迥异的器物不仅展现着特殊时代的审美，也是政治与历史的重要载体。故宫研究院院长郑欣淼教授以宫廷陶瓷研究为例，指出在以往的故宫研究中，多局限于宫廷

小事件中的大历史——金元明清史杂谈

陶瓷考、宫廷用瓷论述、陶瓷发展史等特定范围的研究，今后的研究要以"如何看待故宫的文物"为出发点，将器物与历史文化内涵联系起来，增加对宫廷史的重视程度。以宫廷家具为例，皇宫大内使用紫檀家具，而军机处虽身处禁中，但只能用榆木家具，这体现了森严的等级制度。以宫廷服饰为例，故宫博物院原本收贮数千套八旗盔甲，因为只有服饰达到一定的规模，才能体现八旗劲旅的军威。每年皇帝打猎都要用盔甲，所以宫廷陆续制作收贮大量、完整的盔甲。新中国成立以后，鉴于故宫收藏的重复品过多，尤以八旗盔甲为最，所以故宫博物院陆续送给北京电影制片厂1200套、八一电影制片厂1000套、长春电影制片厂1000套、上海电影制片厂600多套，此外，还向北京京剧院、北京戏校、各省博物院赠送数百套盔甲，尽管有利于各单位的文化建设，但就故宫自身的八旗盔甲收藏展示而言，不能不说是降低了震撼力。随着21世纪初"故宫学"的建立，故宫器物研究已经与人物、事件紧密联系在一起，而且逐步实现多学科交叉研究，从单个的器物转向整体的研究，将器物所代表的文化视为一个整体，不再进行简单的割裂。如三希堂的书画作品，以往多是美术学院的研究者从艺术史、美术史角度切入，或者从收藏史、藏品辗转流移的角度分析，现在则是将书画与皇帝的艺术鉴赏能力、政治事件等进行有机结合，分析书画、器物背后的文化传承与风气引导。

沈阳故宫博物院罗丽欣的《雍正帝审美与雍正朝瓷器》从宫廷艺术角度切入，论述皇帝个人审美对于当时官窑瓷器的影响。雍正皇帝尽管只在位13年，但是从官窑瓷器品质的角度来看，雍正朝官窑瓷器达到了清代的顶峰，这与雍正皇帝本人的性格、学识、审美等不无关系。他的审美体现在官窑瓷器的造型、色彩、纹饰、书法和侍女构图等诸多方面。雍正朝官窑瓷器继承了明朝瓷器烧造的诸多优点，瓷器胎体轻薄细润，洁白度高，作品呈现出秀巧、隽永之意，这与后来乾隆时期的瓷器多呈现华美雍容之风大为不同。雍正朝瓷器大多比较淡雅，而构图秉承诗书画印相结合的原则，将瓷器的纹饰变成一幅山水画。雍正皇帝任命怡亲王胤祥、重臣年希尧、唐英处理涉及窑厂的事务，胤祥总管内务府事务，年希尧管理窑厂事务，唐英承担督陶官职责，共同推进精品瓷器生产。尤其是唐英在雍正身边多年，监督瓷器烧造时与窑厂工匠在一起，准确传达皇帝的艺术要求，并完善成品。以上作为使得雍正皇帝的审美情趣能够与官窑瓷器生产准确地结合。

武汉大学陈锋教授的《清代前期"宫作砚"的几个问题》以康熙、雍正、乾隆时期造办处的"宫作砚"为对象，分析了清代宫廷对于宫廷特殊工艺中的石材、砚作、砚匠的要求及对国计民生与社会风气的影响。清帝将产自东北地区的松花石制成的松花砚提高到御用砚和名砚的地位，尽管宫廷造办处的制砚石材中松花石占有相当比重，但端砚、歙砚等传统名砚由于产地官员不断进贡，同时也进贡各类石材，因此不可武断地认为宫砚大部分用松花石制成。各色砚台与石质砚盒主要由砚作制造，其他质地的砚盒由宫内的各类作坊分别完成，如"杂货作""匣作""漆作""铜作""珐琅作"等。康雍乾三朝宫廷砚作机构经历了多次拆分与合并，这同砚作规模的大小、砚匠数量的多寡、重视程度的差异紧密相关。砚匠群体并非单一工种，也有"雕刻匠""牙匠"兼做砚台者，一切皆以服务宫廷需要为中心，乾隆二十三年（1758）之后，随着砚作与其他作坊的合并，砚匠逐渐减少。砚匠主要由宫廷招募的"南匠"构成，各项薪资待遇既是其生活来源，也是其水平、地位的标识。其中，月例银、奖赏银、抚恤银皆来自内务府，属于皇室财政内容，而养赡银、安家银由选送匠人的地方支出，属于地方财政内容。

南开大学王嘉乐博士的《清朝宫廷制作"松花石砚"定名考》通过排查雍正、乾隆两朝内务府造办处档案，结合传世文物，对"松花石""松花砚"的各色别名进行了清理。该文指出原本产自关东地区的松花石并非优质砚材，清朝皇帝通过撰文定名以及敕令内府制作松花石砚并用于颁赐臣僚，确定了松花石砚及松花石在清代砚文化中的特殊地位。终清一代，松花石砚在造办处大量承造，通过大量的颁赐臣僚活动宣传展示了宫廷砚文化的意涵，并通过皇权的人为拔高及皇家《砚谱》的特别肯定巩固了松花石砚的文化地位，使其与传统的端砚、歙砚比肩而立。

故宫博物院宫廷部王子林的《寻找乐寿堂的屏风宝座与地平》通过梳理宫中档案，参考现存影像资料，成功找到了乾隆时期乐寿堂的屏风宝座与地平，为文献与实物研究相结合提供了重要的例证。故宫博物院内的座椅、屏风、地平、香炉、蹬道等由于经历了多次迁移，一些物件并不位于历史上的空间，这对准确认识文物、理解文物提出了挑战。2005年，寿康宫文物整理时，西暖阁有一扇屏风被搬出来移入慈荫楼，其上有"寿"字，而寿康宫屏风根据文献记载有"寿"字，同时对比乾隆所题写对联"乐同乐而寿同寿，

小事件中的大历史——金元明清史杂谈

智见智而仁见仁",确定了屏风的归属。乐寿堂地平属于须弥座地平,鉴于其毁于战火,参考承德淡泊敬诚殿、西苑鸾仪殿的地平,可以用紫檀木地平的雕刻、纹饰,结合乾隆时期嵌玻璃屏风的样式,予以恢复。

南开大学文学院东方艺术系吴若明的《图像之外:明清外销瓷器庭园仕女图与宫廷女性生活》以明清外销瓷中的庭园仕女图为对象,结合明清时期中西方社会文化及艺术取向,对明清宫廷女性的生活进行解读,同时也展现了西方人对于东方女性的想象与理解。在表现手法上,以栏杆代指宫廷和贵族府邸,展现女性生活。从数量上看,在外销瓷中,特别是明末清初以来,仕女形象特别多,海外藏品中女性形象的数量甚至可以超过男性。在主题上,以游园、拈花、教子、器乐、舞蹈、秋千为主,日常生活中的逗鸟场景也成为表达内容。书卷与古董等元素出现在仕女图中,展现了图中女性的知识水平和道德修养,也暗示了她们是宫廷或者官宦之家中身份高贵的女性。在欧洲逐渐形成了人物潘趣酒碗,潘趣酒是印度的一种甜酒,装在画有东方仕女图的酒碗中,饮用之时,两种异域风情交相辉映,相得益彰。结合文献可知,中国宫廷中的女性生活总体而言还是比较压抑的,不能因为陶瓷图片中想象的美好图景便得出宫廷女性拥有特别丰富的文娱生活的结论。

河南大学历史文化学院韩鼎博士的《〈清明上河图〉"客船过虹桥"情节的再探讨》针对故宫珍藏《清明上河图》中的"客船过虹桥"情节,结合宋代船舶形制、人物动作、工具用途,借鉴已有研究成果,指出以往学者认为的客船要撞到虹桥的情节是错误的,实际上客船真正的危机是因纤绳松开导致船只顺流而下,可能会撞到后船。从虹桥上人抛下绳索希望船桥尽快连接,船上人员用带有倒钩的杆子来钩桥等细节可以明显判断出客船的运动方向是向后而非是向桥洞。另外,对于此情节的解读,存在反映当时社会痼疾以及宋神宗变法利万物而不争、追求同舟共济精神等多种结论,可备参考。

台北故宫博物院阙碧芬的《〈龙藏经〉装帧的织品》以清康熙时期的《龙藏经》为题,重点探讨了现今保存于台北故宫博物院的《龙藏经》的装帧织品。本文特别指出在纺织品研究领域,大多数纺织品无法知晓其确定制成时间,而《龙藏经》的制作因为有宫中档案的记载,有明确的制成时间。通过宫中档案与影像资料展示了《龙藏经》的制作部门、经帘、床布、绑带、包袱等具体信息。因《龙藏经》层层防护、装帧严密,使得今天看到的

《龙藏经》织品保持了最为原始的颜色，在纺织品研究领域弥足珍贵。由于《龙藏经》的特殊性，外层装帧的包袱也在内部绣上了精美的图案，这一发现竟然源于一次包袱皮破损，呈现出七团龙织金妆花和暗花缎。另外，《龙藏经》装帧织品的四合如意团纹图案更像是明末四合如意的设计组合，团龙旁边的云彩也更像是早期的云纹。将此类织品与明朝定陵出土的纺织品进行比较，定陵纺织品已达到甚至超越此水平，证明明末至清初的纺织技术已经发展到了一个巅峰。《龙藏经》的装帧是宫廷制作的典范，而且因其宗教因素，需要织工非常虔敬、虔诚、谨慎地完成，虽然有些装帧不表现在最外面，但仍要保证其为最高等级、最高规格的织品。

德国汉堡大学写本研究中心陆珍桢博士的《宫廷与民间：清升平署旧藏坊抄曲本初探》以"故宫珍本丛刊"中的清代升平署旧藏曲本中的民间作坊抄本为对象，探寻宫廷收藏民间抄本的原因。宫中曲艺表演与戏曲有很大差别，属于"玩艺"，排在不同的杂技表演之中，且在升平署档案中不列出具体题目。升平署太监除学戏之外也会学一些技艺以满足统治者的文娱需求，民间出品的抄本因其内容丰富受到统治者喜爱。在慈禧太后训政时期，大鼓、秧歌、太平歌词的曲本都在故宫有藏本，证明了某一个历史时刻，宫廷与城市俗文化之间有着紧密的连接，与宫廷民间在文化层面上并非截然分开，二者有一定程度的重叠。

故宫博物院古建部张淑娴依据故宫长春书屋发现的古玩墙和戴维德基金会珍藏的古玩图等实物，结合《红楼梦》的情节，认为古玩片已经成为清代皇宫大内与富贵家庭的重要墙壁装饰内容，进而指出曹雪芹的《红楼梦》尽管是一部小说，某些故事也写得很晦涩，但其展现的物质层面还是依托于当时作者身处的物质文化环境，小说中怡红院室内装修的许多细节如镜子、美人图都可以在清宫的装饰中找到对应的实例。另外，清军入关之后，宫廷装修方式与风格逐渐变化。顺治时期保留关外相对俭朴、简洁的风格，康熙时期高级官员府邸和王府的装修风格已经向奢华转变，但皇宫尚未大规模吸收，从雍正皇帝开始，精致的装修风格进入皇宫大内，并且借助皇室雄厚的财力进行更加精致、更加艺术化的装饰。

北京服装学院陈芳的《明末清初女子头饰"卧兔儿"考释》对明末清初流行一时的女子头饰"卧兔儿"进行考证，从清代宫廷画师绘制《金瓶梅》

图像中女子头饰入手，结合明清时期貂皮贸易的官方档案、蒙元风俗遗留、社会风尚等，分析"卧兔儿"流行的原因。"卧兔儿"名称应源自其佩戴时有一颗珍珠缝于其上，相当于兔子的牙齿，整个头饰仿佛卧着的兔子。貂鼠和水獭皮做成的卧兔儿非常贵重，只有富贵人家的女性才有能力和资格佩戴。据文献和实物图像推测，"卧兔儿"自明万历年间开始流行，清乾隆之后便没有相关的文献和图像记载了，它的流行与皮毛贸易紧密相关，明代档案可证此时毛皮贸易已经达到最高峰，并且引领了毛皮服饰的时尚。明代服饰中对于头饰的重视也源于其有别于唐宋相对开放的着装风格，层层包裹更凸显了头饰的重要性。受到中亚服饰的影响，明人将毛皮逐渐戴入乌纱、乌领甚至头上，形成了女性特有的头箍。明人对于蒙元服饰中的毛皮元素继承较多，当毛皮贸易再次发达之后，南北皆流行毛皮，因此"卧兔儿"正逢其时。另外，"卧兔儿"的出现可视为人们开始欣赏毛皮的装饰功能的开端，而不仅仅是保暖作用，其高昂的价格也彰显了穿戴者尊贵的身份地位。

华东师范大学美术学院熊瑛的《明代宫廷织绣饰金的演变与影响》通过对现存宫廷织绣的研究，指出明代前后期宫廷织绣饰金的面貌差异较大，在制作工艺、色彩搭配、使用对象上都有所体现。前期织绣饰金面积较大、材料单一，后期开始转向金彩并用，万历时期形成材料丰富、金彩交织的风貌。饰金织品在明代宫廷的流传是多种因素共同作用的结果。首先，辽金元统治者对于黄金装饰的喜爱直接为明人尤其是宫廷贵族所接受；其次，成化、弘治以来，奢侈之风自上而下滋生，宫廷用度糜费，丝绸制造渐多，为笼络臣下、安抚外夷，织金丝绸作为赏赐必不可少；最后，宫廷崇奢之举影响了民间的审美，民间不断违礼逾矩，通过身着饰金织绣凸显身份，加速了奢靡之风在全社会的蔓延。黄金作为一种色彩，在成化、弘治之后，其等级意味日趋淡薄，而装饰作用逐渐增强，加之奢风侵染、织技高超，饰金丝绸为官民朝野所青睐，僭服屡出、官禁无力局面的出现不仅是审美的变化，也反映了明代章服制度的逐渐松弛。

五、宫廷管理制度与机构职能研究

宫廷人员众多、事务繁杂，如何有效地进行管理从而使巨大的宫廷井然有序，严密的制度与清晰的职权划分成为宫廷管理的保障。

苏州大学王铁男的《清代〈匠作则例〉"内工"与"外工"比较研究》以清代内务府的《匠作则例》为研究对象，指出早期的建筑方面的《则例》是由工部主编、内务府参与编写而成，雍正时期将有关国计民生的桥梁、城垣、仓场等修建工程归为"外工"，而将皇家的园林和宫殿修建划为"内工"，至乾隆时期，内务府主导了《匠作则例》的编纂，使得专门负责园林与宫殿的"内工"从原有的《工部则例》中分离出去。从内容和版本流传看，《匠作则例》中的"内工"内容经历了从公开到保密的过程，这与统治者的现实需求息息相关。第一，统治者既要追求享乐又要维护声誉，园林修建的开支巨大且无益于国计民生，因此清代内工的耗料量基本不对外公开；第二，手工业中的满汉双重标准，使得旗人工匠的待遇高于汉人工匠，因此不愿公开薪酬；第三，内务府机构职能的膨胀使其话语权逐渐超过工部，独立编纂相当于规定了工程物料标准的《则例》，专门满足皇家需求。

沈阳故宫博物院李理的《清宫品级侍卫服饰研究》从清代宫廷的侍卫服饰入手，通过梳理清朝典制中对侍卫服饰的特殊规定，结合沈阳故宫博物院、北京故宫博物院现藏各类服饰，指出宫廷侍卫的服饰既保持着官制服饰的统一性，又与其他官员服饰略有不同。这种特殊的服饰体系，体现了宫廷侍卫在清朝政治、礼仪活动中的重要作用和突出地位，也是他们作为清朝贵族集团一分子的身份表征。

廊坊师范学院李建武的《论明太祖对宫廷宦官的认识与任用》指出，明太祖虽然对宦官制定诸多限制措施，但是实际政治运作过程中，皇帝对宦官的任用大大超出了先前设定的范围，洪武时期即开始了宫廷宦官奉命出差、军中传命、抚谕外夷、宣谕宗室、奉使外国，甚至赈济灾荒、监督盐务、购买战马、核定钱粮，不仅事务的种类繁多，而且出差的次数频繁。尽管在明太祖强有力的控制下，洪武朝宦官尚不敢胡作非为，但任用宦官的趋势在此后愈演愈烈，进而形成了明代独特的宦官政治。

南开大学历史学院李明阳博士的《明代凤阳宦官职官考》选取明代中都凤阳的宦官群体作为论述对象，考察其在不同时期因职官设置、军事、民政等需求而发生的种种变化。凤阳太监群体按职责大致可分为皇陵宦官、守城奉御、高墙宦官和守备太监。自正统时期起，皇陵太监制度愈加标准化；宫廷政治斗争失败的皇族被囚禁于凤阳，专门派遣宦官进行看守；随着宗室犯罪人员的增加，高墙宦官亦不断增加，为此而专设高墙左少监管理墙内宗室；出于军事考量，凤阳守备太监逐渐拥有了八卫一所的军事调度权和处理邻近多州民事和诉讼的权力。凤阳太监职官的职权损益诠释了宦官群体的兴衰沉浮，与明朝整体宦官制度紧密联系、遥相呼应。

南开大学历史学院孙笑颜博士的《明清宫廷禽肉办纳小考》通过梳理档案文献中明清两朝宫廷对于禽肉的办纳，指出明代禽肉来源主要以地方上贡、宫内司牲司饲养和宫人外出采购三途径为主，而清代除了宫中饲养部分，还专门设置了买办肉处进行鸡鸭的采买，清代另有打牲户通过采捕纳赋的方式向宫廷提供野禽。因禽肉在清代贵族饮食中并不十分重要，因此曾一度在康熙时期进行过减免办纳，但进入乾隆朝，由于膳食菜品的日渐丰富，禽菜比重也逐渐增加，办纳亦随之增加。禽肉除日常使用之外，还在宫廷生活中发挥着赐物的功能，君主赏赐臣僚禽肉亦是臣僚重要地位的体现。通过梳理明清禽肉办纳制度，可以看出两朝的宫廷饮食都经历了一个由俭入奢的过程，也对社会崇俭崇奢的风气产生了直接影响。

南开大学历史学院柏桦教授、高金博士合撰的《论明代交结近侍官员律》以《大明律》中"交结近侍"一条分析该法条产生的原因，联系明初政治形势，展现在皇权膨胀的大背景下法律对于臣僚权限的划定。近侍群体由于身在禁中，属于内官，而内外官员的交结实为大忌，"交结内侍"的罪名上可以与十恶不赦大罪相连接，下可以统领各类犯罪，是一个口袋罪，可以囊括很多人。"交结近侍"罪名的出现既是对群臣结党的限制，也是对皇帝周围人员的规范。在实际的政治运作中，多被援引比附以打击政治对手，一旦纳入奸党罪则牵连甚广，首辅夏言即以"交结近侍"罪名被杀，重臣曾铣亦受到牵连处死。

六、宫廷文化研究

宫廷文化因其场所、人物、表现方式的特殊性，突出了政治意涵，并通过意识形态、礼仪、制度等不断强化。台湾文化大学吴美凤教授的《"天位乎上，云物从之"——中国皇帝的"天命观"》梳理了商周至明清君主对于天的认知，认为商周时期对于天的崇敬，源自定居文明对社会长期稳定的追求，形成尊卑有别、上下有序的等级制度，并为执行此制度的权力赋予来源上的合理性，正统性由此而生。在取得天下的前后，有关正统性的论证总会适时出现，神迹、天象、梦境成为帝王理解天命、宣示非凡人生造化的重要依托。周人为说服商人接受江山易主的现实而发展出天命可以转移的观点，成为后世君臣上下一体、顺天应人等政治运作的皈依。直到民国初年，《清史稿》的编纂者还秉承着古代的天命观，与孙中山所倡导的近代的历史观背道而驰，说明数千年来天命观已植根中国人心中。

华中科技大学人文学院路成文的《牡丹与宫廷政治——唐宋宫廷政治语境下士大夫文人的牡丹题咏》从唐宋士大夫的牡丹题咏诗文入手，在唐宋宫廷政治的语境下理解"牡丹"的特殊含义，认为这类文学活动既体现了鲜明的宫廷文学色彩，又与牡丹文化象征意义的形成紧密相连，时势、政体乃至宫廷政治细节的变动直接影响了文娱活动，宫廷文娱在展现娱乐性的同时，强调了它的政治意涵。

长春师范大学历史文化学院青年教师宋继刚的《移动的宫帐、通天的萨满——蒙古宫廷文化一瞥》以蒙古汗国时期的宫帐和萨满为主题，联系中外学者对于蒙古汗国的宫廷生活的研究成果，展现蒙古宫廷的游牧文化特色并解读萨满势力衰落和大汗崇拜兴起的原因。蒙古汗国的宫帐是移动的政治中心，它体现了蒙古贵族对于传统游牧文化的坚守和对于城市文明的吸收，大汗与其他贵族宫帐的分布也展现着蒙古宫廷的权力架构及亲疏关系。宫帐群的移动有助于大汗的军事征伐以及巡游，不仅可以处理政务，也便于抚慰新近归附的民众。随着成吉思汗绝对权力的确立，曾经通天的萨满逐渐变为服务于大汗及其亲眷的专职人员，并利用法器、仪式建构对于大汗的崇拜，增添大汗的神秘色彩，从而在既有的政治权力框架中获得更多的利益。神圣空间的即时性和移动性为解释萨满参与神化大汗的活动提供了重要的理论依据。大汗、贵族、萨满、普通民众在自觉与不自觉之间参与了蒙古宫廷文化的建设。

南开大学历史学院常建华教授的《明洪武时期宫廷的正旦礼仪与节庆》以明初宫廷的正旦礼仪为切入点，探讨正旦礼仪在国家礼仪体系中的重要地位。洪武元年正月正旦礼仪的缺失源于其时元朝尚未灭亡。因大都尚未攻克，元朝仍然象征性地占有中原。正月之后，朱元璋加紧国家各项礼仪建设，九月，明军攻克大都，随后朱元璋命礼官制定诸多国家礼仪。对比元明正旦朝会礼仪，并未展现出民族反抗、民族斗争的内容，它的基调是大一统，沿袭了元朝的部分仪式，不因宣传口号是"驱除鞑虏"而废除元代的一切礼仪制度。本文通过分析朝贡体系与宗藩体系，指出在礼仪层面，以往认为仅朝贡一项即可证明藩属国对于宗藩体系的承认，但是，正旦之日的贺正才是藩属国与宗主国关系的主要仪式，贺正与朝贡共同构成了宗藩体系。洪武初期，地方土司的贺正表笺也以歌颂"大一统的文明之治"为宗旨，但在格式与内容方面尚没有统一的规定，直到洪武后期才出台相应规定。概言之，在洪武初期，国家各项制度处于草创阶段，各项礼仪仍在不断整合变动之中，但礼仪活动在国家政治生活、外交活动中的重要地位却一直不曾改变。

中央民族大学肖晴博士的《明代后妃的宗教信仰与政治文化》认为，尽管明朝后妃们的宗教信仰比较虔诚，但由于其特殊的身份、地位、政治影响力，使得她们的信仰活动并非单纯的宗教活动，其背后有深层次的政治文化内涵。首先，在政权合法性遭到质疑之时，后妃们可以通过宗教信仰的形式来为政权的合理性、合法性寻求舆论的支持，进而巩固政权，靖难之役时燕王妃徐氏（明成祖徐皇后）的佛教活动以及南明永历时期王太后的天主教活动可以归入此类。其次，在承平时期，后妃可以通过宗教活动来宣示个人的权力与地位，使其政治影响力突破宫闱的束缚，获得民众的响应，宣宗孙皇后出资捐助大功德寺、宪宗周太后出资修建大慈恩寺、万历李太后出内帑颁赐佛经可归于此类。再次，宗教活动成为国本之争的政治工具，神宗王皇后、郑贵妃的佛教活动可归于此类，通过刊刻经书、树立石碑表明政治立场。

南开大学历史学院孙卫国教授的《〈资治通鉴〉与朝鲜世宗朝之历史教育》回顾了高丽王朝、朝鲜王朝时代朝鲜半岛政权对于《资治通鉴》的引入与学习，高丽中期引入司马光的《资治通鉴》，高丽末期引入朱熹的《资治通鉴纲目》，朝鲜王朝世宗时期大力推广学习，两部书成为笃信程朱理学的高丽王朝、朝鲜王朝重臣的必读书。朝鲜王朝的经筵将《资治通鉴》列为必讲书，君臣以此书进行政事讨论和历史知识的学习，《资治通鉴》所载历史掌故成为朝鲜王朝君臣处理政事的重要依据。朝鲜王朝不但从明朝大量购买《资治通鉴》，还在国君的主导下编纂《资治通鉴训义》来解决阅读难的问题，国君尊敬重用编纂《训义》的文士，这些行动对当时的文风也起到了重要的推动作用。

黑龙江大学胡凡教授的《王之寀与万历晚期宫廷史发展的走向》从晚明三大案之"梃击案"的细节入手，分析王之寀作为低级官员如何在纷繁复杂的政治变局中探寻真相，但案件的最终判定却推翻了王之寀的结论，展现了明代宫廷内部斗争的残酷与激烈程度。刑部提牢主事王之寀通过诱供获悉了张差闯宫的详细情形，对先前定论的疯癫说提出疑问，认为这是一场有组织、有预谋的案件。但是，明神宗的重新定性以及迅速处死张差阻断了对"梃击案"的进一步挖掘。由此可知，万历朝宫廷内部斗争已经十分激烈，皇帝的刻意回护使得以郑贵妃、郑国舅为代表的集团未受打击，而此后的"红丸案"可以说是"梃击案"的延续，同样是郑氏集团对于最高权力的觊觎并付诸实施。

七、明代内阁专题研究

明代内阁几经沉浮，与皇权纠缠难清，一系列的政治变动或波谲云诡，或波澜不惊，不仅改变了阁臣的人生，也改变了历史的走向。常州大学吕杨的《正德十六年：中枢政治势力的博弈——以杨廷和内阁权为视角》从正德末年至嘉靖初年杨廷和主导的内阁权力演变及朝局变动入手，结合明武宗、明世宗对于皇权的使用，后妃及司礼监、内阁势力对于中央权力的直接间接影响，指出在武宗去世后造成的皇位空缺时期，在后妃势力的支持下，杨廷和在一定程度上复苏了阁权，并直接影响了朝廷政治运作。之后的"大礼议"事件，使后妃、内阁、外朝三种政治势力为维护礼法，联合对抗羽翼尚未丰满的新皇帝权力。尽管取得了阶段性的胜利，但是随着明世宗逐渐掌控了政治权力，对于前期的妥协让步予以推翻，进而依赖皇权使用高压手段打击反对者，完成了皇权与阁权的重新整合，将正德元老们逐渐清除，树立起皇帝的绝对权威。内阁权力的萎缩与让渡以及皇权至上的再行恢复，使得明世宗更加注重强权与暴力，也造成了君臣相疑、君臣相隔和朋党之争，改变

小事件中的大历史——金元明清史杂谈

了明代中叶的政治面貌。

东北师范大学历史文化学院王慧明博士的《万历初期宫廷财政视角下的张居正改革》从宫廷财政的视角来审视张居正改革对于万历朝局乃至未来明代财政的影响。从万历皇帝即位到万历十四年，宫廷财政完成了一个从收缩、扩张，再到收缩的一个循环。第一阶段，万历皇帝即位至大婚。张居正压缩宫廷开支，但李太后并未严格遵循。第二阶段，万历大婚至张居正病死。万历皇帝已经开始挪用外府钱款满足私欲，宫廷财政开始扩张，而张居正对此无力阻止。第三阶段，张居正病死至万历十四年（1586）。前期万历皇帝仍然扩张宫廷财政的支出，而万历十三年（1585）的天旱使皇帝心生畏惧，对扩张的宫廷财政开支以收缩。张居正改革在宫廷财政方面的有限成果基本上都是在万历六年（1578）之前取得的，万历六年（1578）以后，张居正改革尽管在全国范围内进一步深入，但无力阻止宫廷财政的扩张，张居正死后，由于宫廷财政支出的膨胀引发了新一轮的财政危机。因此，对张居正、明神宗在万历初年宫廷财政方面的影响需要重新评估。

吉林大学文学院青年教师李佳的《廷杖、谏诤与君臣权力关系格局——晚明士大夫关于本朝君臣关系的反思》从君臣关系格局入手，指出尽管明朝士大夫勇于谏诤、捍卫道统，但是面对廷杖等刑罚时并未从法理上予以驳斥，肯定了皇帝拥有任意廷杖大臣的权力，这是一种对于皇权的肯定以及皇权至上观念的表现。士大夫对于皇帝的挑战达不到否定皇权至高无上地位的层面，仍肯定皇权在运作层面的至上性，而主要挑战的是以道德为核心的观念层面，即尝试界定皇权的合理性而不挑战其合法性。在界定合理性层面，士大夫通常主导了舆论，而这一契机发生在"土木之变"后，士大夫的声势得以不断壮大，直至嘉靖时期杨廷和在"大礼议"中的败落。张居正败落的原因之一是过多地干预了皇权的实际运作，而不是仅仅停留在观念层面的限制。

吉林大学文学院青年教师李文玉的《制度演进与舆论型塑：明末内阁政治生态解析——以钱龙锡、杨嗣昌为例》以崇祯时期两位首辅钱龙锡和杨嗣昌二人的境遇为切入点，从制度特征、舆论作用、事件影响三者的相互作用下展现出明末内阁的政府生态。在这三个因素之间，内阁之所以特别容易受到事件、舆论的影响，根本原因在于内阁类相而又非相的制度特征。类相引发了入阁之争，争夺权力与荣誉，而非相的尴尬地位使得首辅没有法定意义上的行政权，无法统领六部等行政部门，在实际中枢政治运作中常有僭越之嫌。在皇帝授意、首辅能力强、时局紧张等诸多因素主导下，首辅可一时发挥宰相的作用，但是，若在短时间内无法力挽狂澜，又极易成为受攻击的对象。正是由于内阁职能边界的这种模糊性和内阁职能的这种弹性和张力，所以舆论总希望对内阁首辅表现出一种型塑的意图，通过士大夫的话语去影响内阁。

八、宫廷政治文化的外延研究

宫廷是权力和财富的中心，与宫廷有关的人、事、制度不仅仅发生在皇宫之中，当最高权力和财富辐射到宫廷之外并得以有效运行，不仅对整个国家，甚至对东亚文化圈乃至世界都会产生影响。

淮阴师范学院运河与漕运文化研究中心张捷的《秦汉时期的宫廷经济与漕运及"古丝路"关系研究》指出，由于秦汉时期长安、洛阳集中了大量的宫廷贵族、政府官僚和禁卫军队，需要巨额的物资供应，宫廷经济需求的增加促进了国内漕运交通的发展，也极大地推动了"丝绸之路"商贸的繁荣。为了保证宫廷经济有序、平稳、健康发展，统治者不仅重视疏浚现有的自然水道，还在相关区域开凿新的人工运道，发达的运输网络连接起不同地域，在经济交流的同时，发展了更加深层次的文化交流。

上海世纪出版集团中西书局李碧妍的《唐代皇亲勋贵陵墓墓门石刻研究》以唐代贵族墓葬石刻为研究对象，指出墓门也是等级制度的重要体现，石质墓门与墓主生前的崇高地位相对应，从已发掘的唐代大型墓葬来看，通常只有皇亲及一些地位较高的勋贵们的墓葬才配有石门。太宗朝、高宗朝及玄宗朝各有特色，太宗朝的墓门石刻多与隋代相似，錾刻技术较为精湛；高宗朝前半期的墓门石刻中植物图案成为装饰重点；玄宗朝至唐末墓门石刻植物图案更加丰富且出现了瑞兽穿插于各种花纹的模式，门扉图案也趋于单一化。囿于考古资料的限制，对高宗朝后半期至玄宗朝的墓门石刻情况尚不清楚，有待考古工作的进一步开展和新材料的不断涌现。

韩国军史编纂研究所金暻绿教授的《明代符验制度与韩中关系中符验的意义》以韩国国立中央博物馆藏名为"织物马牌"的明代符验为切入点，联

小事件中的大历史——金元明清史杂谈

系明代的符验制度,分析该项制度在明朝规范国内秩序、建构新的国际秩序中的作用。符验制度是洪武皇帝构筑以皇帝为中心的统治体制的重要手段,发达的驿传网络为符验制度的运行提供了保障,也是皇帝权力的辐射形式。在建构中国与朝鲜半岛政权关系的过程中,新旧符验的更换成为明朝与高丽王朝、朝鲜王朝之间确立朝贡关系的重要凭证。朝鲜王朝在明清鼎革之后,对于明赐符验的珍藏也体现出其反清意识。

辽宁师范大学历史文化旅游学院青年教师丁亮、张会会合撰的《从欧阳铎改革看明代南直隶均徭法的运行——反思"一条鞭法"的演进路径》通过梳理明代文献,对欧阳铎改革的历史地位和实际成效提出了质疑,认为嘉靖朝中期欧阳铎的改革已经无法继续推行了。徭役折银并未带来实质上的便利,而赋役合并征收加大了赋役册籍的编纂量,复杂的会计方法又无法使官员直接了解赋役变动的最新情况,兴利除弊的目的并未达到。欧阳铎改革虽然得到了中央内阁官员、户部官员的大力支持,也得到了地方知府及地方士人的响应,但设计的条款在操作层面存在障碍,并未达到预期效果。这也引发了研究者的思考:明代市场经济的繁荣能够自行引发货币财政模式吗?实际上,还存在很多难以跨越的障碍。

南开大学历史学院何孝荣教授的《论明朝宗室旌表制度的确立》认为,明前期是宗室旌表制度的空白期,形成旌表制度不及宗室之制的局面;明中期是宗室旌表制度的摇摆期,正统、成化年间出现对宗室旌表,正德年间初步建立,嘉靖中期以后先对宗室道德模范予以旌表,又定制加以否定;明朝后期为宗室旌表制度的确立时期,万历以后对宗室道德模范皆旌表,并确立制度,相沿不改。从旌表内容来看,明朝后期的宗室旌表除此前的孝顺节烈之外,捐助钱物、体国恤民等忠义善行成为旌表主体。这种变化与明中期以后,宗室地位待遇日渐衰弱、道德法律水准迅速下滑、社会风气由俭入奢紧密相关,皇帝的个人性格与国家形势的走向也直接影响了旌表制度的建立和对旌表对象的更改。此项制度从无到有并不能简单理解为宗室的胜利,以新规代替旧制是由皇权主导,是皇帝和皇权的胜利,制度的存废皆以维护皇权、巩固统治为最终目标。总体而言,明代宗室旌表制度的推行,在一定程度上使传统伦理道德更加深入人心,儒家礼教思想渗透到各个阶层,对社会稳定、经济发展有积极的影响,宗室旌表制度与其他群体旌表制度的差异也是了解明代社会特色的重要途径。

山东师范大学魏子健硕士的《从胜利走向失败：从明朝宫廷档案到官修〈明史〉中的万历援朝之役书写的转变》以万历援朝之役中碧蹄馆之战为代表的几次著名战役为切入点，结合宫中档案、《明实录》、前线战报、臣僚奏议等和清朝官修《明史》的相关记载与评述，展现明清两朝对于该役书写及评价的转变，探讨变化的原因。第一，参与该战役的明朝将领杨镐因为在日后对后金的萨尔浒之战中失败，直接影响了对于他之前在援朝战役中的具体战斗评价；第二，明廷内部的党争直接影响了对于援朝之役胜败的书写；第三，明清鼎革之后，明朝遗民曾意图向日本借兵复国，为避免冲突，选择淡化、遗忘援朝之役；第四，清朝的文化高压使得一些一手资料遭到禁锢，而清朝官修《明史》对于援朝之役的负面评价和负面定性使得该战役最终遭到了遗忘。出于现实考量，尽管前线官员的书写有夸大的成分，但明神宗基于奏报做出了碧蹄馆大捷的定性，并且告庙宣捷，这与清朝方面编修《明史》的政治目的大为不同。

故宫博物院图书馆周莎的《清代王爷谥号研究——以清代王爷园寝中诸王为例》以清代王爷群体为研究对象，通过谥号的分类与解读展现王爷群体对于清朝政治的实际影响。王爷自独立建府后，实际上已经与紫禁城中的宫廷生活距离较远，但是他们由于本身尊贵的身份，能够获得比普通宗室及官员更多的建功立业机会，亦可因功绩在其死后获得褒奖的谥号，开府在外生活的王爷并不与宫廷政治天然绝缘，也是国家政治的重要参与者。

九、宫廷史研究的成果与展望

与会专家学者梳理了中国宫廷史研究的现有成果，并提出了一些有待发掘的研究领域和相关选题，对宫廷史研究的发展前景予以肯定，对引入多视角、多学科研究宫廷史各抒己见，希望推动宫廷史的进一步发展。

辽宁师范大学副校长、中国明史学会前常务副会长赵毅教授首先肯定了故宫博物院学人对于宫廷史研究的贡献，但是，现有图书成果在创新性上仍有待加强，要注意以"宫廷史"为范围的学术论著与政治史、社会史、家族史等著作的差别，突出宫廷的独特属性。另外，在文字表述方面，由于学人

小事件中的大历史——金元明清史杂谈

多采取传统的历史学研究及表达方式，使得论著在可读性方面略显不足，不便于拓展读者群体。中国的帝制时代，宫廷即是国家的代表，而皇帝及其亲眷又居住于此，宫廷又成为一个家族活动的重要场所，可以从家族史、宗族史的角度再丰富一下宫廷史的研究思路。宫廷既有阳光灿烂的一面，皇帝勤政爱民，又有阴暗、尔虞我诈的一面，父子相争、兄弟阋墙、后妃争宠，都是你死我活的较量，它们共同构成了宫廷生活，不可以只强调一个方面。宫廷是天下财富的聚集之处，自然受到了很多人的觊觎，偷窃事件不绝，宫廷防盗史也是一个重要的研究领域，其中涉及大物件的偷运，如偷走上百斤重的铜佛，便不能仅仅从个人品行问题上入手，这涉及宫廷的管理制度。另外，皇帝特殊的爱好也是宫廷研究的热点，比如炼丹，在一定程度上就是服用毒物、毒品，但当把丹药作为赏赐下发给官员时，毒品、毒物又变成了一种荣誉，其中也体现了君臣关系的微妙之处和官员的矛盾心理。

台湾东吴大学徐泓教授指出，在建筑史和城市史中，皇宫是一个象征意义的空间，并以汉初丞相萧何在国家尚未彻底稳定便斥巨资修建豪华壮丽的未央宫为例，指出宫殿的巨大规模展现的是一种气势，而朝代更迭导致的宫殿焚毁也是一种对前代权势的毁灭与否定。关于风水，在众多故宫的传说中，有人说明朝拆除元大都大殿之后，在上面堆煤而形成煤山以镇压元朝的王气；日本吞并朝鲜之后，将朝鲜王宫大门拆毁，用大理石建筑的总督府大门镇压他们的王气，直到1986年，总督府大门还在。因此，风水在古代中外宫廷建筑中是一个重要的文化考量，应当引起重视。

故宫博物院赵中男教授指出，所谓明朝聚煤成山来压制元朝王气已被证实只是一个传说，从考古发掘来看，清代宫廷主要利用原来明朝的地基和技术。另外，还发现明宫之下的基础是元代宫殿的基础，由此可知，现在呈现出的故宫与元宫、明宫都有不同程度的重合，但是确切的范围仍有待细化。从明清宫殿的延续性看，清初不拆明宫也有政治、财力两方面的考虑。在政治上打出为明朝报仇的旗号，取得与李自成争天下的主动性，此旗号对利用原来明朝投降过来的军队让他们冲锋陷阵起到了积极作用，就当时清军的人数和实力而言，若不利用投降明军，不仅难以维持在中原地区的统治，而且无法支撑长时间的战争。大量的军费开支使清廷已无多余的财力重建北京的宫殿，考古材料证明，现存故宫的很多建筑都是从康熙至乾隆时期改建和扩建的，但基础仍然是明代的基础。从工程的角度看，地上建筑高度要与地基深度大体持平，否则容易塌陷，永乐朝用数十年建设北京宫殿，短期之内，清政府没有那么雄厚的经济实力来完成。另外，保留明宫并进行简单修缮也有向世人宣称李自成之恶和彰显新政权之善的用意。

故宫博物院王敬雅博士认为，需要审视宫廷史和政治史的边界划定问题，以清代军机处为例，其办公地点在故宫之内，军机大臣每日都要出入紫禁城，从位置和功能上来说，军机处应该归于宫廷史，但是，军机处办理的大部分都是清代政治的核心事务，是公认的清代政治史的重要组成部分。研究军机处则必然超越宫廷史，进入政治史范畴，而军机处的特殊地位与作用又与宫廷密不可分。由此可见，宫廷史的界限无疑是模糊的，中外宫廷史研究概莫能外。但正因为模糊，反倒可以进行不同程度的延伸，而具体的延伸程度需要进一步思考和探究。

故宫博物院科研人员对于故宫文物的研究呈现两大特色，一为"鸡零狗碎"，二为"断烂朝报"。"鸡零狗碎"是指故宫留下来的东西都是以文物或者是以建筑单体的形式保存，当研究者对某一个文物或建筑进行研究时，很容易陷入没有系统、非常细碎的考证之中。以故宫糊窗用纸为例，无疑是宫廷史的题目，但如果要做出新意，就不能仅限于考证纸的材质，要落实到政治环境之中，发掘窗纸可能对于历史进程的影响，或者展现窗纸承载的历史文化。"断烂朝报"指的是故宫现存档案非常零碎，而宫廷史不像政治史或经济史有自己的研究传统、研究路数，特别是在故宫博物院，暂时还没有理顺出一个明确的研究体系。以清代档案研究为例，在零碎的档案中，研究者一方面陷入对于细节的考究，另一方面又陷入时间的零碎之中。修《资治通鉴》以资治道，宫廷史研究应该对于政治、经济研究，或者说在其他领域发挥一定的作用，这也是宫廷史研究的现实意义之一。

中央美术学院人文学院院长尹吉男教授从艺术史的角度分析了宫廷史研究的前景。他特别指出，在当下对于宫廷画家及其画作的研究领域，存在着对作品不进行细致划分的缺陷，非宫廷画作多被纳入宫廷画作范畴，直接影响了结论的真实性与可靠性。宫廷画师的非宫廷画作大致分为三类：一是在入宫供职之前的画作；二是出宫退休之后的画作；三是在业余时间的画作。比如现存的吕纪、林良等宫廷画师的多幅作品，已证实都不是典型的宫廷绘画，多是他们的业余绘画，即在业余时间且不遵照宫廷特殊要求而进行的创作，有的还是赠送友人或应承求画人的应景之作。如果不一一区分，则画作体现的宫廷意味会大大降低，甚至走向歪曲。比如谢环的作品，现在看到的作品没有一件是宫廷绘画，《杏园雅集图》《云山小景》《水光山色图》皆是业余时间的画作，从绝对数量来讲，以往的宫廷绘画史研究中，混入了一半以上的非宫廷绘画，给相关研究带来了很大的问题。

帝王、后妃的画作无疑是宫廷绘画的重要组成部分，这里涉及国家性与个人性关联的问题。在宫廷之中，更多的还是突出国家性从而弱化了个人性，除非个人性比如皇帝的特殊喜好与性格足够影响国家各方面的运作，进而影响了画作的国家性，才可以将个人性与国家性进行对比研究。英国学者柯律格的多部著作突破了原有美术史研究的框架，进入了历史社会学领域，以《雅债》为例，不是谈论文徵明的众多画作，而是研究其社会关系网。

谈论宫廷史不应回避民间层面，二者是彼此相关的，比如晚明时期的商业绘画中，出现了大量对汉代宫廷的想象图画，而这些想象并非无中生有。科举制度使得大量中小地主得以进入宫廷接触高层，他们亲见了宫廷文化，当其回到地方，变为地方精英，这些宫廷知识、宫廷文化的元素又在地方上生根发芽，使得朝野发生了一种互动。寺庙绘画与宫廷画家的绘画有互动的部分，在研究上也有独特的价值。北京画院学术研究部的赵琰哲老师认为，清宫中有三种不同的时间共存，中原的农耕节令、西洋的分秒计时和满洲时间，分别对应着不同的统治需求，或用于管理农业、治理水患，或用于精确计时、沟通洋人，或用于维持满洲旧俗、冰嬉围猎。时间表现方式对于艺术的影响是一个全新领域，有待进一步挖掘。

南开大学历史学院柏桦教授建议，将宫词纳入宫廷史研究的范围，认为有文学作品以来，关于宫廷的猜度与描述很多，明清两代尤巨，宫词是民间对于宫廷的猜测。这些宫词朗朗上口，谱曲之后还可以演唱，与会者是否可以考虑将众多的宫词进行搜集整理，对其进行注释和解读，这有利于拓展宫廷史研究范围，改变以往站在宫里看宫里的传统方式，尝试着站在宫外看宫里。另外，在百姓的眼中，宫廷尽管充满着神秘感，但在野史、宫词、小说里面，宫廷就是开放的，就是常越男和赵中男教授所说的民众想象中的故宫及民众传言中的故宫，可以把正规、传统的宫廷史与民众结合起来。台湾文化大学吴美凤教授指出，宫词和野史都是百姓了解宫廷贵族生活、宫闱秘事的重要途径，张煌言关于太后下嫁的宫词就是研究孝庄太后与多尔衮关系的重要材料，表达了特殊人群对于宫廷的看法。柏桦教授还指出，在史料运用过程中要注意辨伪，并以野史、正史记载的朱元璋"剥皮实草"震慑贪官为例，结合早年在工厂做工的经历，指出"剥皮实草"并不具备可操作性，这是对于朱元璋形象的一种夸张描述，也是民间对于宫廷人物的想象。

北京大学张帆教授认为，本次学术会议提交的论文涉及范围很广，这与国家当下的学术研究进入一个繁荣期有很大关系，学人们应把握住天天有讲座、日日有会议的好机会，不断更新思维，开阔视野，对传统的政治史、文化史、艺术史、风俗史、经济史等领域进行新的解读，北京大学有意重新建立与故宫博物院的学术合作，共同推进宫廷史研究的发展。

故宫博物院宫廷部副主任王子林认为，宫廷史会议在故宫召开，使故宫学人有机会积极参与学术研究，打开眼界。他认为明清故宫是对于古代《周礼》关于宫廷建筑的规划进行的积极回应，东边的嘉石与西边的肺石在明清时期逐渐演变为太和殿两边的两座宫殿即文楼和武楼，也就是今天的体仁阁和弘义阁。故宫中的任何一座宫殿都有一份厚重的历史，太子宫、太上皇宫、乾清宫、养心殿都是值得深入挖掘的对象。鉴于故宫在实物上的天然优势和文献方面的相对欠缺，希望得到更多文献领域专家学者的支持与协助。

总　　结

本次会议是首届中国宫廷史学术会议，邀请多位不同领域的专家学者针对上至三代下迄明清的宫廷进行充分、细致的研究，通过横向和纵向的对比，联系西方各国宫廷的特色，彰显中国古代宫廷文化的包容性与独到之处。国内的明清宫廷史研究已取得了阶段性成果，今后仍将以故宫博物院为中心，联合兄弟部门和有志于此的科研机构、高等学府，吸纳、统合多方研究力量，共同建构中国古代宫廷发展史的完整脉络，以宫廷为中心探寻中华文明的连续性与创新性。

小事件中的大历史——金元明清史杂谈

史学新增量：十年明代宫廷史研究综述

故宫博物院科研团队依托故宫博物院得天独厚的资源，从2005年开始，相继确立了对于明代宫廷史18个议题的研究，院领导对此予以政策、人员、经费上的大力支持。尤其是近十年来，随着2013年故宫研究院的成立，故宫博物院整合了多个研究室，汇集了一批专业人才，划拨专项经费用于学术会议的召开和学术成果的出版。

从2009年9月故宫紫禁城出版社出版"明代宫廷史丛书"首批4种到2020年9月"中国宫廷史研讨会暨《中国宫廷史研究概要（草纲）》座谈会"圆满结束，十余年间，研究团队不仅保证了会议、专著、论文在数量和质量上的持续产出，而且通过跨学科、跨领域的频繁交流，在社会上产生了积极的影响，明代宫廷史研究已成为史学研究的新增长点。

从图书出版来看，截止到2015年，已出版"明代宫廷史研究丛书"11种15册，名录如下：《明代宫廷戏剧史》《明代宫廷陶瓷史》《明代宫廷建筑史》《明代宫廷典制史（上下）》《明代宫廷家具史》《明代宫廷教育史（上下）》《明代宫廷女性史》《明代宫廷园林史（上下）》《明代宫廷织绣史》《明代宫廷政治史（上下）》《明代宫廷绘画史》。这些已经出版的专著，展现了著者扎实的史学功底，也建构起明代宫廷史的主要研究框架，圈定了基本的研究范围。

科研团队逐渐形成了"一年两会"制度，即基本保证每一年举行两次学术会议，由故宫学刊编辑部编审赵中男作为召集人，邀请海内外专家参会，宣读最新的宫廷史研究成果。故宫博物院自2010年9月至2020年9月，先后举办多场以宫廷史为主题的国际国内学术会议，不仅涵盖了对明代宫廷史具体内容的论述，还有对于生活史的专题论述，以及中国古代宫廷脉络分析、明清宫廷对比、中外宫廷对比。多次高质量、高规格的学术会议为成果发布与观点交锋提供了优质平台，院内《故宫博物院院刊》《故宫学刊》《紫禁城》等知名杂志也为新成果刊发提供了渠道。

汇总这些与明代宫廷史研究相关的成果与观点，可以发现学者们对如下十五个议题进行了深入探讨：

一、宫廷范围

学者们对宫廷范围的认识发生了很大的变化，从最初的局限于皇宫大内逐渐向紫禁城的辐射面扩展，并对活动于其中的各种群体、存在于其中的各种事物予以探究。明史学会会长、中国社会科学院历史研究所研究员商传指出，宫廷的范围通常认为就是皇宫，唐宋以前，京师和皇宫是全国最好的地方，其经济、文化诸方面让人最为向往，而宋明以后，因为整个社会发生转型与变迁，皇宫里的人都想看看外面是什么样子。

中国明史学会常务副会长、北京大学历史系教授王天有在《明代宫廷史研究的几个问题》指出，宫廷史研究的核心问题就是家天下的问题，认知皇帝的家在国家、天下中的地位和影响。

中国社会科学院历史研究所教授卜宪群认为，宫廷研究中首先应有一个地理概念，在宫廷格局中，不同人所处之区域、位置有特定的政治含义，也影响了政治行为。中国古代的许多宫廷已经通过考古发掘而逐渐呈现，从先秦、秦汉至隋唐，再到明清，大量宫廷遗址提供了丰富的研究资源，使宫廷史成为中国历史研究的一个新增长点。

南开大学历史学院教授何孝荣认为，宫廷史是以帝后为中心的统治集团在宫中的历史，它包括政治、经济、军事、文化、思想、社会诸多方面，又与上述诸类有所不同，突出了"宫廷"二字，界定不能过于广泛，如果太广泛，则与明代政治史、经济史、军事史等重合。

故宫学刊编辑部编审赵中男指出，宫廷的核心是皇帝，不是固定的建筑，政治上的宫廷是随着皇帝的移动而移动的，地方上也可以对宫廷斗争做出回应，因此可以扩展宫廷史研究的范围。赵中男在《中国宫廷史研究的若干设想》一文中认为，宫廷史的核心与突出的内容是政治史，一切宫廷事务、活动都是围绕权力展开，要关注宫廷政治权力的运作。宫廷研究应限定

小事件中的大历史——金元明清史杂谈

于大一统王朝形成之后,宫廷是帝国权力的中心,所有的权力、财富向其汇聚,在汇聚之后又像灯火一样向外辐射,在不同的领域发挥作用,使它们打上宫廷的烙印。

台湾东吴大学教授徐泓认为,研究宫廷要了解皇帝和他周围的人和事,以皇权研究为例,故宫就是体现皇权的空间。从宫廷研究的内容上看,犯规的人,因其事件情节非常精彩,容易被记录下来得以广泛传播,但那些不犯规、循规蹈矩之人也应该受到重视,要挖掘他们与宫廷之间的紧密联系。

故宫博物院王敬雅博士认为,宫廷史的界限无疑是模糊的,中外宫廷史研究概莫能外,但正因为模糊,反倒可以进行不同程度的延伸。东北师范大学亚洲文明研究院教授赵轶峰指出,未必所有的研究领域都能高度理论化,有些宫廷史研究的特定内容可以选择模糊化处理。

中国社会科学院历史研究所所长卜宪群认为,宫廷史有广义和狭义之分,先选择狭义的一方入手,以宫廷为中心,而不是简单地认为宫廷与全国所有的事情都产生联系,从而落入一个广义范畴,最终失去宫廷特色。

北京大学历史系教授李伯重认为,明朝重要决策几乎都在紫禁城做出,因此明史研究离不开宫廷史。宫廷是一个有形的空间,但更重要的是人,宫廷内有皇帝、家属、服务人员,外有为皇帝管理国家的大臣和为大臣服务的人。全世界没有一个宫廷像中国这样有这么多人口,他们的数量、年龄结构、性别比例、组织方式、分工、社会等级都可以论述,也可以借鉴其他专家对宫廷人口的研究成果,进行量化研究。

故宫博物院宫廷部研究馆员王子林认为,宫廷史首先应该有一个空间感,众多的宫殿有各自不同的功能。了解不同场所之间的距离,再结合史料,有助于加深理解宫廷事件。如明朝权阉魏忠贤住在乾清宫旁边,他的一举一动都影响着皇帝睡眠的质量。

中国社会科学院历史研究所研究员鱼宏亮认为,宫廷史应该写出皇权荫蔽的部分,如皇帝的私人生活这些不常暴露在公众和国家视野下的内容。宫廷史不要泛化,一旦泛化就变成了一部通史。

故宫博物院副院长任万平指出,故宫是一个特殊的空间,是明清两朝的政治中心,政治汇聚于此,而政治中心要分出一大部分归于宫廷,因此研究明清历史多数要与宫廷史紧密联系。宫廷史与空间直接相关,在这个特殊的空间，由特殊人物形成了特殊的社会关系，也构成了特殊的机构，产生特殊的功能，发生的很多事件，其功利色彩特别鲜明。有些事虽然发生在宫廷，却也属于国家问题。

中国政法大学教授林乾认为，宫廷的范围应该包括陵寝，因为明清陵寝完全按照宫廷的规矩进行管理，属于宫廷的一种延伸。

安徽理工大学教授柏桦指出，宫廷史不能局限在一个皇宫之中，要看到皇宫的辐射面，经济和法律层面都有体现。宫法的适用范围实际上可以锁定宫廷史的研究对象，宦官、宫女、奴隶，合起来应有百万人口，这在七八千万人口的明朝是非常大的一个数额，应引起重视。以宫廷司法所涉及的人群为例，皇帝的司法行为不能算作宫廷司法，如果把皇帝司法纳入宫廷，就相当于将整个明朝法律纳入宫廷史范围，这是错误的。

二、宫廷政治

宫廷中生活着皇帝、后妃、太子等受人侍奉的群体，还有太监、宫女、侍卫、太医、杂役等服务群体，他们都不同程度地参与了皇帝主导的宫廷政治，学人们论述的对象也不仅仅是皇帝与大臣，还有卷入政治的各色人等。

皇帝本人永远是宫廷史论述的重中之重。故宫学刊编辑部编审赵中男在研究皇帝遗诏和即位诏时发现，明仁宗朱高炽即位时并没有先帝遗诏，这不符合明代皇位继承的硬性规定，体现了宫廷政治波谲云诡的一面，但明仁宗在后续的操作中增加了大臣四次劝进以及补充三条即位理由，实际上补足了没有遗诏这个手续上的缺项，反映了他与父亲朱棣以及兄弟之间千丝万缕的矛盾和恩怨。

东北师范大学亚洲文明研究院教授赵轶峰以明宣宗《御制官箴》探讨了皇帝的皇权运行观念和国家核心体制。官箴排序体现了皇帝心中对于中央到地方各机构重要性的排序，都督府最先，意味着军队系统在皇帝心中尤为重要，太常寺、大理寺比较靠前，而通政司位置靠后，反映了明代前期的政治局势的变化。

中国社会科学院历史研究所副研究员陈时龙围绕明世宗朱厚熜在北京紫禁城中的一系列政治活动，分析了这位皇帝集权心态的养成，从最初受到大

小事件中的大历史——金元明清史杂谈

臣掣肘到最后的驾驭朝臣,皇宫成为皇帝完成心理和生理蜕变的舞台。

武汉大学历史学院教授谢贵安在《论皇帝形象的历史塑造——以〈明实录〉对明代皇帝形象书写为例》一文中认为,《明实录》对皇帝形象进行了正负两面的塑造:正面形象包括天命所归的神仙、道德高尚的楷模、禀赋过人且好学的模范、勤政治国的典范、宽容刚毅的性格、雄杰奇伟的相貌,负面形象则重点突出贪玩、荒淫等特质。塑造负面形象只是主旋律中的变音和杂声,并未改变官方对皇权的大力讴歌,塑造正面形象才是《明实录》的主要使命。

北京行政学院教授高寿仙在《圣化与魔化——图像与文字中的朱元璋形象》一文中指出,应该从象征意义上理解朱元璋的两类画像,美丑皆非真实容貌,它们分别是神圣化和妖魔化的产物,满足了人们对于圣主形象的建构和暴君角色的想象。在文字形象的塑造方面,不同时期的作者以个人对朱元璋的理解进行塑形,使得朱元璋的形象更加丰富。

澳门理工大学教授王熹在《真实与虚构:朱元璋的家世与官方私人著述的神化及迷信》一文中指出,朱元璋有意神化本人,圣化其家族,并不断暗示文臣自己与神佛道的奇特缘分,群臣揣摩上意,写下了符合皇帝意愿的内容。

东北师范大学历史文化学院博士研究生王慧明在《明武宗自封官号与史书形象》一文中认为,明武宗生前力图为自己建构一个勇武的皇帝形象,而士大夫希望皇帝的举动可以符合儒家政治理念,二者产生冲突,武宗死后,其勇武形象很快被士大夫与明世宗建构的荒淫形象覆盖。

君臣在朝堂之上、宫廷之内都有频繁的互动,甚至波及民间社会并产生反馈,这些内容共同构成了宫廷政治。常州大学副教授吕杨在《正德十六年:中枢政治势力的博弈——以杨廷和内阁权为视角》一文中指出,在武宗去世后造成的皇位空缺时期,在后妃势力的支持下,杨廷和在一定程度上复苏了阁权,并直接影响了朝廷政治运作。但是随着明世宗逐渐掌控了政治权力,对于前期的妥协让步予以推翻,进而依赖皇权使用高压手段来打击反对者,完成了皇权与阁权的重新整合,将正德元老逐渐清除,树立起皇帝的绝对权威。

中国社会科学院历史研究所副教授陈时龙在《论明代皇帝与阁臣的互

动》一文中展现了内阁票拟面对不同情况的运作过程，其中涉及的明代皇帝与内阁大臣之间的文书往返，既有阁臣通过制度对于皇权的限制，也有皇帝通过干预执行环节对于臣权的压缩。陈时龙又在《论天启初年的内阁票拟》一文中详述了天启朝初期君臣之间通过对待票拟的不同态度及相应的文书往返流程，体现了皇权与臣权的一种既合作又对抗的状态。

故宫学刊编辑部编审赵中男指出，明代宫廷中司礼监的批红，更多是要参考内阁给出的票拟内容，主要起到一个抄写功能，票拟内容很少被推翻，但是抄什么不抄什么由太监把控。一旦皇帝放权怠政，皇帝意见或太监意见与内阁不一致时，往往由内阁和宦官先行沟通，在票拟时重新起草令人满意的内容，再由太监抄成红字。外臣张居正和内官冯保的合作可视为一种工作流程上的需要，不能简单视作外臣依附内官，趋炎附势。

中国社会科学院历史研究所教授张兆裕的《万历初"王大臣案"的再认识》和黑龙江大学历史文化旅游学院雒雪的《王之寀与梃击案初探》两篇论文讨论了万历初期与中期的两起宫廷恶性事件。张兆裕认为，王大臣案本身并不复杂，但由于处理过程中牵涉外朝内廷众多重要人物，使得此案成为一个多方角力的政治事件，显示了宫廷政治的复杂性。雒雪指出，"梃击案"是一场明代宫廷内部的政治斗争与阴谋，同样反映了宫廷内部的混乱和宫廷斗争的激烈，审案人王之寀最后被诬陷致死即是争斗的直接后果。黑龙江大学教授胡凡的《王之寀与万历晚期宫廷史发展的走向》一文从"梃击案"的细节入手，分析了王之寀作为低级官员如何在纷繁复杂的政治变局中探寻真相，但案件的最终判定却推翻了王之寀的结论，展现了明代宫廷内部斗争的残酷与激烈程度。皇帝的刻意回护使得以郑贵妃、郑国舅为代表的集团未受打击，而此后的"红丸案"可以说是"梃击案"的延续，同样是郑氏集团对于最高权力的觊觎并付诸实施。

天津社会科学院历史研究所张献忠在《庙堂与天下：晚明公共舆论与宫廷政治》一文中指出，随着晚明时期商品经济的发展，文化专制政策开始有所松动，对思想和社会的控制亦有所放松，在江南地区形成了与庙堂相抗衡的力量。讲学结社、书坊刻书使得各类政治事件与朝廷决策被更多人了解，促进了公共舆论的形成。晚明公共舆论与宫廷政治处于对立状态，皇权在实际运作中出现了削弱情况，庙堂与天下的对立也是当时社会转型的一个重要标志。

宫廷辅政群体成为明代宫廷政治运作的一大特色，他们与内阁群体并不重合，其职权、经历各有特色。

中国社会科学院历史研究所研究员赵现海（后担任明史研究室主任）指出，永乐时期的内阁不仅在形成之中，也经历了一个分化的过程，分成了三个政治集团，一以杨荣、金幼孜为代表，二以杨士奇、蹇义为代表，三以夏原吉为代表，由于永乐、洪熙、宣德三朝皇帝对三个政治集团的定位不同，导致他们虽同属内阁，但实际的政治影响差别很大。另外，中书舍人在实际的宫廷政治运作中，不仅仅担任书写员，还可以起草诏书，甚至为内阁诸臣进行一些政治上的谋划，打击其他政治势力，最主要的原因就是他们的衙署与内阁空间相近、关系密切。

故宫学刊编辑部编审赵中男在《永乐至正统初期的辅政集团及其作用》一文中指出，由永乐至正统初期，每个皇帝都有一个较为稳定的辅政集团，帮助皇帝实施统治，其成员由于受到皇帝特殊信任与授权，因此权力和地位往往高于六部和内阁的官员，除才干超群之外，这些人往往与皇帝、太子关系密切，具有特殊的宫廷政治背景。以往研究较为关注废除丞相之后的内阁，但实际上辅政集团的作用超过内阁，且许多成员并非内阁大学士。

三、宫廷典制

宫廷典制主要论述了各种宫廷礼仪活动，分析其对于宫廷乃至整个国家政治、文化诸方面的影响。

山东师范大学教授朱亚非在《从外国朝贡中反映的明朝宫廷生活》一文中指出，明朝官方对外交往的活动许多都是在宫廷中进行的，如皇帝接见、使节派遣、回赐、册封。会同馆、市舶司、四夷馆与宫廷、外朝多个部门一起建构起明朝的朝贡规则，并以规矩对朝贡国进行制约。

南开大学历史学院教授常建华在《明洪武时期宫廷的正旦节庆》一文中展示了明朝的贺正与正旦礼仪的发展过程。各种仪式既体现了朝贡国对于明朝统治及其在东亚影响力的认同，又有地方政权对于中央政府统治的认同，体现了"大一统文明之治"。常建华在《明洪武时期宫廷的正旦礼仪与节庆》

一文继续以明初宫廷的正旦礼仪为切入点，探讨正旦礼仪在国家礼仪体系中的重要地位。对比元明正旦朝会礼仪，明朝正旦朝会并未展现出民族反抗、民族斗争的内容，它的基调是大一统，延续了元朝的部分仪式，不因宣传口号是"驱除鞑虏"而废除元代的一切礼仪制度。在洪武初期，国家各项制度处于草创阶段，各项礼仪仍在不断整合变动之中，但礼仪活动在国家政治生活、外交活动中的重要地位却一直不曾改变。

黑龙江大学历史文化旅游学院教授胡凡以"明代神乐观"为对象连发三文，在《明代神乐观创置初探》一文中指出，明代神乐观的存在既是明代社会政治生活的需要，也是对明以前祭祀活动的继承与发展。神乐观作为主要贯彻儒家礼仪的国家祭祀机构，以道士为乐舞生，负责儒家祭祀活动，表明道教已经渗入国家政治生活。胡凡在《明代神乐观建置再探》一文中指出，明代神乐观既是负责国家祭祀的机构，又是天坛五大建筑之一，神乐观乐舞生的选用、数额、考核及升迁也有严格的规定。胡凡在《论明代神乐观的功能》一文中再次强调，明代神乐观不仅负责国家祭祀的具体事务，同时也是国家最高的音乐教育机构，对王府及属国用乐均有指导作用。每逢国家遭遇灾害，神乐观道士以道教祈禳形式为国家斋醮祈福。

东北师范大学历史文化学院博士研究生王慧明在《明留都南京宫廷典制演变初探》一文中认为，随着明成祖迁都北京，明太祖在南京建立的祭祀体系虽继续保留，但祭祀典礼均处于停滞状态，不再与北京祀典同步而行。明世宗以制礼作乐自任，将两京并存的郊祀逐项全部归并于北京，除以孝陵为中心的祖先祭祀仍彰显其重要性之外，南京常规礼仪活动已与地方政府的礼仪活动并无二致，遭到大幅度降杀。

南京市博物馆骆鹏在《南京明故宫太庙井出土龙泉青瓷罐研究》一文中指出，由于迁都北京使得南京太庙祭祀废弛，导致南京太庙缺乏必要的维护与供给，前期制作的一些物品沿用到明中期，这与瓷器研究中用朝代更替作为断代的标准不同，研究南京祭祀制度要充分考虑南京太庙的实际情况。

东北师范大学亚洲文明研究院副教授李媛在《明代登极告祭仪略论——兼与清代告祭仪之比较》一文中指出，明代登极告祭仪以仁宗为分割点，之前为皇帝亲祭，而后则为遣官告祭。告祭的象征意义就是告知作用，与中国传统社会的伦理观念相关，行大事必先告诉天地祖宗。

小事件中的大历史——金元明清史杂谈

黑龙江大学历史文化旅游学院朱皓轩在《洪武、永乐时期藩属正旦朝贡述论》一文中指出，永乐时期各地藩属的正旦朝贡活动日益加强，原因有二，一是获得更多赏赐，二是放松海禁促进了朝贡贸易活动。正旦朝贺本质上是在节日期间明廷与藩属之间以经济为基础的政治交流。

中国社会科学院历史研究所教授张兆裕的《明代皇帝所行弭灾礼述论》一文梳理了有明一代的弭灾礼，提出弭灾礼的举行，基本是按照遣告、修省、露祷的顺序，皇帝躬祷郊坛的情况很少发生。弭灾礼继承了前代诸多礼制，也是明代弭灾文化的组成部分，尤其是皇帝在弭灾礼中的表现成为其是否勤政爱民的标志。

南开大学博物馆馆长刘毅在《明宪宗与昌平皇陵改制》一文中将研究点集中在皇帝陵寝上，成化朝发生一系列因帝后合葬而挑战陵寝祖制的事件，使明宪宗朱见深对昌平地区的皇陵葬制予以修改，开启了多位皇后合祔于皇陵、皇贵妃的从葬昌平陵区之例，其影响一直持续到明末。

十三陵特区研究所副研究员刘少华在《明世宗对天寿山陵区的改制及其政治寓意》一文中指出，帝王死后的居所与帝王生时的居所宫廷相对应，明世宗与前代皇帝陵寝规制的差别，体现了皇帝要通过陵寝改制来塑造本人正统地位的意图。明世宗将嘉靖以前皇帝陵寝予以更改，为亡父兴献王在湖北再建陵墓，意在显示兴献王血脉的独立性。

美国柯盖德大学鲁大维在《全球史视野下的明朝军事大典》一文中聚焦军事大典，指出明朝早期积极利用各种媒体塑造并传播大典的壮观场面，利用文臣诗赋传播圣君形象，至中后期，政治文化发生变化，文臣开始排斥军事大典，语多批评。军事大典有多重含义，它是一种消遣方式、一种运动爱好、一种军事训练、一种政治符号、一种个人兴趣、一种宫廷典制。从欧亚史角度看，明代皇室畋猎也是欧亚畋猎文化的组成部分。

四、宫廷司法

关于明代宫廷之中是否存在司法以及其性质如何，专家们展开了激烈的观点交锋。

认为存在宫廷司法者以原南开大学教授柏桦（后任职安徽理工大学）为

代表,指出《大明律》中有十分之一的条款涉及宫廷,专门有《宫卫律》。由于古代法律公开承认不平等,即便犯罪性质相同,一旦事涉宫廷,必须从重处理。明代的一大特点是新皇帝即位,通常会将前朝皇帝所定之律废除,另行一套,但弘治以后,历代皇帝不再废律,只对条例进行补充,构成了律例体制。宫廷中的各个部门还有自己的则例,可以在办案之时,执行不同的条款。宫廷司法的执行过程中,办案者往往在追求程序正义的时候,忽略了实质正义,法律规定法官如果错判则要视为同罪,因此轻易不定死罪,也导致了宫廷司法中的官官相护,以求免责。普通案件,宫廷内部按规章自行处置,但若案件与宫廷联系紧密,则不能完全依靠宫廷内部消化,需引入宫廷以外的刑部来办案定罪。从这个角度看,与宫外相比,宫廷本身并没有一套完整的法律系统。

柏桦又在《明代宫廷司法与宫廷生活》一文中再次强调,《大明律》所涉宫廷律条与宫廷特有的则令、告示、禁约等构成了一整套法规体系。在外朝司法之外,锦衣卫诏狱、东西厂以及司礼监等机构共同运作起内廷司法体系。宫廷中杖责以下都是独立执行,宦官犯罪则交给司礼监处理,有禁锢、充军(充净军)等特殊刑罚措施。这种特殊的宫廷司法制度使得宫中法律程序较为随意,也导致了行贿受贿之风盛行,甚至滋生了偷盗敛财行为。

柏桦在《论明代宫廷法规》一文中指出,中国传统法律系统有宫、官、国、野、军五种形式,分别对不同的人群进行规范。宫法以君主为核心,主要是基于君主安全方面的考虑。明代宫廷法规属于"宫"的范畴,宫法仅限于宫廷,但事涉宫廷的犯罪则不局限于宫法,不但可以延伸到其他法规,而且必须请旨裁定,既显示出宫廷犯罪的特殊性,也显示出普遍性,更有其局限性。

故宫学刊编辑部编审赵中男也认为,尽管宫廷中的专制权力不太受制约,以独特的方式运行,使宫廷成为一个特殊的社会区域,但是,如果没有一套完整的司法系统和管理体系,偌大的宫廷将无法正常运转。

南开大学历史学院柏桦教授与高金博士合撰的《论明代交结近侍官员律》指出,近侍群体由于其身在禁中,属于内官,而内外官员的交结实为大忌,"交结内侍"的罪名上可以与十恶不赦大罪相连接,下可以统领各类犯罪,是一个口袋罪,可以囊括很多人。"交结近侍"罪名的出现既是对群臣结党的限制,也是对皇帝周围人员的规范。

反对者以东北师范大学亚洲文明研究院教授赵轶峰为代表,认为"宫廷司法"的提法有再商榷的空间,宫廷中的生活与常规理解的生活差别很大,这个空间中有一个至高无上的权力管控所有,因此对犯罪行为的处罚并不能按照国家司法体系执行。《大明律》中的大量条款不对应宫廷中发生的事情,难以直接进行约束和惩罚,真正具有法律效力的是皇帝、后妃们的旨意,但这些旨意是否可以上升为法?进而迈入司法领域?如何看待君主、权力与宫廷的关系?

关于宫廷司法的执行者,常州大学副教授吕杨在《明代宫廷司法的主体——司礼监、都察院和锦衣卫》一文指出,明代宫廷司法真正的主体是司礼监,而都察院和锦衣卫属于执行者。都察院承袭了汉朝刺史制度,以小制大,到明中叶时候,集侦查、审判、检查、监察四权合为一,实际上分割了刑部和大理寺的一部分司法职能,加之皇帝赋予了一定司法权力,因此都察院被认为是司法机构。锦衣卫受皇帝指令执行诏狱,捕人入诏狱就是执行内廷司法的过程。

柏桦教授认为,宦官和锦衣卫二者既互相监督又互相利用,都对皇帝负责,由于有共同的利益,因此勾结最紧密。一旦皇帝怠政,不常见锦衣卫,那么权力实际上就向宦官倾斜。诏狱既是国家监狱,又是皇家监狱。由于锦衣卫负责诏狱,因此研究宫廷司法,这个群体决不能忽略,诏狱相当于高等级监狱,普通犯人没有资格入狱。从现实需求角度出发,设置诏狱是非常必要的,因为这些犯人掌握国家机密,法庭式公开审理容易泄密。

五、宫廷艺术

明代宫廷艺术是用皇权滋养而成,其用料、工艺、资金投入不计成本,呈现出一批批灿烂夺目的艺术品,也直接反映了不同历史时期的国力与社会风尚。

故宫博物院古器物部馆员刘岳通过考察明代宗室墓葬中出土的宫廷玉器,指出此类玉器仍延续了传统的用玉体系,以新疆和田玉为主流,而朝贡者通过朝贡贸易的形式,将玉石运到中原地区。若仔细考察品相,质量上乘的卖给江南商人牟取厚利，比较次一点的才作为贡品。台北故宫博物院南院处副研究员阙碧芬的《明代宫廷丝绸设计与风格演变》从定陵出土的明神宗龙袍图案入手，指出不同样式的龙纹对应着服装设计或使用上的差别，而云纹与当时的佛经配图高度一致，反映了云纹在当时的流行，在明代宫廷丝绸图案中，几乎所有的装饰都有吉祥的寓意。当然，图案表现形式与社会生产水平紧密相连，明代初期的丝绸图案延续元末风格，有些丝绸质量甚至不如宋元，应是战乱导致了生产停滞或技术断层，明中期经济复苏，富贵图样不断涌现，至晚期，商业繁荣，社会奢靡，更强调装饰性，形式也更加丰富多样。

英国格拉斯哥大学艺术史系博士研究生韩婧对宫廷服饰的色彩、技艺进行了考证，在《明代宫廷服饰的"色"与"技"》一文的论述中涉及了科技考古领域的诸多问题，结合文献和模拟实验的结果，剖析服饰的呈色、染色和方法，并在此基础上探讨染料和染色技术的发展对于服色的影响。

故宫博物院故宫学刊编辑部编审赵中男在《从正统到天顺：明代宫廷文化发展缓慢原因初探》一文以宫廷文物为切入点，指出宣德时期宫廷文化发达，背后有宫廷财政的大量投入，皇帝个人也十分支持，但对社会造成了严重的侵害，正统初年限制奢靡，土木之变又使得国力短绌，宫廷娱乐开支被大幅削减，宫廷文化的沉寂导致了此时期留存的文物数量较少。

清华大学美术学院高宗帅在《明洪武朝工艺美术的分期》一文中指出，以洪武八年（1375）和洪武二十年（1387）为界，洪武朝工艺可分为三期。前期面貌是多元杂融，唐宋古制与蒙元遗风皆有体现，中期在政治高压下，形制严苛，后期则逐渐趋于生活化，满足了礼制及市民生活的需要。

清华大学美术学院张燕芬在《明代内府金银器的制作机构与产品风貌》一文中认为，明代金银器可分为内府造、藩国造和民间造三种，其中内府制作的金银器有相对明确的制作标准，展现出礼制庄严和等级差异，品质最高，影响最广，也最能体现明代的主流审美。

清华大学美术学院博士研究生熊瑛（后任职华东师范大学）在《明末宫廷丝绸新样》一文中认为，受到明代帝后喜好的直接影响，宫廷丝绸新样往往能在内廷形成一种风气，新样纹饰往往被宫人集体使用，但在袍服色彩趋同、花样一致的情况下，身份差别日渐模糊，与等级森严的礼制有所违背。

小事件中的大历史——金元明清史杂谈

熊瑛在《重议宋款缂丝〈万寿图〉的年代与用途——以图像为中心的探讨》一文指出，台北"故宫博物院"所藏名为宋款缂丝《万寿图》并非宋代之物，而与明代定陵出土的实用织绣极为相似，推测应是明代人出于以新冒旧企图索取高价而制成，这与当时人们急切盼望得到宋代之物的愿望相吻合。熊瑛在《明代宫廷织绣饰金的演变与影响》一文中通过对现存宫廷织绣的研究，指出明代前后期宫廷织绣饰金的面貌差异较大，在制作工艺、色彩搭配、使用对象上都有所体现。黄金作为一种色彩，在成化、弘治之后，其等级意味日趋淡薄，而装饰作用逐渐增强，加之奢风侵染、织技高超，饰金丝绸为官民朝野所青睐，僭服屡出、官禁无力局面的出现不仅是审美的变化，也反映了明代章服制度的逐渐松弛。熊瑛在《明末内廷服饰风尚衍变——以〈明宫词〉为中心的探讨》一文中指出，明代宫廷服饰在常服上受到礼制的限制较弱，受到民间风尚影响较多，一般认为是宫廷风尚影响民间，而实际上是风尚的双向交流。明朝为防止权势之家干政，在民间挑选后妃人选，她们对于服饰的民间喜好也带入宫中。帝后的喜好主导了服饰的主要方向，后妃的选择与江南闺阁女子的喜好相通。内臣服饰以精致奢华为主，审美不是主导因素，而是对于权力、欲望的炫耀。观看明代绘画，陪伴在皇帝身边的宦官和锦衣卫都是服饰精美。

清华大学美术学院李骐芳在《明代皇帝与宗室间的器物流转》一文中指出，器物作为一种情谊的载体，在宫廷与藩府之间不断流转，大致有赏赐、收缴、进献和奏求四种方式，体现了帝王家的厚意与薄情。薄厚差别也反映了亲疏关系及国力强弱。

清华大学美术学院教授尚刚认为，宫廷是中国古代工艺的核心，代表着当时的最高水平，谈论中国工艺美术史，宫廷艺术是非常重要的章节。宫廷艺术代代不同，不断出新，每个时代都有其代表艺术形式，如唐代的金银器、元代的丝绸、明清的画珐琅，各种元素融入其中，音乐、舞蹈也是宫廷艺术的重要承载体。

中央美术学院人文学院教授尹吉男认为，当下对于宫廷画家及其画作的研究，存在着对作品不进行细致划分的缺陷，非宫廷画作多被纳入宫廷画作范畴，直接影响了结论的真实性与可靠性。宫廷画师的非宫廷画作大致分为三类，一是在入宫供职之前的画作，二是出宫退休之后的画作，三是在业余时间的画作。帝王、后妃的画作无疑是宫廷绘画的重要组成部分，这里涉及国家性与个人性关联的问题。在宫廷之中，更多的还是突出国家性从而弱化了个人性，除非个人性比如皇帝的特殊喜好与性格足够影响国家各方面的运作，进而影响了画作的国家性，才可以将个人性与国家性进行对比研究。

东北师范大学亚洲文明研究院教授赵轶峰指出，宫廷中弥漫着权力的气息，巨大的权力常常缔造或聚集起全社会最精细的文化与艺术，如宣德时期的掐丝珐琅。君主对人可能是暴虐的，但在文化上又可以是一个推动者，这是权力集中带来的结果。

六、宫廷生活

宫廷生活包含诸多内容，既有日常生活，又有娱乐活动，都伴随着物料与钱币的支出，而不同时期的价值取向也蕴含其中。

武汉大学历史系教授谢贵安指出，宫廷娱乐是宫廷生活非常重要的组成部分，与皇帝本人的人性紧密相关，当皇帝的娱乐天性得到一定程度的满足，朝政与娱乐良好结合时，政治可以出现相对稳定的状态，反之，因无法满足娱乐愿望，往往出现皇帝离经叛道、胡作非为的情况，不利于稳定。内阁大学士以程朱理学等高标准要求皇帝，忽视皇帝本人的天性，因此常与皇帝不睦，而宦官常因满足皇帝的娱乐需求，与皇帝关系紧密，导致了两种势力之间的对立和争斗。宫廷娱乐看似是小事一件，但如果涉及皇帝本人，则会在政治上产生巨大影响，旧时代僵化的制度无法提供正常的渠道和完善的制度来满足皇帝走出宫廷，游览山河，体察民情的意愿，也压制了皇帝的人性。谢贵安在《明代皇帝宫廷娱乐特征述论》一文中总结了明代宫廷娱乐活动的诸多特征，既有内容和形式上的丰富性，又有因皇帝不同而产生的差异性，既有对传统娱乐的承袭性，又有因时代进步、时尚融入和西器东传而烙上的时代性，既有敦睦亲亲的生活性，又有关于国计民生、国家治乱的政治性。

东北师范大学亚洲文明研究院教授赵轶峰在《宫廷生活史研究的方法与内容》一文中强调，宫廷生活比较独特，它和外部社会缺乏共性，因而普通社会史研究方法在各个方面不适用于宫廷生活史研究。宫廷生活当中要注意

小事件中的大历史——金元明清史杂谈

区分政治属性和生活属性,尤其是宫廷生活环境、建筑、器物等承载的文化艺术的气息。宫廷生活史研究还要包括礼仪制度方面独特的内容和文化精神,宫廷中宦官、宫女等独特人群的生活,宫廷生活资料需求与外界社会的互动和影响以及宫廷生活和政治的紧密联系等。赵轶峰认为"宫廷社会史"的提法有再商榷的空间。常规理解的社会生活与宫廷中的生活有很大不同,主要指民间的部分。宫廷的特殊性在于这个小社会有一个至高无上的权力管控所有,因此这里的社会交流、商品交换、婚姻都与外面不同。

东北师范大学历史文化学院教授刘晓东在《洪武朝宫廷生活的特点》一文中指出,宫廷生活从广义上说是日常生活,衣食住行娱乐皆在其中,从私人生活的角度入手,洪武朝宫廷生活是精雅生活与民间生活的一个交融。

台北"中央研究院"历史语言研究所姜明翰与高致华合撰《朱元璋弈事考》从明太祖下围棋的史料和民间传说入手,探讨了围棋与朱元璋之间的复杂关系,朱元璋虽热衷于围棋,有所参悟,但仍视其为不良嗜好并予以禁止,反映了本人的矛盾心理。

故宫博物院宫廷部官员马顺平在《豹与明代宫廷》一文从明代宫廷中的豹入手,认为明代前期,西域各国进贡之豹是宫廷中豹的主要来源,而到了武宗朝,土豹(猞猁)成为宫中豹的大宗,但其实它并不是豹。

故宫博物院资料信息中心许冰彬在《从〈明宣宗御制集〉看朱瞻基娱乐生活中的施政理念》一文中指出,明宣宗的宫廷娱乐生活具有多面性,既有皇帝满足私欲,劳民伤财的一面,又有借由娱乐发现政治含义,转化为施政理念的一面。

西南大学历史文化学院教授陈宝良在《明代宫廷生活史及其相关问题初识》一文中指出,内宫与外廷、宫廷与民间、宫廷生活中的中外关系,这些是研究宫廷生活必须处理好的问题。生活史的关键在于厘定一代之制度,明宫生活受到制度约束,礼制、法律、规范、生活融于一处。明代宫廷生活的主体是人及其与之相关的活动,要注意明代宫廷人员的分类和时代变迁。

黑龙江大学历史文化旅游学院吴如功在《火曰炎上——明代北京重大宫廷火灾善后中的君臣冲突》一文中指出,明代是中国历史上宫廷火灾频发的历史时期,宫廷火灾的善后不仅包括受损建筑的修复与重建,更包括帝王与朝臣之间因宫廷火灾灾异性所展开的权力博弈以及之后的一系列政局变动。

围绕火灾善后产生的君臣冲突实则是儒家礼仪文化对中国社会发展进程影响的缩影。

广西师范大学历史学院教授刘祥学和博士研究生林牧合撰的《明代宫廷香料消费述论》一文指出，各地土贡、域外朝贡、宫廷采购成为明代宫廷香料的三大来源，内府设有专司负责收储及使用香料，香料的消费主要有国家祭祀活动、赏赉与折俸、宫廷生活用香三类，香料消费成为统治阶层的一个参照物。

宫廷医官和宫廷画家是身处大内服务皇家的特殊群体，他们的经历见证了宫廷生活的丰富多彩，而他们的升迁降黜也成为宫廷政治斗争的一部分。廊坊师范学院程彩萍在《医术与仕途：明代中期以来宫廷医官之生存状态探微》一文中对明代宫廷医官群体进行了介绍，宫廷医官依靠皇帝的信任和恩宠为自己创造了有利的政治环境，但其群体人数的膨胀引起了朝臣的恐慌与不满，双方展开博弈。最终朝臣通过重新制定医官选任、考核、晋升制度对医官群体进行了约束。医官欲立足宫廷与官场，需妥善处理与皇权和文官的关系。浙江大学美术学院讲师赵晶在《〈武职选簿〉所载明代宫廷画家史料辑考》一文中指出，明代兵部《武职选簿》中存在不少明代宫廷画家家族官职袭替情况的材料，对研究部分宫廷画家的籍贯、生卒年、官职升迁及袭替、家庭出身、存世作品创作时间，以及明代画院制度、宫廷画家来源等具有重要作用，可订正部分画史中的错误记载。

赵晶在《周全及其〈狮子图〉研究——兼谈明代成、弘时期的狮子贸易》一文中运用艺术、文献、生物知识，推测明代宫廷画师周全并未亲自见到幼狮，所画图像是仿照成年雄狮而作。撒马尔罕在维持与明朝的狮子贸易时要考量以下因素：第一，保证狮子是活的；第二，狮子要经过驯化；第三，狮子的外观要威武；第四，只进贡雄狮。前三点用以满足明朝对瑞兽的需求，而不贡雌狮是为了保证狮子贸易的可持续性，不让雌雄狮子在明朝交配繁育后代，确保明廷对于进贡狮子的需求。

赵晶在《明代宫廷画家郭纯的生平与绘画》一文中，介绍了宫廷画师郭纯，指出明代宫廷画家资料稀少的原因：第一，宫廷职业画师自幼学画但诗文水平有限，不同于文人画家的诗文传世；第二，宫廷画作多不署名，且晚明时期轻视职业画家，因此相关藏品较少。而郭纯由于同著名文士结交，并获得永乐、洪熙诸帝的器重，所以资料相对丰富。

十三陵特区管理委员会刘少华在《佛与日常生活：明定陵出土生活用品中的佛教元素》一文以定陵陪葬品中的生活用品为对象，指出佛教元素大量出现在帝后的日常用品中，反映出万历时期宫廷的佛教信仰已经渗透到日常生活的方方面面。

南开大学历史学院教授柏桦建议将宫词纳入宫廷史研究的范围，认为有文学作品以来，关于宫廷的猜度与描述很多，明清两代尤巨，宫词就是民间对于宫廷的猜测。这些宫词朗朗上口，谱曲之后还可以演唱，与会者是否可以考虑将众多的宫词进行搜集整理，对其进行注释和解读，这有利于拓展宫廷史研究范围，改变以往站在宫里看宫里的传统方式，尝试着站在宫外看宫里。

南开大学教授常建华认为，宫廷的等级制度是宫廷这个"小社会"在社会史层面上的切入点。在紫禁城这个空间中，上至皇帝，下至宫女太监，构成了一个小社会。宫廷以往被定位成一个封闭的单位，实际上它与整个社会密切相关，从风气、风尚流布的角度看，一般都是各地看首都，首都看宫廷，宫廷看贵族，由此出发，对饮食、服饰以及其他文化产生了影响。传统社会史研究将宫廷因素排除在外，实际上民间过节受到了宫廷、官府不同程度的影响。从前多把宫廷和社会对立起来，现在应找寻二者之间的关联性。

北京行政学院教授高寿仙指出，由于宫廷的特殊性，使得研究其他地区的理论或方法不能简单移植到北京宫廷乃至北京社会上，如国家与地方的两分法就不适用于北京地区。宫廷不是孤立、封闭的存在，不是高悬于北京社会之上且与本地无关，应该在研究中将它时时刻刻放在北京社会中来理解，同时又不能落入西方社会史研究的范式窠臼。

七、宫廷文物

书画及各类器物是宫廷文物的大宗，宫廷人员不仅在外搜集，在内也不断制作，丰富的文物成为研究有明一代人物、制度、文化等的重要依据。

故宫博物院宫廷部研究馆员郭福祥在《故宫博物院明代文物概况》一文指出，故宫博物院所藏明代文物相对较少，大致一万件，仅占院藏文物总量的5%左右，但这些宫廷文物十分集中，种类非常齐全，几乎涵盖了明代宫廷生活的诸多方面，有些文物已经超越了使用层面而具有了等级礼制意义。

故宫博物院故宫学研究所所长章宏伟在《永乐前期宫廷藏书考》中指出，前代宫廷的旧藏、个人进献使得永乐时期的宫廷藏书日益丰富，可以尝试利用现存《永乐大典》残卷来尽力恢复所收藏的具体书目。

天津师范大学历史文化学院教授吴义、硕士研究生单楷合撰《秘书监与明代宫廷藏书管理之关系》一文，指出明初废除秘书监，使得宫廷藏书长期无人管理，不仅导致搜书活动减少，图书分类整理混乱，出借管理制度宽松，官员盗窃成风，还间接导致了明朝后期藏书的散佚。

台湾文化大学美术学系教授吴美凤在《谁是画中人——明人"四季赏玩图"探析》一文中重点分析了2014年秋大英博物馆"明：皇朝盛世五十年"特展中首次公之于世的《四季赏玩图》卷，从构图、用笔、设色以及人物表现方式推断，画中皇帝应为明宪宗。

浙江大学人文学院赵晶在《明代宫廷书画收藏考略》一文中认为，明代宫廷书画收藏十分丰富，至明清鼎革之际散佚殆尽。宫廷书画收藏主要包括接收前代遗存、查抄籍没书画以及帝后、大臣、宫廷画家新创作书画。明中期以后，宫廷收藏书画的散佚为私人收藏家群体的崛起提供了契机。

香港理工大学人文学院郭嘉辉在《新发现的朱元璋御制集》一文中指出，现藏于台北故宫博物院及中国国家图书馆的《大明太祖皇帝御制集》，无论在辑录的范围、编目的分类，皆远比《明太祖御制文集》优胜，当中所载诏令不乏"白话诏令"及《明太祖实录》编纂前的诏令原件，其原始性及珍贵史料价值尤为突出。

宫廷家具展现出严格的等级，而皇帝的宝座尤其凸显皇权独尊含义。台湾师范大学教授吴美凤（后任职台湾文化大学）从明代诸帝朝服坐像中的宝座入手，结合坐姿、屏风及历史背景，分析皇帝宝座变化与时代变迁的关联。历代帝王图或左侧坐或右侧坐，从明英宗开始，身着朝服正面朝前，开启以后明清诸帝的朝服坐像模式。因为坐像都是祭祀时使用，所以皇帝宝座质地、形状的差距也可以推测出画中皇帝在后人心目中的位置高低以及尊重程度。吴美凤又通过《"君尊如天，臣卑如地"——明代宫廷内的起坐之间》一文展现了宫廷坐具差别反映的明代君臣关系。皇帝本人有形制多样、雕饰繁复的坐具，还会根据不同身份赐予大臣和近侍们规格不一的坐具，如小杌凳、连椅、凳杌，帝王的至尊思想会直接反映在宫廷器用上。

八、宫廷教育

明代宫廷的经筵讲读是对皇帝本人和皇子进行教育的重要手段，而文臣与太子结成师生关系对未来的政治局势产生了直接影响。

中国社会科学院研究员赵现海认为，经筵讲读表面上是一个单纯的教育问题，但其背后的政治目的非常明确，即内阁通过这种传授的形式，与皇太子、皇帝形成一种师徒关系，密切其与皇太子、皇帝的关系，然后与宦官集团进行对抗，并打击其他官员。黑龙江大学历史系教授胡凡认为，明代宫廷教育很成规模，宫中的大本堂、图书馆，都是接受儒家教育的重要场所，皇子就藩后仍要继续接受教育。朱元璋在宫廷教育中建立的学习体制也影响到后来的宫廷设计，永乐之后内阁成员授课，这些文臣与皇子们尤其是太子结成一种关系，成为将来权力集团的雏形。武汉大学历史学院谢盛在《明代太子教育官员的选择与冲突》一文中指出，东宫太子讲官必须符合朝臣心中的儒雅士大夫形象，不仅要饱读诗书，对外貌也有高要求。讲官长期受到正统观念熏陶，常以历史上的宦官专权事件来警醒太子，不可避免地与太子的东宫宦官发生冲突，这种对立和冲突严重影响了东宫教育的成效。

中央民族大学历史文化学院王帅在《经筵日讲与天启政治初探》一文中否定了传统印象中明熹宗朱由校是文盲的说法，从《明实录》《天启起居注》及明人文集中可知朱由校的经筵日讲基本不断，皇帝通过听讲授提高了文化水平和执政能力，而阁臣也通过经筵日讲参与到了天启朝政务中，影响了当朝的政治走向。

中山大学历史学系孙天觉在《明思宗讲筵情况研究》一文中认为，明思宗朱由检是明代后期参与讲筵活动最认真、最积极的皇帝，对于此项活动有明显的实用主义倾向，他希望利用讲筵与阁臣、讲官议论政事，而讲章之中多有针对时局而发的议论，崇祯朝的讲筵活动为君臣当面议政提供了机会。

黑龙江大学历史文化旅游学院雒雪在《明代幼帝教育》一文中将明英宗、神宗、熹宗三位冲龄践祚的小皇帝作为对象，指出这三个幼帝不仅要长时间接受学识的传授，更要担负起家国天下的重任，而这对于幼童来讲是一件望而却步的事情，加之强势讲官不懂得因材施教，激化了君臣之间的矛盾，出现了后来的"问题皇帝"。

中国社会科学院历史研究所刘中玉在《从〈承华事略〉到〈养正图解〉——试论元明宫廷教育中形象教材的使用》一文指出，宋代以来文人对于绘画非常重视并亲自参与图像制作、确定风格，元代的王恽和明代的焦竑有很高的艺术修养和鉴赏能力，可以编写出高质量的带有人物形象的绘图教材。两部书都产生于东宫预政时期，尽管当时的政治斗争非常复杂，但王、焦二人都想通过带有儒家政治取向的教材来影响帝国继承人，完成儒家的治世理想。

九、宫廷宦官

明代宦官按官阶、职权、活动场所等分为多个小群体，最为引人注目的仍是生活在皇宫之中的宦官。故宫博物院资信中心馆员许冰彬的《试析明代官宦内操的兴衰及其特点》对宦官在皇宫大内进行的军事操演进行了总结，由于宦官自身的生理、心理特点，总体而言，正德以来的内操大多只能算作皇帝的一种宫廷军事体育娱乐项目，它或许可以起到调剂枯燥的宫禁生活之用，但在军事上的作用微乎其微，更近似于一种仪仗队，其战斗力亦难说强大。山东师范大学地方史研究所所长朱亚非对于明代宫廷经常派遣宦官从事外交活动进行了论述，指出各国进贡给明朝的阉人因为熟悉本国事务，因此可充当明朝的使节；经过宫廷对于宦官的文化教育，宦官才学和表达能力较为出众，可充使节；宦官是皇帝的家奴，是皇家的家臣，也体现了明朝对于外邦的重视。加之出使活动有为皇室采购环节，必须由宦官经手，而后归入皇室内库。

南开大学历史学院教授庞乃明在《关于内书堂的几个问题》一文中指出，内书堂对宦官的教育和培养是有贡献的，其设置与未来的宦官专权并无必然联系，这只是明代在政治制度设计上的缺陷，宦官专权产生的根本原因在于皇帝的懒惰无能。

南开大学历史学院教授何孝荣在《太监王振与明英宗》一文中认为，王振是自幼入宫而非当过九年教官，他与明英宗之间感情非常深厚，明英宗被

小事件中的大历史——金元明清史杂谈

瓦剌军俘获,王振被认为是罪魁祸首,但皇帝对王振念念不忘,甚至复位后仍予以褒奖,展现了君臣之间复杂而奇特的关系。

东北师范大学历史文化学院齐畅在《麦福与嘉靖朝政局》一文中通过对宦官麦福墓志铭的研究,结合相关史料,指出宦官麦福参与了嘉靖朝中后期的多个重大事件,打破了以往学界认为嘉靖朝无权阉的旧认知。

苏州大学历史学院教授侯德仁在《明代宫廷史研究价值》一文中强调了《酌中志》对于明代宫廷史研究的重要作用,该书作者刘若愚是万历时期的宦官,亦具有自己的史学观和学术思想。

北京师范大学文学院李真瑜在《明代宦官与宫廷戏剧之关系》一文中指出,明代宦官职掌宫中剧乐机构,是宫廷演出的管理者,其中的学艺官(俗称习艺太监)和近侍承应也会参加具体演出。另外,负责戏剧的钟鼓司,其掌门宦官品级很高,可借助戏剧出现在皇帝周围,进而争宠弄权。

中国社会科学院历史研究所明史研究室赵现海在《明初宦官的多民族身份与东亚视野》一文中驳斥了新清史将明清两朝视为两种性质不同政权的谬论,认为明朝虽标榜"驱除鞑虏,恢复中华",但在政治制度、国家疆域等诸多方面延续了元朝的格局,明代宦官身份非常复杂,具有一定的国际性,即是这种多元化的表征。北京在元朝时即已成为欧亚整个区域内一个民族融合的中心地带,明朝对此进行了继承,边疆开拓和对外往来活动频繁,多民族身份的宦官也发挥了重要作用。

武汉大学历史学院谢盛在《魏忠贤文盲考辨》一文通过梳理多种史料,对学界普遍认为的魏忠贤是文盲的观点进行了质疑,提出在当时这是东林党抹黑魏忠贤的手段,而魏忠贤本人在内书堂有受教育经历,是正规宫廷教育培养的知识型宦官,因此能够阅读文书,参与政务,纯文盲是无法弄权的。

武汉大学历史学院讲师吴兆丰在《"化宦":明中期士大夫对宦官的新认知与行动》一文中认为,士大夫利用内书堂读书制度教化宦官,反映出经世之学并未因君权高涨与心学流行而流于平庸,反而要积极作为。

南开大学历史学院教授何孝荣在《佛教抑或伊斯兰教?——也论郑和的宗教信仰》一文中指出,郑和作为明朝著名的宦官,其宗教信仰复杂而多元,主要崇奉佛教,尤其是藏传佛教,其次是道教,以天妃信仰为主,再次是伊斯兰教,但他并非一位虔诚的穆斯林。

南开大学历史学院博士研究生李建武（后任职于廊坊师范学院）在《明代内官形象》一文中以"内官"来代指人们常用的"宦官""太监"，通过塑像、图画、文字中描绘的内官容貌及服饰来重构内官形象，并通过内官服饰的变化审视明初至明末服饰规定的变化以及社会风气的变迁。

故宫学刊编辑部编审赵中男在《浅析田义墓藏石刻的价值与意义》一文中指出，万历朝太监田义的坟墓上精美的雕刻展现了当时的艺术风格，对比明中叶宫廷庙宇及民间寺院的雕饰类型，田义墓藏石刻延续了明中叶以来工艺的发展趋势。

廊坊师范学院李建武在《论明太祖对宫廷宦官的认识与任用》一文中指出，明太祖虽然对宦官制定了诸多限制，但在实际政治运作过程中，皇帝对宦官的任用大大超出了先前设定的范围。洪武时期即开始了宫廷宦官奉命出差、军中传命、抚谕外夷、宣谕宗室、奉使外国，甚至赈济灾荒、监督盐务、购买战马、核定钱粮，不仅事务的种类繁多，而且出差的次数频繁。

安徽理工大学教授柏桦指出，按照宫、官、国、野、军五法体系看，明朝初年就有宫法，洪武五年的《宦官禁例》，同样的罪行如骂人，宦官要加等处罚。奸党罪三条之一就是交结内侍，涉及的内官要凌迟，这不是《大明律》的规定，执行的就是宫法。明代号称十万宦官，并不都在皇宫里，东、南、西、北苑，千寿山都有太监，加上各地的镇守太监和太监带着的火者，这是一个特殊的群体。因为皇帝要将自己的精神和意图贯彻到每一个地方，宦官也要承担教化任务，导致十万之众也不敷用。

十、宫廷建筑

宫廷建筑的定性与范围经历了一番变化。最初，学者们对于明代宫廷建筑的定位还是以北京紫禁城为主，兼及南京皇宫与凤阳宫城，而后，将城外园林苑囿也纳入其中。学者们不仅研究建筑本身，还从建筑的兴建、使用分析其政治作用，摆脱了单纯研究建筑历史的束缚。

故宫博物院古建部馆员杨新成指出，由于现存资料的限制，使得研究重点多集中于北京紫禁城的宫殿上，通过故宫的多次古建筑维修工作，发现即使经历了清代的多次维修和重建，在一些宫殿结构上仍保留着明代的痕迹。宫殿建

小事件中的大历史——金元明清史杂谈

筑具备两个明显的属性：第一是建筑属性，即建筑本体；第二是制度属性，涉及宫殿的使用者和功能。虽然史书中记载了王府以下直至平民的房屋规制，但到皇帝层面，这些规定都不存在了，要看到宫廷建筑的特殊性。另外，按照清代紫禁城的宫殿名来讲述明代宫廷是不严谨的，应该结合文献、考古等进行区分。杨新成在《明代北京皇家苑囿沿革简述》一文中，展现了皇家苑囿的布局、规模以及艺术成就，对紫禁城内的花园、皇城内的东西苑进行了详细考证，其结论主要依据文献、苑囿遗存及舆图的梳理、对比而得出。

中国社会科学院考古所研究员孟凡人认为，明北京城的宫廷建筑，均创建于永乐时期。除此之外，明成祖还在全国兴建了大量的宗教建筑，其中有一些精美壮丽的建筑可称之为"皇室家庙"，也应纳入宫廷建筑的范围之中。以往学界对于宫廷建筑的范畴和主要内涵界定，未见成说，根据个人经验，宫廷建筑的使用和行为主体必是皇帝，并能成为国家最高权力和礼制象征的标志性建筑。所以，皇帝生前起居和理政的宫城、祭天的天坛等礼制建筑、死后安息和祭祀的陵寝，乃是宫廷建筑的核心。另外，凡是皇帝御建和为皇室服务的重要建筑，都可泛称为宫廷建筑。

武汉大学旅游管理学院教授张薇在《明代宫廷园林初探》一文中表达了明代宫廷园林资料的相对匮乏，实物资料尤为少见，因此研究主要从文献资料来考察，而《酌中志》作为当朝资料更显珍贵，经过考证，颐和园并非清代首建，而是在明代行宫的基础上发展而成，明代宫廷园林与北京的白云观等道教场所关系密切。

清华大学建筑设计研究院、建筑与文化遗产保护研究所陶金在《明世宗明堂式道教建筑初探——"神王"追求的物质载体》一文中指出，明世宗以明堂的名义修建天坛大享殿，而后又以大享殿的形制设计建造了一系列道教建筑，这种将明堂一类的儒家礼仪建筑形式嫁接到道教祭祀建筑的行为，是一种对于自身形象的重塑，达到一种"亦神亦王"的境界，在价值取向上，明世宗看似抬升了道教的地位，而实际上却是用儒学的价值对其所崇奉的道教进行了改造。

台湾师范大学历史系朱鸿在《明初燕王府地点评议》一文中认为，永乐年间根据燕王府而修建紫禁城，其地点本无异议，但有的学者认为燕王府是利用元大都工程旧基改造，形成了西苑说与元大内说的对峙，从与朱棣关系密切的文臣文集中可推断，燕王府应该还在西苑，即元西内而非大内。

故宫博物院宫廷部王子林的《元大内与紫禁城中轴线东移探析》一文认为，明代紫禁城与元宫相比，轴线东移，完全摆脱了元大内轴线的控制，使得紫禁城得以按照南京紫禁城的规制进行设计和建造，形成统一的建筑风格，以便突出统一的建筑思想。

北京联合大学青年教师刘少华在《正统时期北京的营建工程》一文中围绕正统时期明英宗对于北京地区的陵墓、宫殿、城墙等一系列工程营建，指出其背后的目的：一是强调自己乃天命所归，二是定都北京。由于永乐、洪熙、宣德朝的政治变化，使得英宗的即位并不顺利，因此将天寿山地区的皇帝陵寝进行修缮本身是要强调自己尊崇祖先，奉行祖制，进而表明统系的传承以及天命所归。三殿二宫（奉天、华盖、谨身三大殿和乾清、坤宁二宫）都是皇权的象征，也是尊祖的表现，对于灵济宫、城隍庙以及北京城池的大规模修缮表明了定都的决心。而后发生的土木之变，蒙古大军兵临北京却无法攻克，也与正统时期的城防加固有直接关系。

故宫学刊编辑部编审赵中男指出，明英宗的时代正是旧臣老去、新臣上位的阶段，新旧交替的矛盾与内外矛盾在此时充分体现出来。至于北京城三大殿被焚后长期不曾重建，与永乐时期国力透支过多直接相关，而宣德、正统时期，国力恢复，有能力对北京城进行新一轮的"装修"，而所用木料都是永乐时期储存，因此并未大伤民力。另外，关于还都南京的争议，实际上朝廷有很强的一股势力要还都南京，反对定都北京，甚至在土木之变后徐有贞的南迁之议也是顺应当时的一种需求，并非奸臣自保，主动逃跑。

十一、宫廷女性

宫廷女性包括后妃及宫女，尤其是后妃们程度不一地参与了明代政治的运作，影响了国家走向。

法国滨海大学教授马骊的《明代后宫之制：皇宫中的"色"与"权"及其政治影响》一文介绍了明代后宫妃嫔的生活和命运，以及由此引发的权力与欲望之间的对峙与制衡。故宫博物院院科技部馆员方小济在《从〈明实录〉中看明代宫廷后妃的生活状况》一文中认为，明代随着程朱理学的盛行，整个社会对女性的约束和禁锢达到了顶峰，宫廷后妃们虽拥有至高的地位，但受到明太祖的严格管控，洪武朝的后宫生活如同幽禁。

黑龙江大学历史文化旅游学院戴上檬在《明代废后探论》一文中指出，明代宫廷先后出现四位废后，表面原因是失宠被废，实际上每次废后事件背后都隐藏着宫廷内部尔虞我诈且不为人知的一面，是宫廷斗争导致了废后。

南开大学历史学院博士研究生刘玉在《明代皇贵妃封号初探》一文中认为，景泰朝出现了明朝第一个皇贵妃，成化朝正式用金册金宝册封皇贵妃，嘉靖朝贵妃使用金册金印，以别于皇贵妃的金册金宝。

台北"中央研究院"历史语言研究所教授邱仲麟在《明代宫人的生活与生命历程》一文中指出，以往对于宫人生活幽怨的负面描述，更多是一种出于"男性中心论"的士大夫想象，从宫人的实际生活配给上看，除例行工作外，基本上较民间安稳许多，明代后期出现的资深宫女与宦官之间的"对食"在某种程度上弥补了生活上的缺憾。明亡之后，还有若干宫女回忆，崇祯年间在宫中美好的生活，是一段难忘的时光。

中央民族大学历史文化学院博士研究生肖晴在《明代后妃刊印佛经论略》一文中探讨了明太宗徐皇后、明神宗生母李太后、神宗王皇后、郑贵妃四位后妃动用宫廷力量刊印佛经的行为，指出后妃的身份、地位比较特殊，刊印佛经的初衷并不只是单纯的宗教信仰，其中蕴含着深层的政治欲望，也给国家经济造成了极大的负担。肖晴在《明代后妃的宗教信仰与政治文化》一文中认为，明朝后妃们由于其特殊的身份、地位、政治影响力，使得她们的信仰活动并非单纯的宗教活动，其背后有深层次的政治文化内涵。首先，在政权合法性遭到质疑之时，后妃们可以通过宗教信仰的形式来为政权的合理性、合法性寻求舆论的支持，进而巩固政权；其次，在承平时期，后妃可以通过宗教活动来宣示个人的权力与地位，使其政治影响力突破宫闱的束缚，获得民众的响应；最后，宗教活动成为国本之争的政治工具。

十二、宫廷宗教

宫廷宗教活动包括诸多内容，刻书刊画、祝祷修省、兴建寺院都体现了浓厚的宫廷味道。

故宫博物院图书馆研究馆员翁连溪在《明内府刊刻佛教版画考略》一文中指出，明代内府刊刻的佛教题材版画，品种丰富，雕刻精美。洪武、永乐、景泰年间都曾刊刻精美的版画，内容涉及汉地和藏地佛教，明代内府刊刻佛教版画为历代内府刊刻版画之最。

明史学会副会长、北京行政学院教授高寿仙在《国家祀典、儒家理念与民族信仰的冲突与交融》一文中为研究民俗信仰的分层与交融，以及宫廷与北京社会的联系提供了一个窗口。北京东岳庙祭祀在明朝虽已列入国家祀典，得到皇帝的大力支持，但由于其与儒家的某些原则有所背离，因此受到质疑。

安徽大学历史系周致元在《自然灾害背景下明世宗的宫中修省》一文中指出，嘉靖时期，明世宗因自然灾害而进行宫中修省，虽然大多以宗教名义实行，但实际上与宗教关系不大，其主旨在于让个人或群体道德按照儒家伦理进行净化，实质上仍是在各种神意旗帜下推行的政治活动。

故宫博物院宫廷部刘盛在《青词与嘉靖政治》一文中认为，青词作为一种道教祈愿文体，并不天然地带有歌功颂德一类的政治色彩，尽管撰写质量优异的青词之人会获得明世宗青睐，但并未起到决定性作用，充其量只是大臣官场荣枯的催化剂或润滑油。

北京行政学院教授高寿仙在《南明永历初年一次夭折的改历事件》一文中提出，南明永历宫廷士大夫对西方传教士态度不一，尽管传教士获得了一些士大夫的支持，连皇帝的生母及皇后都皈依天主教，但是传教士制定的西洋新历未行一年，即遭到抗议而被废除。历法是关系到宫廷政治的敏感问题，西洋新历带有一种对于士大夫认知的颠覆作用，因此受到强烈抨击和抵制。

南开大学历史学院教授何孝荣在《孝定李太后与晚明佛教的复兴》一文中指出，万历时期，明神宗生母孝定李太后大力提倡佛教，并宣扬自己是九莲菩萨、观音菩萨，修建寺庙，礼敬僧人，广发布施，刊刻佛经，促进了晚明佛教的复兴。

中央美术学院遗产系陈捷在《汉藏交融化净土——智化寺神圣空间的意义塑造》一文中指出，智化寺为明正统时期著名太监王振捐资兴建，并获得御赐匾额，与宫廷关系密切，在皇权影响下，寺院的藻井和天花借鉴了宫殿的布局，而与传统佛教艺术差别很大，通过建筑、造像、绘画、法器共同建构了一个佛国净土。

十三、明清宫廷对比

明清两代共用同一个紫禁城，宫廷规制亦多有延续，但统治集团的差异使得两代宫廷在多方面出现了明显差异，也体现了不同的政治取向。

天津师范大学历史文化学院教授肖立军在《明清宫廷决策程序比较——以章奏批阅之优先权为例》一文中认为，明代经历了中书省先看奏章并进行筛选，进而发展到皇帝先看奏章，最后演变为皇帝可看可不看，大体由内阁票拟、司礼监批红的过程。而清代则先是削弱宦官在章奏传递中的作用，提高了内阁作用，至雍正朝军机处的设立，皇帝先看章奏，军机处官员领命处理。这一系列的转变展示了皇帝日益加强中央集权，重视决策权，第一时间掌握章奏内容。

故宫学刊编辑部编审赵中男在《从后妃、亲王的不同作用看明清宫廷政治的差异》一文中指出，明代形成了宗室亲王不干政的制度，成为皇权政治发展、贵族政治削弱的标志之一。后妃、外戚也是有条件参与政治活动，明代在防范后宫、外戚干政上取得了明显的成功。明代具有较强的官僚政治传统，贵族政治因素并不浓厚。与之形成鲜明对比的是，清代一直有亲王参与政务，甚至以摄政王的身份代替皇帝理政，贵族政治气息浓厚，也导致了家族势力支持后妃干政的传统。清代具有贵族政治加民族统治的传统，官僚政治传统相对较弱。从某种意义上讲，明末反政府势力的主要目的是推翻这个政权，而不是完全推翻这个制度；但清末的辛亥革命则不仅要推翻这个政权，还要推翻这个制度，这个变化固然包含了反对皇权专制的时代进步，同时也含有反对贵族政治的某些因素。

中国传媒大学王永恩在《明清宫廷戏曲管理之比较》一文中指出，从管理体制上看，明代宫廷戏曲管理有内廷与外廷之分，分别由钟鼓司和教坊司承担。钟鼓司为皇帝服务，而教坊司隶属礼部，为朝廷服务。入清之后，钟鼓司变成分管礼仪乐舞的机构，不再管理戏曲演出，而南府和景山成为新的戏曲管理机构，南府后改名为升平署，清末又出现了以长春宫太监为主的戏班。明代宫廷在演出规模和次数上都远逊于清代，且管理机构职能也相对单一，而清代宫廷演出管理机构多次变迁，管辖范围也不断变化，统治者对戏曲的喜好极大地左右了管理机构的功能。

故宫博物院古建部李燮平在《明清外朝与内廷》一文中指出，紫禁城由外朝和内廷组成，外朝以三大殿为主，内廷以后三宫为主。明朝常朝在奉天门，百官走掖门，不走中间两边的王门；清代则简化处理，平常掖门不开，大朝之时开掖门。清代改在乾清门听政，明代的乾清门不奉特旨，外官不得入内，因此没有朝所功能。明代的常朝反映了紫禁城的原始规划，清代的御门听政实际上反映了紫禁城宫殿制度和政治变化的关系。

南开大学教授杜家骥在《明清两代宫廷之差异初探》一文中指出，明清宫廷最明显的差异为供职于皇宫中的人员，明代主要是太监宦寺，清代则削减太监，供职较多的是内务府旗人包衣（奴仆）男妇及其他匠、役、僧等群体，在"男女之防"上，对外部男性入宫的禁限，不像明代那样森严。清代将宫廷护卫机构及官兵内移至紫禁城中，使得日常入宫之人远较明代为多，甚至接近或深入后宫区。

中国社会科学院历史研究所教授张兆裕在《明清典籍中的皇城及所反映的问题》一文中认为，皇城是帝王生活和工作的所在，也是宫廷政治赖以发生的重要地点。现在找不到明代官方对于皇城内宫殿及其位置的完整披露，民间也无记载，而清代《清会典》《国朝宫史》等官修专书和私修的《日下旧闻考》对皇宫及宫殿门亭有详细记录。这种差别体现了明清两朝官方和社会不同的心态。

故宫学刊编辑部编审赵中男在《明清帝王"上朝勤政"之别——兼论明清政治分支领域的比较》一文中指出，明代士大夫政治比较突出，宦官的政治事件和影响都无法与之相比，表现为内阁和六部的决策建议基本上被皇帝采纳；清代贵族政治较为突出，上层贵族在大部分时间内是决策主体，士大夫政治基本消失。明代中后期决策方式转变之后，皇帝已经无须通过上朝决策政务，清朝皇帝上朝的很多内容都是举行宫廷礼仪，不全是处理政务。明清两朝皇帝在上朝之外处理了大量政务，因此上朝频繁并不能作为勤政的标志。

南开大学法学院教授柏桦在《论明清私阉律例》一文中指出，明清律例

小事件中的大历史——金元明清史杂谈

严禁官民之家役使阉割之人，乃是基于防止僭越。明清两代私自净身者数量迥异，不是禁例、禁令宽严的问题，而是宦官是否得势的问题。明代宦官涉足政治、经济，其显者地位尊崇、生活优渥，对民间有很大的诱惑力，而清代废除宦官衙门，宦官无法介入政治、经济，对民间失去了往日的诱惑。

台湾文化大学美术学系教授吴美凤在《祝寿活动大不同——明清帝王万寿圣节比较》一文中对比了明清两朝帝王庆祝自己生辰的庆典，指出明代帝王在宫中修建道场，举行水陆法会，宫廷画家受命绘画法会用画，而清代帝王不仅在宫中庆贺，还要在京城沿街搭棚演戏，宫廷画家绘制《万寿图》记录庆典盛况，大张旗鼓，举国欢庆。

北京社会科学院满学研究所赵志强在《明清皇宫匾额文字之比较》一文中提出，明代匾额文字仅汉文一种，而清代则有满、汉、蒙三种文字，反映了明清两朝宫廷文化的差异，一为一元，一为多元。

山东师范大学历史与社会发展学院教授朱亚非和硕士研究生袁小湉合撰的《明清宫廷接受西学异同之比较——以万历、康熙两朝为例》一文指出，明清时期天主教始终未能真正融入儒家文化占主体的中国社会，一旦天主教与中国传统文化发生剧烈冲突，天主教便很难立足，西学和传教士也被殃及，逐渐淡出明清宫廷乃至中国社会。

武汉大学历史学院谢盛在《明清两朝宫廷西器研究的现状与差异》一文中认为，由于明清两代西器东传的程度不同，相关史料存留不均，导致学界在明清两个时段的研究上用力不等、差异明显。学人们对于清宫西器的研究无论从数量、范围、方法都远超过明宫西器，并且结合近代历史，想从西方物质文化东传的角度来解释中国近代变革的原因。

武汉大学历史学院教授谢贵安在《明清实录比较研究》一文中认为，《实录》是宫廷编纂的重要资料，通过对比可知，明清两朝在文化上有极大的承传性和相同性，都是对中华文明和中华文化体制的继承和发展。《明实录》采用"编年附传体"，而《清实录》没有人物附传。

中国社会科学院历史研究所研究员万明在《传承与重塑：万寿寺的历史记忆》一文中指出，万寿寺自明朝建寺起，即以为皇家进行佛事祝厘闻名，清朝延续这一传统，并对寺院进行重修扩建，不仅引发了新一轮的皇家祝厘，还通过庙市这一寺院的延伸，将皇家与民间、宗教与世俗连接起来。

南开大学历史学院教授何孝荣认为，明清宫廷的一大差别是明代皇帝多是驻留京城，清朝皇帝多是园居理政。清朝统治者在园治园，在园治国，在园通天下。

南开大学历史学院博士研究生孙笑颜的《明清宫廷禽肉办纳小考》一文通过梳理档案文献中明清两朝宫廷对于禽肉的办纳，指出明代禽肉来源主要以地方上贡、宫内司牲司饲养和宫人外出采购三种途径为主，而清代除了宫中饲养部分，还专门设置了买办肉处进行鸡鸭的采买，清代另有打牲户通过采捕纳赋的方式向宫廷提供野禽。通过梳理明清禽肉办纳制度，可以看出两朝的宫廷饮食都经历了一个由俭入奢的过程，也对社会崇俭崇奢的风气产生了直接影响。

中国人民大学教授刘文鹏在《明清时期南苑行宫体制初探》一文中指出，鉴于清代行宫数量特别多，可以用行宫体制进行归纳。行宫中的建筑、园林不应单独研究，否则无法体现行宫的概念。辽金时代南苑已经出现，元代继承，直到明代才用围墙把南苑围起来，清代承袭了明代的围墙和宫门，继续进行管理。辽金捺钵、元代飞放泊、明代南海子、清代南苑，并不是线性发展的历史。学者刘浦江撰文指出，辽金的捺钵在一定程度上弱化了都城的政治功能，新清史学者强调迁徙和多都城，但是就清朝而言，它从未形成多都城，只有唯一的统治中心。辽金时期，从南海子东一直到通州都是打猎的范围，明朝天顺、正德、嘉靖皇帝经常来南海子，而清朝皇帝来南苑是继承了明朝的行宫制度。

南开大学教授刘毅指出，以帝陵为例，明代皇陵的孝陵和十三陵与宋朝皇陵规制差别很大，而与辽金元皇陵在风格上有一定的延续性。如十三陵中的明楼，在宋以前的帝陵中是不存在的，明楼中还有石碑，这种规制的墓碑在汉唐宋都不存在，而在房山金朝帝陵存在。明代藩王墓也有很多北方辽、金、西夏的因素，这种现象值得重新思考。有关陵墓规格，汉唐帝陵是一个城的模样，而明清帝陵则是一个宫的模样，前朝后寝，是巨大紫禁城的一个缩小版，这个模式与辽金的承接性更强。明代帝陵绝不是照抄唐宋，而是融合了多民族王朝的文化，从陵墓上也可以看出中国文明真的是多元一体。元朝帝陵中帝后并坐，这在传统汉族王朝中是不可能的，外朝官员不应该看见皇后，且正史中的后妃传也是模式化描述，文字干瘪。但是，在宫廷中，皇后的影响力不可忽视，加之死后地位是生前地位的延续，因此皇后在宫廷中甚至朝堂上的作用应重新考量。

十四、中外宫廷对比

中外宫廷对比研究有助于深入了解明代宫廷的时代特色，开拓宫廷史研究的新视野。

故宫博物院院长单霁翔认为，鉴于近年来欧美一些国家进行帝国比较史研究，故宫博物院作为国际知名的宫廷博物馆应开展中外宫廷史对比研究，大体构想有三：第一，以此项研究在学术领域内落实习近平主席"一带一路"倡议，将共建"一带一路"国家的宫廷史纳入对比研究范畴，发掘宫廷史层面的文化交流成果；第二，促进宫廷博物馆的学术发展，发掘多国宫廷博物馆本身的文化价值，联合宫廷文物藏品较为丰富、宫廷史研究实力较强的国家，发起成立相当于"国际宫廷史学联合会"的学术群体，加强不同领域内的交流合作；第三，将研究视野拓展至中外交流之前各国宫廷自身的发展情况，归纳宫廷演变脉络，对已发生的中外交往，重点探寻宫廷因素对交流所起的作用，将宫廷差异与文化交流的研究结合起来。同时创办《宫廷史丛刊》，收录各项科研成果，推动和促进这项研究乃至整个中国宫廷史的研究进程。

英国维多利亚与艾尔伯特博物馆陆於平在《明代紫禁城后宫与奥斯曼帝国托普卡帕宫"哈仑"（harem）比较初探》一文中指出，欧美学者经常使用阿拉伯字"哈仑"（harem）作为"后宫"的代名词，对应中国皇室妃嫔，将中国宫廷与伊斯兰宫廷的女性制度画上等号。这一方面是东方主义遗留下的历史观点，另一方面近代早期的中国和伊斯兰宫廷在组织宫廷妇女上确实有明显的共同之处，即皇帝一般有众多妃嫔居住在皇宫内部，与外朝分隔，由宦官和宫女负责守卫和侍奉。

台湾东吴大学教授徐泓指出，以往学界过分强调宫廷历史的黑暗面，实际上中国宫廷也有进步的一面，如宫廷财政与国家财政分离，合理选拔官员，这些使得王朝能够长期延续。

故宫学刊编辑部编审赵中男在《中外宫廷史对比研究的几点浅见》一文

中指出，从宫廷辅政势力、决策机构与机制、宫廷女性群体及其地位和作用、宫廷财政及其运行方式、宫廷与宗教的关系、宫廷文化与专制权力的关系六方面入手，可以进行中外宫廷史的对比研究。以各国帝王为首的宫廷权力集团对于文化、精致生活等方面的追求，产生了发达的宫廷文化，影响了世界历史的进程。

南开大学法学院教授柏桦在《凯旋门与午门献俘之政治内涵比较》一文中关注中欧宫廷在军事典礼方面的差异，欧洲百余处凯旋门及其上的战争雕塑展示了败者的耻辱，中国明清两朝午门献俘仪式则通过降者不杀来进行感化，当宫廷文化中的军事理念落实成为对内对外国策之时，既体现了强势人物个人的价值取向，也在一定程度上形塑了国家文化与民族性格，一则张扬，一则含蓄。

北京大学历史系教授徐凯提出，要关注中外宫廷之间封闭与开放的差别，西方的宫廷如欧洲宫廷，开放性强，皇室或王室成员与社会贤达、名流甚至娱乐界关系密切，这与中国明清宫廷的封闭性截然不同。

十五、理论方法创新

明代宫廷史乃至中国宫廷史的研究需要理论和方法的创新，应区别于以往关于政治、经济、社会等方面的常规研究，着重突出宫廷意味。

故宫博物院副院长李文儒认为，明代宫廷史研究丛书可以不局限于已有议题，对于宫廷医疗史、娱乐史都可以进行论述，也可以申请立项，考虑实际材料的限制，不能单独立项者一并归入生活史项目。故宫博物院既有宫廷的特色，也有博物馆的特色，有文献，有文物，而且难能可贵的是宫廷历史上重大事件的场所还在，这是不可替代的优势。希望学者们利用这些便利条件，发挥学术个性，坚持学术立场，不受社会上歪风影响，如搞收藏者在宫廷艺术品值钱与否上纠缠不已，研究者要发掘中华传统美学的价值。

北京大学历史系教授徐凯指出，以往不被重视的一些史料在今天得到了充分关注，这些历史碎片可以填补一些空缺，研究者还要分析这些碎片在历史研究过程中可以提供哪些独到见解。故宫学刊编辑部编审赵中男指出，宫廷史不能单纯进行碎片化研究，对于宫廷历史碎片如某个器物的研究，如果

小事件中的大历史——金元明清史杂谈

不将其置于整体范围内，不涉及大的议题，不涉及大的趋势与体系，就会陷入无意义的研究。

中国社会科学院历史研究所教授杨艳秋认为，宫廷史研究正当其时，中国宫廷文化丛书、紫禁城丛书的出版，故宫研究中心的成立，都是其蓬勃发展的表现。宫廷史研究本身即是跨学科，在未来研究中要注意以下五点：第一，要从学科发展的角度审视宫廷史，正确认识宫廷史作为历史学分支的地位；第二，要有整体视野，贯通整个历史时段，将宫廷史放在历史发展的进程中予以探讨；第三，要具备大视野，北京大学明清史研究中心主任徐凯教授提出的"大明清""大故宫史"的概念值得借鉴；第四，要拥有国际视野，这与中国古代宫廷史的发展相一致，从全球的角度来进行中外宫廷的比较研究；第五，要有文化视野，认识到宫廷史是传统文化的重要组成部分。

厦门大学教授陈支平认为，宫廷史在以往传统士大夫的眼中似乎被忽视了，也导致其长期得不到研究者的重视。在故宫博物院领导的支持下，故宫的宫廷史研究发展迅速，以明宫史最为突出。

辽宁师范大学副校长、中国明史学会前常务副会长赵毅首先肯定了故宫博物院学人对于宫廷史研究的贡献，而后指出，现有图书成果在创新性上仍有待加强，要注意以"宫廷史"为范围的学术论著与政治史、社会史、家族史等著作的差别，突出宫廷的独特属性，另外在文字表述方面，由于学人多采取传统的历史学研究及表达方式，使得论著在可读性方面略显不足，不便于拓展读者群体。中国的帝制时代，宫廷即是国家的代表，而皇帝及其亲眷居住于此，宫廷又成为一个家族活动的重要场所，可以从家族史、宗族史的角度再丰富一下宫廷史的研究思路。

故宫博物院副院长朱鸿文认为，中国有 3000 多年的宫廷史，丰富的宫廷文化是中华优秀文化的重要组成部分，具有不可替代性。宫廷是权力源头，宫廷势力对于整个国家进行控制、监管和干预；宫廷是一个场域，作为国家文献的管理储存中心、礼仪实践中心、学术中心、国家高端艺术中心，宫廷的活动对国家层面、社会层面产生了不可估量的影响。

故宫学刊编辑部编审赵中男展示了《中国宫廷史研究概要》的框架和写作进度，其中明代宫廷史占有重要地位，希望得到专家们的支持。武汉大学旅游规划设计院教授张薇提出，可以根据现有资源撰写一本《明清宫廷史研究概要》，将明清宫廷史研究的内容申报国家重大社科基金项目，组建更大规模的团队，集中优势资源，用前期成果做积淀，提炼理论，展现明清宫廷的独特之处。

中国社会科学院历史研究所研究员赵现海提出，能否将宫廷史研究上升为一种视角和方法？政治史研究中将政治活动、制度、文化分开论述，但是在古代，这些内容都会体现在一个人身上，不能简单分割。宫廷看似封闭，但最开放。城墙、护城河代表封闭，但外界所有的信息都能通过各种渠道传入宫廷。另外，不能专注于对宫廷落后、停滞方面的批判，有必要认识到正面积极的内容，如宫廷长时间有效地管理了如此大规模的区域、众多的族群、纷繁的宗教。

故宫博物院副院长闫宏斌指出，中国宫廷史是近年兴起的重要学术课题，而国内外学人对于宫廷史普遍缺乏全面、系统的研究，而宫廷史的某些分支如政治、生活、文化、财政、艺术、教育等也存在理论不足的情况。尽管由故宫举办了多次宫廷史主题的学术会议，出版了明代宫廷史研究丛书，在学术领域产生了重大影响，但对整个中国宫廷史来说，仍需改变相对分散、琐碎的研究方式，继续汇聚学术力量，进一步整合故宫文化资源。希望能够探索出宫廷史研究的新理论和新方法，开拓新领域，借鉴国际宫廷史研究的理论成果，确立中国宫廷史在国际学术界的特殊地位，进一步扩大故宫博物院的学术影响力。

故宫学刊编辑部编审赵中男指出，宫廷由于其独特性，使得它包含的林林总总不能全然与宫廷之外的相似形式等量齐观，因此在理论建构方面要慎之又慎。

总　结

明代宫廷史十年来的发展，呈现出三大变化。

第一，研究理论从借鉴传统政治、历史、文化等理论向突出宫廷意味的认知转变，避免宫廷史与传统政治史、经济史、文化史的高度重合，进而消融其宫廷意味。

第二，研究对象从以帝后为主向宫廷服务群体倾斜，日渐弱化帝后个人政治行为对宫廷政治的代表性，将帝后行为重新归于国家政治框架之中。具体范围也从聚焦皇宫大内向宫廷辐射面如园林、皇庄、敕建寺观等转变，强调其宫廷性质。

第三，研究方法从简单对比向深度对比分析转变，横切（如何看待洪武时期政治、军事、文化、社会生活之间的密切联系）、竖切（如何认识宫廷着装风尚在不同时代的变化）、编织（外交使节如何游走于各国宫廷之中并发挥积极作用）、缝合（如何理解同一时期明朝与外邦在宫廷礼仪、朝贡贸易上的联系）皆是建立在认真对比之上的深入分析。

这些变化代表了学人们对明代宫廷史的重新认知、深入总结和理论更新，倡导者不断完善研究体系并敢于打破已有的旧框架，让新的宫廷史研究体系更加符合时代的要求，不但要在学术成果数量上勇于争先，也要在理论和方法上引领潮流。

（原文刊发于《故宫学刊》2022年第1期）

堂子祭祀研究综述

堂子是满族及其先祖女真族摆放牌位和档案用以祭祀上天、神灵和先祖的地方，堂子祭祀是满族萨满教祭祀的重要组成部分，萨满跳神也曾是祭祀的重要内容[1]。有清一代，堂子祭祀为满族所独有，只在满族群体中进行，外界少有了解，但其神秘色彩还是引起了后世学者的关注。

一、国内学者研究

国内关于堂子祭祀的研究始于民国初年，徐珂在《清稗类钞》中对堂子祭祀的对象列出了四种看法"武笃本贝子说""刘綎说""邓将军说""邓子龙说"，[2] 但是并不认可任意一说。以清代遗老为主撰写的《清史稿》对清代典章制度颇为注重，认为清政府实行"有举莫废"的政策，故而堂子祭祀得以保留，"堂子之祭，虽于古无征，然昭假天神，实近类祀"。[3] 孟森在《满洲开国史讲义》中对堂子祭祀的对象和仪式提出了异议，认为堂子祭祀并不是祭天："果系天神，其位何必藏诸大内，临时由坤宁宫舁出？"[4] "若云祭天，何知诡秘乃尔？""每逢令节，则堂子挂纸钱，殆亦用展墓俗例，决与祭

---

[1] 萨满跳神后逐渐取消，"萨满"称谓改为中国传统的"司祝"，担任的工作也只是在祭祀时唱颂拟好的神辞。

[2] 徐珂：《清稗类钞》第一册《祭堂子》，北京：中华书局，1984年，第20页。

[3] 赵尔巽等：《清史稿》卷82《志第五七·礼一·吉礼一》，北京：中华书局，1977年，第2484页。

[4] 孟森：《满洲开国史讲义》，北京：中华书局，2006年4月，第77页。

小事件中的大历史——金元明清史杂谈

天之说不相符也。"① 在《清代堂子所祀邓将军考》中指出:"堂子之为祭天,其说起于乾隆年,盖高宗自为文饰之语。"进而驳斥《啸亭杂录》所记堂子"上神殿"(又称尚锡神亭)所祀邓将军为邓子龙的说法。② 对《满洲祭神祭天典礼》所载"堂子内尚锡之神,知为田苗而祀"③ 也产生怀疑,认为"尚锡神"是痘神邓佐。④ 萧一山则在《清代通史》中列举了世人误将喇嘛教佛母殿中引导男女交媾的欢喜佛看作堂子祭祀的神灵,实际上佛母殿与堂子没有关系。⑤

新中国成立以后,学者们对于堂子的研究仍有进展,如莫东寅的《满族史论集》认为清朝统治者祭祀堂子"礼意隆重"的情况,是在祭祀祖先之上的,⑥ 通过分析查慎行的《入海记》所载元旦朝贺皇帝行礼次序,先祭堂子,而后祭祖的"尊卑先后之序",认为"堂子主要所祭,必定是祭天,而不是其他",⑦ 堂子之神的各种封号是等级观念在神身上的表现。⑧ 郑天挺的《清

---

① 孟森:《满洲开国史讲义》,北京:中华书局,2006年4月,第78页。

② 孟森:《清代堂子所祀邓将军考》,国立北京大学《国学季刊》,1935年第五卷第一号。

③ 永瑢、纪昀:《满洲祭神祭天典礼》卷4《阿桂奏议》,《文渊阁四库全书》第657册,台北:台湾商务印书馆,1986年,第711页。

④ 孟森:《清代堂子所祀邓将军考》,国立北京大学《国学季刊》,1935年第五卷第一号。

⑤ "爱新觉罗之祭堂子,其祭献之礼,极诡秘,往往不肯宣布,世皆强解之为祭天,其实不然。《三冈识略》曰:'昔有范生者,游满洲之辽阳城,见一古刹,欲入观之,门者不许,谓欲瞻礼,只可在门外焚祷,不得阑入。范生欲穷其异,与门者商,强而后可,乃之刹内,见塑像二,长各数丈,一为男子状,向北直立;一为女子状,南面抱其颈,体皆赤裸,甚亵,问之土人,皆以佛公佛母呼之,爱新觉罗所奉之堂子,盖亦若是焉尔。'……则知喇嘛所奉之欢喜佛即汉人所谓之佛公佛母,然堂子立杆之祭,乃建州旧俗,所以祀邓祭天者,固不能混为一谈耳。"萧一山:《清代通史》(第一册),北京:中华书局,1986年9月,第69页。

⑥ 莫东寅:《满族史论集》,北京:人民出版社,1958年,第190页。

⑦ 莫东寅:《满族史论集》,北京:人民出版社,1958年,第191页。

⑧ "堂子之神,谓之纽欢台吉、武笃本贝子,台吉、贝子皆金元以来尊贵之号,这封建等级观念,明显地反映在神的身上。"莫东寅:《满族史论集》,北京:人民出版社,1958年,第191页。

史探微》中通过对比《东华录》《满洲实录》和《太祖武皇帝实录》中有关堂子的记载，认为"在天聪修《太祖实录》时，堂子一字尚无确当汉译"①。再通过对比天聪时期和康熙时期对于军事行动与祭堂子的关系，认为"后来出兵凯旋的诣堂子，渐渐变成了中国历代帝王所行的祃祭，有时亦省略了"②。

20 世纪 80 年代以来，关于堂子祭祀的研究论文层出不穷。

蔡志纯的《试述满族、蒙古族中的萨满教变革》通过比较满族和蒙古族的萨满教，认为进入阶级社会后萨满教在神灵排序上的变化即是堂子祭祀中天神地位的突出，与阶级社会人们的不平等相对应，神灵的地位也从平等变为高低有别。③ 富育光、孟慧英的《满族的萨满教变迁》引用满族说部《两世罕王传》中的内容弥补正史所缺，介绍了除建州女真外其他女真部落如哈达部的堂子规格、神器和所祀神祇。④

李国俊的《努尔哈赤时期萨满堂子文化研究》和赵维和的《清初赫图阿拉城的寺庙与宗教活动综述》介绍了努尔哈赤在东北建国之后的宫廷萨满祭祀，通过考察赫图阿拉堂子的建筑布局和祭祀仪式，并对比盛京和北京的堂

---

① 郑天挺：《满洲入关前后几种礼俗之变迁》，郑天挺《清史探微》，北京：北京大学出版社，1999 年 7 月，第 38 页。

② 郑天挺：《满洲入关前后几种礼俗之变迁》，郑天挺《清史探微》，北京：北京大学出版社，1999 年 7 月，第 39 页。"祃"是古代行军在军队驻扎的地方举行的祭礼，《礼记·王制》云："祃于所征之地。"

③ 蔡志纯：《试述满族、蒙古族中的萨满教变革》，《满族研究》1988 年第 2 期。

④ 富育光、孟慧英：《满族的萨满教变迁》，《黑龙江民族丛刊》1988 年第 4 期。《两世罕王传》是富育光在 20 世纪 80 年代从努尔哈赤直系后人的手中得到的，全文为满文，由富育光译成汉文。至今尚未成书出版，稿件现存放于富育光家中及长春师范学院萨满文化研究所资料室。两世罕王指建州女真的两位首领王杲和努尔哈赤。《传》中提到建州右卫的首领王杲曾借兵于女真东海窝稽部，其部酋引王杲先谒"堂涩"，后将女许于王杲。海西女真哈达部首领万罕之母董尔吉妈妈八十大寿，扈伦四部的首领及建州左卫与右卫首领率众先拜哈达部"侠倡堂涩"。"侠倡堂涩"是万罕族中的堂子。努尔哈赤起兵攻占哈达、朱舍里、长白山、辉发、叶赫、董鄂、乌拉、斐悠等部，兵马先废该地"堂色"，"掠祖像神牒于贝勒马前"。

小事件中的大历史——金元明清史杂谈

子,认为赫图阿拉城堂子是满族萨满堂子文化的根源。① 而堂子中所供奉的释迦牟尼、观世音、关帝圣君等神灵,则是中原宗教文化北渐的结果。② 此时的祭祀因条件所限,建筑较为简陋,仪式也很简单,但是与以前较为原始的部族祭祀相比,已是很完备了。

杜家骥的《从清代的宫中祭祀和堂子祭祀看萨满教》认为,清皇室萨满崇信的特征是皇室祭祀的典制化及其政治性。堂子元旦拜天,有如历代的郊天大祭,出兵、凯旋祭堂子,类似历代的"祃祭",这些祭祀虽然还残留一些原始祭拜的痕迹,但已经演变成正规的国家祭祀大典,一般情况下要由皇帝主祭,届时陈法驾卤簿,鼓乐齐备,文武百官跪迎跪送,仪式十分隆重,肃穆典雅。堂子祭祀中的立杆大祭、月祭、圜殿拜天等祭祀虽然还用萨满,但只叩祝、诵神辞而不跳神。大概因为跳神的狂癫之态,有伤于已成为举行国家典礼的堂子的典雅性,因而取消。其他如元旦拜天祭神、出征凯旋告祭、尚锡神亭祭神则已根本不用萨满。杜家骥还指出,一般满洲旗人之家所奉诸神与其祖宗牌位多同处一室,祀神与祭祖在多数情况下同时举行。皇室则分开,祭祀本姓祖宗是在奉先殿、太庙等独立的场所,这是仿行历代帝王祭祀列祖列宗的制度。满族皇帝将其列祖列宗从神、祖共祭的场所中分离出去,也可视为一种汉化的表现形态。③ 姜相顺在《幽冥的清宫萨满祭祀神灵》一文中对宫廷祭祀的神灵进行分类,联系满族的民间传说与神话,研究满族人的宇宙观与世界观,探讨清宫萨满祭祀为何如此神秘,"清宫萨满祭祀神灵的分类,仅据已知神灵亦可看出有的神灵是跨类的,具有几种身份,外延与内涵出现了模糊性,而此模糊性更增添了它的神秘之感"。④

陶立璠的《清代宫廷的萨满祭祀》⑤ 对比宫廷和民间的萨满祭祀活动,认为乾隆时期颁行的《满洲祭神祭天典礼》将满族民间萨满祭祀的主体部分,通过典礼形式固定下来。本文列举了堂子立杆大祭等具有满族特色的萨满祭祀活动和清代宫廷萨满祭祀中的神祇,分析堂子祭祀中神职人员的构

---

① 李国俊:《努尔哈赤时期萨满堂子文化研究》,《满族研究》2002 年第 4 期。
② 赵维和:《清初赫图阿拉城的寺庙与宗教活动综述》,《满族研究》1998 年第 2 期。
③ 杜家骥:《从清代的宫中祭祀和堂子祭祀看萨满教》,《满族研究》1990 年第 1 期。
④ 姜相顺:《幽冥的清宫萨满祭祀神灵》,《民族研究》1994 年第 4 期。
⑤ 陶立璠:《清代宫廷的萨满祭祀》,《西北民族研究》1992 年第 1 期。

成,尤其是对萨满身份的探究,认为清代宫廷的祭神、祭天活动,主要由妇女担任,沿袭了女真以来的古俗,女萨满的地位远高于男萨满。

傅同钦的《清代的祭堂子》① 分析了朝鲜史料《沈馆录》中关于崇德年间皇太极祭城隍庙、玉帝庙的记载,认为此二庙实际上是堂子的不同叫法,因为当时尚无确切的汉译。他还分析了入关以后祭堂子仪式、频率、内容的种种变化,尤其是列表分析皇帝亲临的元旦诣堂子和出征凯旋诣堂子的区别,认为"清入关后,随着政治统治地位的巩固,军事力量的增强,以及在民族间的思想文化的互相影响下,元旦谒堂子仅具有仪礼的形式。同时出征前的谒堂子,也失去了入关前谒庙的那种誓师的政治意义。而仅空有其形式的祭堂子,也常常在出征前后被删去"。从而进一步得出"入关后的祭堂子,已逐渐趋于形式,时行时止,或成为可有可无的事情了"。"祭堂子不仅是祭天神,而且也祭满、蒙古、汉等族所崇拜的诸神。堂子祭祀的仪式,保存了信仰萨满的遗风。由于满汉思想文化的融合,满族贵族所独有的祭堂子,虽保留了其民族信仰的形式,但也渐渐趋于汉族的祭祖了。"

关于堂子祭祀的历史演变,姜相顺在《清宫萨满祭祀及其历史演变》一文中进行了比较详细的论述。初期的堂子祭祀带有原始萨满教祭祀的意味,对于祭祀人员并不限制。到了努尔哈赤时期,堂子祭祀开始发生变化,原因是努尔哈赤在统一辽东女真诸部的过程中,兵马先废该部"堂色","掠祖像神牒于贝勒马前"。努尔哈赤统一女真各部,通过军事征伐占领土地,摧毁被征伐部落的堂子,并处死该部的萨满,打击被征服地区原有的势力。在政治中心赫图阿拉老城东南五里许的地方建立爱新觉罗氏的堂子,各部族世代崇祭的守护神祇和祖先神祇也统一于爱新觉罗氏堂子所崇祭的守护神祇和祖先神祇。努尔哈赤对主动投附效力的部族的堂子尚未彻底取缔,这种状况一直延续到皇太极崇德初年。爱新觉罗氏分别在辽阳新城即东京城和沈阳城东南建立了自己的堂子。②

富育光认为"堂子"一词是由满语"Tangse"(档涩)演变而来,"档

---

① 傅同钦:《清代的祭堂子》,明清史国际学术讨论会秘书处论文组《明清史国际学术讨论会论文集》,天津:天津人民出版社,1982年7月,第269—284页。

② 姜相顺:《神秘的清宫萨满祭祀》,沈阳:辽宁人民出版社,1995年11月,第145页。

涩"译成汉语为档案，往昔凡满族各姓家族主持者穆昆处专设有"恩都里包"（神堂）或"档涩包"（档子堂），作为恭放阖族谱牒及本氏族众神祇神位、神谕、神器、祖神影像之所。① 姜相顺提出，堂子祭祀具备三重含义：国祭、爱新觉罗氏的家祭和满族的族祭。② 两位先生对堂子供奉的"喀屯诺延"神的族属各自提出了证据。姜相顺从满蒙关系入手，参考北京故宫现存的"喀屯诺延"布偶，认为《满洲祭神祭天典礼》中以"喀屯诺延为蒙古神"当属实。③ 富育光从满族习俗及满语演变入手，进行田野调查，认为是满族神。④

白洪希通过统计乾隆皇帝及之后的四位皇帝祭堂子的次数、规模，认为乾隆以后"清宫堂子祭祀已丧失了国初那种国祭地位"。⑤

二、国外学者研究

国外学者从19世纪就开始对萨满教及萨满教祭祀进行研究，并进行实地考察，访寻在世的萨满，搜集萨满的神谕、神歌及祭祀法器，足迹遍布中亚、北亚、东亚和东北亚，成果颇丰。相比之下，对于中国满族的萨满教堂子祭祀的研究则略显粗疏。20世纪80年代，欧洲汉学家和满学家对萨满教祭祀的神辞产生了浓厚兴趣，他们搜集不同版本的神辞，对比之后辅以人类学、社会学等知识来研究满族历史演变的脉络。意大利汉学家斯达理在《最古老的满族萨满祝词的文本分析》一文中比较了汉文版及满文版《满洲实录》《太祖武皇帝实录》《康熙重修太祖实录》《乾隆重修太祖实录》和《皇清开国方略》中关于努尔哈赤的一些记载，从行文上可以看出内容从口语化、随意性记述向书面化、正规化记载的演变过程，这一过程贯穿了满族吸收中国传统文化的历史，其中也注意到了"Tangse"一词的汉译文从"庙"到"堂子"的演变过程。英国剑桥大学东方研究院的周绍明（Joseph P. McDermott）主编的《中国官方仪式与宫廷宗教仪式》，其中由美国学者尼

---

① 富育光：《清朝堂子祭祀辨考》，《社会科学战线》1988年第4期。
② 姜相顺：《清宫萨满祭祀及其历史演变》，《清史研究》1994年第1期。
③ 姜相顺：《幽冥的清宫萨满祭祀神灵》，《民族研究》1994年第4期。
④ 富育光：《清朝堂子祭祀辨考》，《社会科学战线》1988年第4期。
⑤ 白洪希：《清宫堂子祭祀研究》，《民族研究》1996年第4期。

古拉·狄·柯斯莫（Nicola Di Cosmo）撰写的第十一章《清宫满族萨满教仪式》对于萨满教在促进满族从氏族到国家的转变以及建立国家后对维持秩序的作用进行了精辟的论述，"这些仪式就像是新兴的满族国家建立政治关系和外交关系的一种表达，反映了在这个国家管理阶层中无处不在的萨满教信仰影响，并非仅限于氏族层面"[①]。该章对于堂子的作用亦有论述，"舍弃满族文化的独特性就意味着割断清朝与其过去的政治联系。努尔哈赤早期对明朝的反叛行动以及在萨满性质的庙宇（堂子）中庆祝胜利，还有后来在清朝众多都城中修建类似的建筑，在这个过程中将被遗忘"[②]。

小　结

综合前人的研究成果，主要集中在对堂子祭祀起源与演变的研究，具体祭祀如立杆大祭、亭式殿祭祀、尚锡神亭祭祀、挂纸还愿、浴佛祭、祃祭等祭祀仪式上的考释，对堂子祭祀中萨满（后来的司祝）所吟唱神辞的解读，通过堂子祭祀的演变探讨文化层面的内容，如满族文化与蒙古文化、传统汉族文化的交融等。已经基本上澄清了堂子祭祀神灵的种类与演变，但对一些问题仍有争议或语焉不详。对某些特定神灵如喀屯诺延的族属尚有争议，存在蒙古神族属和满洲神族属两种对立的观点。属于蒙古神则意味着受到了蒙古文化的深远影响，属于满洲神则意味着独立发展。本文进行考证，得出该神为蒙古神族属的结论。堂子祭祀最初有多种功能，如祭天、祭祖、出征、凯旋、盟誓。但随着时间的推移，这些功能逐渐由堂子之外的专属机构所取代，如祭祖在太庙中进行，出征实行中原传统的军礼——祃，连祭天这一最为庄重的仪式也仅保留了每年元旦行礼，而且并不严格执行。

（原文刊发于《萨满文化研究》第二辑，吉林大学出版社，2009年）

---

① Joseph P. McDermott: *State and court ritual in China*, Cambridge, Cambridge University Press, 1999. p. 368.

② Joseph P. McDermott: *State and court ritual in China*, Cambridge, Cambridge University Press, 1999. p. 393.

后　记

　　史籍浩如烟海，而生命着实有限，史学大家尚不敢说穷其一隅，何况普通的求知求学之人？自 2015 年博士毕业至今，已有八年光阴，偶然之间翻到一篇硕士学习阶段发表的文章，回想自己在史学探索的路上已走了十余个年头。一时间感慨颇多，却不知从何讲起。感谢长春师范大学的领导和同事的关怀与帮助，这本小书终于可以出版发行，这既是我以往收获的总结，也是开启新的求学治学之路的钥匙，希望不负先生们的殷殷嘱托，为史学研究贡献出自己的一份心力。

宋继刚
2023 年 11 月